ULRICH BOSCH

Meistbegünstigung und Staatshandel

Schriften zum Völkerrecht

Band 17

Meistbegünstigung und Staatshandel

Zur Technik der Handelsverträge mit dem Osten unter besonderer Berücksichtigung des GATT

Von

Dr. Ulrich Bosch

DUNCKER & HUMBLOT / BERLIN

Gedruckt 1971 bei Berliner Buchdruckerei Union GmbH., Berlin 61
Printed in Germany

ISBN 3 428 02508 3

Für Jacqueline

Vorwort

Der „Ost-West"-Handel nimmt an wirtschaftlicher und politischer Bedeutung ständig zu. Die jüngsten Monate haben dies gerade für die Bundesrepublik Deutschland wieder demonstriert. Desto mehr mag der Umstand überraschen, daß der rechtliche Rahmen jener Geschäftsbeziehungen bisher keineswegs einheitlich und recht umstritten ist. Es bieten sich zwei systembedingt verschiedene Vertragstypen quasi als These und Antithese. Länder mit privater Wirtschaft regeln ihren Warenaustausch meist auf der Grundlage von zwischenstaatlichen Handelsverträgen, deren Kern bestimmte Meistbegünstigungszusagen zu sein pflegen — ehedem von Staat zu Staat, heute vor allem in Form eines universellen multilateralen Abkommens, des GATT. Im sozialistisch-staatswirtschaftlichen Bereich haben sich demgegenüber neuartige Vertragsgestaltungen entwickelt. Für den Verkehr mit den Marktwirtschaftsländern erstreben die „östlichen" Staatshandelsorganisationen jedoch eine Gleichstellung mit den „westlichen" Handelspartnern. Speziell an der Mitgliedschaft im Allgemeinen Zoll- und Handelsabkommen besteht neuerdings erhebliches Interesse. Vieles spricht dafür, daß mit dem Beitritt zunächst Jugoslawiens, dann Polens, demnächst wahrscheinlich Rumäniens und Ungarns und vielleicht Bulgariens zum GATT bedeutsame Entwicklungen in Gang gekommen sind.

Die diesen Vorgängen und Problemen gewidmete Untersuchung entstand großenteils in Genf, dem Sitz des GATT, der ECE und der UNCTAD (sowie früher des Völkerbundes). Ich möchte es nicht versäumen, dem stets hilfsbereiten Personal der Bibliothek der Vereinten Nationen und der Presse- und Informationsabteilung des GATT meinen Dank zu sagen. Einige hervorragende Kenner der behandelten Materien haben mir freundlicherweise Gelegenheit zu persönlichen Unterredungen gegeben, aus denen zahlreiche Anregungen hervorgingen. Besonders verpflichtet fühle ich mich Frau H. Matejka (Institut Universitaire de Hautes Etudes Internationales, Genf) und den Herren E. E. Papanicolaou (UNCTAD, Abteilung Handelspolitik), L. Kopelmanas (ehemals juristischer Berater der ECE), R. Nötel (ECE) und Å. Linden (Osthandels-Experte beim GATT). Schließlich gilt ein Wort tief empfundenen Dankes Herrn Professor U. Scheuner aus Bonn, der die Arbeit angeregt und in vielfacher Hinsicht stets gefördert hat.

München, im Oktober 1970

Ulrich Bosch

Inhalt

Erster Teil

Grundbegriffe und Grundprobleme (Einführung)

I. Die Meistbegünstigung und ihre Rolle im internationalen Handelsverkehr 15

1. Wesen und Begriff des Meistbegünstigungsprinzips 15

2. Historische Ursprünge 18

3. Arten der Meistbegünstigung 21

4. Der sachliche Anwendungsbereich 24

5. Ausnahmen von der Meistbegünstigung und Umgehungsmöglichkeiten 28
a) Sachliche Ausnahmen und Durchbrechungen 28
b) Territoriale Sonderverbindungen 31

6. Bilaterale und multilaterale Meistbegünstigung 39

7. Die Meistbegünstigung als „Norm“ 40

II. Staatshandel und Außenhandelsmonopol 45

1. Staatshandel in Marktwirtschaftsländern 45

2. Das staatliche Außenhandelsmonopol (Definition) 46

3. Ursachen und Motive der Monopolisierung des Außenhandels 49

4. Grundzüge des Außenhandelssystems in Staatshandelsländern 51
a) Organisationsformen 52
b) Die Struktur der Handelsverträge 55
c) Das Zollsystem 59
d) Dezentralisierungsbestrebungen 60

Zweiter Teil

Meistbegünstigung seitens der Staatshandelsländer

I. Die Problemstellung 66

1. Die formal-rechtliche Durchführbarkeit 66

2. Die reale wirtschaftliche Bedeutung 67

a) „Administrative Handelsschranken“ und politisch bestimmter Handel 68
b) Zölle und Abgaben — bloße Scheininstitute? 74
c) Die staatliche Planung — Hemmnis eines expansiven Außenhandels? 81
d) Die Monopolisierung der Binnenwirtschaft 84

3. Thesen und Folgerungen 86

II. Historischer Überblick 90

1. Die ersten Handelsverträge der UdSSR 90

2. Ost-West-Handelsverträge nach dem Zweiten Weltkrieg 97

3. Verträge unter Staatshandelsländern 101

4. Verträge mit Entwicklungsländern 103

5. Multilaterale Vereinbarungen und Diskussionen 106
a) Die Arbeit des Völkerbundes 106
b) Die I.T.O.-Charta in ihrer Stellung zum Staatshandel 107
c) Das GATT und die Staatshandelsländer (Übersicht) 109
d) Ost-West-Handelsgespräche und Vertragsprojekte im Rahmen der ECE 110
e) Probleme des Ost-West-Handels vor dem Forum der UNCTAD .. 112
f) Sonstige Bemühungen internationaler Organismen 113

III. Lösungen und Alternativen 114

1. Die „commercial-considerations“-Klausel 114
a) Art. XVII des GATT und die Außenhandelsmonopole 114
b) Art. XVII des GATT im Verhältnis zu Art. 29 der I.T.O.-Charta 116
c) Diskriminierungsverbot und Meistbegünstigung 117
d) Effektivität und Kontrolle von Nichtdiskriminierungszusagen .. 120
e) Präzisierungen der Nichtdiskriminierungsklausel 121
f) Die Praxis: Informationspflichten, Beratungen und Suspensionsmöglichkeiten 123

Anhang: Der Fall Tschechoslowakei (und der Fall Cuba) im Rahmen des GATT 125

2. Zur Effektivität der Meistbegünstigung auf dem Zoll- und Abgabensektor 131

a) Bindung der Handelsspannen 131
b) Dezentralisierung des Außenhandels als Problemlösung? 134

Anhang: Der Fall Jugoslawien im GATT 135

3. Austauschabkommen und Kontingentsklauseln 139
a) Die verschiedenen Formen von Kontingentierungsbestimmungen 139
b) Kollision mit dem Meistbegünstigungsgrundsatz? 141
c) Importverflichtungen als Garantie „materialer Gegenseitigkeit“ 142
d) Beiderseitige Abnahmegarantien? 144
e) Abnahmegarantien in multilateralen Systemen 148

Anhang: Der Fall Polen (und die Beitrittsverhandlungen Rumäniens) im GATT 149

4. Zur Öffnung der sozialistischen Märkte 155

Dritter Teil

Meistbegünstigung gegenüber Staatshandelsländern

I. Das „planwirtschaftliche Dumping“ 157

1. Der Abbau der Handelsschranken und die Furcht vor Niedrigpreisangeboten 157
2. Der Begriff des Dumping (gewöhnliches Dumping oder Preisdumping) 158
3. Das sog. Dumping der Staatshandelsländer 159
4. Der allgemeinere Begriff der Marktstörung 163

II. Erfahrungen mit Niedrigpreisverkäufen durch Staatshandelsländer 164

1. Die Klagen über „Dumping“ der UdSSR in den dreißiger Jahren 164
2. Neuere Erfahrungen und Aussichten für die Zukunft 165

III. Gegenmaßnahmen 167

1. Antidumping- und Ausgleichszölle 167
2. Mengenmäßige Beschränkungen 170
3. Vorschlag zur Haltung der Marktwirtschaftsländer 172

Schlußbetrachtung 174

Anhang (Texte) 177

Schrifttum 182

Abkürzungsverzeichnis

a. A.	=	anderer Ansicht
a.a.O.	=	am angegebenen Ort
ABlEG	=	Amtsblatt der Europäischen Gemeinschaften
Abs.	=	Absatz
Abschn.	=	Abschnitt
Add.	=	Addendum
a. E.	=	am Ende
a. F.	=	alter Fassung
AH	=	Außenhandel
AHD	=	Außenhandelsdienst der Industrie- und Handelskammern und Wirtschaftsverbände
AISJ	=	Association Internationale des Sciences Juridiques
AJIL	=	American Journal of International Law
Am. Ec. Rev.	=	American Economic Review
Anm.	=	Anmerkung
ArchVR	=	Archiv für Völkerrecht
Art.	=	Artikel
Aufl.	=	Auflage
AWG	=	Außenwirtschaftsgesetz
BAnz.	=	Bundesanzeiger
Bd.	=	Band
betr.	=	betreffend
BGBl.	=	Bundesgesetzblatt
BIAC	=	Business and Industry Advisory Committee (OECD)
BISD	=	Basic Instruments and Selected Documents (GATT)
BRD	=	Bundesrepublik Deutschland
BYIL	=	British Yearbook of International Law
bzw.	=	beziehungsweise
CED	=	Committee for Economic Development (USA)
CEPES	=	Comité Européen pour le Progrès Economique et Social
Cmd.	=	Command Papers (Her Majesty's Stationery Office, London)
CMEA, COMECON	=	Council for Mutual Economic Assistance
CSSR	=	Tschechoslowakische Sozialistische Republik
ders.	=	derselbe
d. h.	=	das heißt
DHA	=	Deutsches Handelsarchiv
Diss.	=	Dissertation
DJT	=	Deutscher Juristentag
Doc., Dok.	=	Document, Dokument
DR	=	Demokratische Republik
DVR	=	Demokratische Volksrepublik
E.A.S.	=	Executive Agreement Series
ebd.	=	ebenda
ECAFE	=	Economic Commission for Asia and the Far East (United Nations)
ECE	=	Economic Commission for Europe (United Nations)
EFTA	=	European Free Trade Association
EGKS	=	Europäische Gemeinschaft für Kohle und Stahl
Euratom	=	Europäische Atomgemeinschaft
EWG	=	Europäische Wirtschaftsgemeinschaft

f., ff.	= folgende Seite(n)
FAZ	= Frankfurter Allgemeine Zeitung
Fn., Fußn.	= Fußnote
GATT	= General Agreement on Tariffs and Trade
Hrsg.	= Herausgeber
hrsg.	= herausgegeben
ICITO	= Interim Commission for the International Trade Organization
IHK	= Internationale Handelskammer
ILO	= International Labour Office
IMF	= International Monetary Fund
Int. Conc.	= International Conciliation (Zeitschrift)
i. R. d.	= im Rahmen des (der)
ISEA	= Institut des Sciences Economiques Appliquées (Paris)
I.T.O.	= International Trade Organization
IWF	= Internationaler Währungsfonds
Jg.	= Jahrgang
J.W.T.L.	= Journal of World Trade Law
JZ	= Juristenzeitung
Kap.	= Kapitel
KP	= Kommunistische Partei
L.C.P.	= Law and Contemporary Problems (Zeitschrift)
lit.	= littera
LNTS	= League of Nations Treaty Series
LoN	= League of Nations
m. a. W.	= mit anderen Worten
MB	= Meistbegünstigung
mb	= meistbegünstigt
NATO	= North Atlantic Treaty Organization
NEP	= Neue Ökonomische Politik
n. F.	= neuer Fassung
No., Nr.	= numéro, Nummer
N.Y.T.	= New York Times
NZZ	= Neue Zürcher Zeitung
OECD	= Organization for Economic Cooperation and Development
OEEC	= Organization for European Economic Cooperation
PEP	= Political and Economic Planning (Royal Institute of International Affairs, London)
Proceed.	= Proceedings of the United Nations Conference on Trade and Development
Publ.	= Publications
RC	= Recueil des Cours de l'Académie de Droit International de la Haye
Res.	= Resolution
Rev.	= Revision
RGBl.	= Reichsgesetzblatt
RGW	= Rat für gegenseitige Wirtschaftshilfe
RSFSR	= Russische Sozialistische Föderative Sowjetrepublik
S.	= Seite
s. (a.)	= siehe (auch)
SdN	= Société des Nations
SEEFT	= (The American Review of) Soviet and Eastern European Foreign Trade
sog.	= sogenannte (r, s)
SKÖB	= Staatliches Komitee für Ökonomische Beziehungen (UdSSR)
Sp.	= Spalte
spec.	= special
Stat.	= Statutes of the United States of America
StH	= Staatshandel
StIGH	= Ständiger Internationaler Gerichtshof

StIGHE	=	Entscheidungen des Ständigen Internationalen Gerichtshofs
SU	=	Sowjetunion
suppl.	=	supplement
SZ	=	Süddeutsche Zeitung (München)
u. a.	=	und andere, unter anderem
UdSSR	=	Union der Sozialistischen Sowjetrepubliken
Übers.	=	Übersetzung
UkrSSR	=	Ukrainische Sozialistische Sowjetrepublik
UN	=	United Nations
UNCTAD	=	United Nations Conference on Trade and Development
UNESCO	=	United Nations Educational Scientific and Cultural Organization
UNTS	=	United Nations Treaty Series
US, USA	=	United States (of America)
v.	=	von
VAR	=	Vereinigte Arabische Republik
Verf.	=	Verfasser
vgl.	=	vergleiche
VN	=	Vereinte Nationen
VO	=	Verordnung
Vorbem.	=	Vorbemerkung
VR	=	Volksrepublik
WB	=	Wörterbuch des Völkerrechts (Strupp/Schlochauer)
ZaöRV	=	Zeitschrift für ausländisches öffentliches Recht und Völkerrecht
z. B.	=	zum Beispiel
Ziff.	=	Ziffer
zit.	=	zitiert
ZK	=	Zentralkomitee
ZollG	=	Zollgesetz
ZgesStW	=	Zeitschrift für die gesamte Staatswissenschaft

Erster Teil

Grundbegriffe und Grundprobleme (Einführung)

I. Die Meistbegünstigung und ihre Rolle im internationalen Handelsverkehr

1. Wesen und Begriff des Meistbegünstigungsprinzips

Die Gewährung der Meistbegünstigung an einen Staat hat zum Ziel, diesem für seine Waren, Angehörigen, Handelsorganismen und Transportmittel optimale Bedingungen zu schaffen. Der Handel des begünstigten Landes soll in einem festgelegten Bereich vor jeder künstlichen Benachteiligung gegenüber Konkurrenten aus dem übrigen Ausland bewahrt werden.

Auf eine kurze Formel gebracht, bedeutet dies: Der berechtigte Staat[1] kann in den oben genannten Beziehungen die gleiche oder eine zumindest ebenso vorteilhafte Behandlung beanspruchen wie die, die das am meisten begünstigte dritte Land genießt oder genießen wird[2]. Dies ist der Inhalt der Meistbegünstigungsklausel in ihrer allgemeinsten Form[3].

---

[1] Begünstigt sein kann außer einem Staat auch eine andere Wirtschaftseinheit, beispielsweise eine Zollunion. Die Bezeichnungen „most-favoured-*nation* clause", „clause de la *nation* la plus favorisée", „clausola della *nazione* più favorita" usw. sind daher nicht ganz exakt. Vgl. *Oppenheim*, La clause de la nation la plus favorisée dans la pratique internationale de la Suisse (Zürich 1948), S. 23.

[2] Der Einschluß *künftiger* Vergünstigungen in die Garantie der Meistbegünstigung (MB) ist von einigen Autoren bestritten worden mit dem Hinweis, in einigen Handelsverträgen sei eine dahingehende Vereinbarung ausdrücklich getroffen, in anderen hingegen nicht. Solche Festlegungen erfolgen jedoch nur zum Zwecke der Klarstellung; vgl. Report of the Sub-Committee on the Most-Favoured-Nation Clause (George W. Wickersham, Rapporteur) adopted by the Committee of Experts for the Progressive Codification of International Law, League of Nations Publications 1927.V.10 (C.205.M.79/1927.V), S. 6, wiedergegeben ferner in AJIL Bd. 22 (1928), Spec. Suppl., S. 134 - 156. Ein Nichteinschluß künftiger Konzessionen würde dem Ziel der MB, gleiche Behandlung zu gewährleisten, nicht entsprechen; ebenso *Ito*, La clause de la nation la plus favorisée (Paris 1930), S. 26; *Oppenheim*, S. 70; *Visser*, La clause de la nation la plus favorisée dans les traités de commerce, Revue de droit international et de législation comparée, Bd. 4 (1902), 2e série, S. 79 ff., 83. Die „Gleichbehandlungsverpflichtung" würde in diesem Falle nur gewisse konkrete Privilegien erfassen.

[3] Vielfach schreibt man der MB-Klausel ein positives und ein negatives Element zu: Positiv besage sie, dem berechtigten Staat würden alle Vergün-

Das Prinzip der Meistbegünstigung ist eine Ausdrucksform des handelspolitischen Grundsatzes der Gleichbehandlung aller Partnerländer. Dies kann zumindest auf dem heutigen Stande der Entwicklung gesagt werden. Es wäre falsch, aus der vielleicht mißverständlichen Bezeichnung den Schluß zu ziehen, der berechtigte Staat solle irgendwelche Privilegien genießen. Eine „meistbegünstigte Nation" in diesem Sinne gibt es nicht[4]. Präferentielle Behandlung und Meistbegünstigung sind geradezu gegensätzliche Prinzipien[5]. Solange letzterer Grundsatz freilich nur auf ein einziges Land angewandt wird, kommt diesem eine Vorzugsstellung zu[6]. Je mehr Handelspartner aber den gleichen Status fordern und erlangen, desto mehr wird dieser zur Norm, eine Schlechterbehandlung somit zur „Diskriminierung"[7].

Die Klausel bietet den Vorteil, den allgemeinen Begriff der Gleichbehandlung in gewisser Weise zu präzisieren, ohne hierbei andererseits eine Unzahl von Einzelregelungen treffen zu müssen. Sie nimmt lediglich Bezug auf ein abstraktes, aber jederzeit bestimmbares Vergleichsobjekt.

Derartige Bestimmungsmethoden relativer Art gibt es mehrere. Von der Meistbegünstigung zu unterscheiden sind namentlich die Reziprozität und die Inlandsparität. Erstere liegt vor, wenn der berechtigte Staat auf einem bestimmten Gebiet die Behandlung beanspruchen kann, die er

---

stigungen gewährt werden, die ein dritter Staat erhalte, negativ bedeute sie, der berechtigte Staat werde nicht mit Nachteilen belastet werden, die nicht auch allen anderen Staaten auferlegt würden. So *Riedl*, Die Meistbegünstigung in den europäischen Handelsverträgen (Denkschrift der europäischen Gruppe der Internationalen Handelskammer, Wien 1928), S. 41; *H. Schweinfurth*, Die Meistbegünstigungsklausel (Diss. Heidelberg 1911), S. 30; dagegen mit Recht *Bonhoeffer*, Die Meistbegünstigung im modernen Völkerrecht (Berlin 1930), S. 6 ff.; *Ito*, S. 35 (für die unbedingte Meistbegünstigung). Es handelt sich hier in der Tat nur scheinbar um eine präzisere Begriffsbildung. Wesentlich ist in Wahrheit nur die Zusage der Gleichbehandlung; ob diese als gleiche Benachteiligung oder gleiche Bevorzugung apostrophiert wird, bleibt letztlich unerheblich. So auch *Oppenheim*, S. 149 - 152; *Ycenko*, Princip nediskriminacii i princip naibolšego blagoprijatstvovanija v meždhunarodnych ekonomičeskych otnošenijach (Das Nichtdiskriminierungs- und das Meistbegünstigungsprinzip in den internationalen Wirtschaftsbeziehungen), Vnešnjaja Torgovlja (Außenhandel) 1966, No. 7, S. 21.

[4] L'égalité de traitement dans l'état actuel des relations économiques internationales, Clause de la nation la plus favorisée, LoN Publ. 1936.II.B.9 (C.379. M.250/1936.II.B), S. 11; *Zinser*, Das GATT und die MB (Bonn 1962), S. 12.

[5] *Zimmer*, Zollpräferenzen im GATT (Göttingen 1967), S. 12 ff.

[6] Es sei hier klargestellt, daß das meistbegünstigte (mb) Land nicht etwa nur mit dem konkreten Land gleichgestellt wird, das insgesamt „per saldo" die vorteilhafteste Behandlung genießt. Es kumuliert vielmehr auf sich alle die Vorteile, die auf den verschiedenen Anwendungsgebieten der Meistbegünstigung (Zölle, Steuern usw.; siehe unten Abschnitt 4) dem jeweils optimal gestellten Drittland zustehen. Ebenso *Roesner*, Die Meistbegünstigungsklausel in den bilateralen Handelsverträgen der Bundesrepublik Deutschland (Diss. Heidelberg 1964), S. 5 unten.

[7] Der Begriff der Diskriminierung stammt aus dem anglo-amerikanischen Rechtskreis. Vgl. hierzu *Jaenicke*, Der Begriff der Diskriminierung im modernen Völkerrecht (Berlin 1940), S. 12; ders., Diskriminierung, in: *Strupp*/

selbst dem Vertragspartner in dieser Hinsicht gewährt; letztere bedeutet eine Gleichstellung der begünstigten Nation auf dem Gebiet des verpflichteten Staates mit dessen eigenen Staatsangehörigen.

Die Relativität der durch die Meistbegünstigung erworbenen Vergünstigungen drückt sich auch darin aus, daß diese jeweils von der Position des ursprünglich begünstigten Handelspartners abhängig bleiben. Die Vereinbarung einer Vergünstigung seitens des verpflichteten Staates mit einem anderen Land wird durch das Bestehen eines Meistbegünstigungsabkommens nicht zum Vertrag zugunsten Dritter, der den meistbegünstigten Staaten ein eigenes Anrecht auf die ausgehandelten Konzessionen gäbe[8]. Auch wird eine Aufhebung oder Kündigung der Vereinbarung durch das Bestehen von Meistbegünstigungsverpflichtungen nicht erschwert.

Die Meistbegünstigung steht, wenn sie ausdrücklich als solche bezeichnet wird, üblicherweise im Kontext eines Vertragswerks. Daneben wird sie jedoch auch autonom gewährt[9]. Ob ihr auch in dieser Form völkerrechtliche Relevanz zukommt oder ob sie alsdann allein auf dem freiwilligen Entschluß des gewährenden Landes beruht und jederzeit widerrufen werden kann, soll an späterer Stelle kurz untersucht werden[10].

Schlochauer, Wörterbuch des Völkerrechts (im folg. zit.: WB), Bd. 1, S. 388; *Kipp*, Das Verbot der Diskriminierung im modernen Friedensvölkerrecht, ArchVR Bd. 9 (1961/62), S. 137. Der Begriff bedeutete ursprünglich nicht mehr als Unterscheidung, hat aber in der Rechtssprache der USA immer mehr die Bedeutung einer unerlaubten Differenzierung erlangt. In der völkerrechtlichen Terminologie wird er meist in dieser qualifizierten Bedeutung gebraucht. Selbst wenn dies nicht der Fall ist, so soll zumindest „die als ‚Diskriminierung' beanstandete unterschiedliche Behandlung als materiell ungerecht qualifiziert werden"; *Jaenicke*, WB Bd. 1, S. 390. Von Diskriminierung wird also nur gesprochen bei Abweichen von einer — existenten oder bloß behaupteten — Norm, welche Gleichbehandlung befiehlt. Was den Anwendungsbereich angeht, so erscheint der Diskriminierungsbegriff gelegentlich außer in der Wirtschaftspolitik auch auf dem Felde der Außen- oder der Kulturpolitik.

[8] *Jaenicke*, Meistbegünstigungsklausel, WB Bd. 2, S. 498; vgl. auch *Roesner*, S. 5. Was im übrigen das Entstehen dieses abgeleiteten Anspruchs des mb Landes angeht, so dürfte es auf die tatsächliche, nicht bloß auf die rein rechtliche Gewährung der jeweiligen Vergünstigung ankommen. So *Jaenicke*, a.a.O.

[9] Man unterscheide die Begriffe der autonomen und der einseitigen Gewährung. Letztere kann auch in einem völkerrechtlichen Vertrag vereinbart sein und ist dann nicht mehr autonom. Umgekehrt kann auch die autonome Gewährung auf Gegenseitigkeit beruhen. Die Bundesrepublik Deutschland (BRD) gewährt fast allen Staaten auch außerhalb ihrer Verträge die MB hinsichtlich ihrer Zolltarife. Hierzu und zu den Ausnahmen von diesem Grundsatz vgl. *Jaenicke*, WB Bd. 2, S. 497; *Roesner*, S. 35. Ferner liegt eine autonome Gewährung der MB immer dann vor, wenn ein Land nur einen einheitlichen (Einspalten-)Zolltarif besitzt; dazu *Zinser*, S. 17.

[10] Es handelt sich um die Frage, ob die MB-Verpflichtung ein Satz des allgemeinen Völkerrechts ist; dazu unten, Abschnitt 7.

2. Historische Ursprünge

Die Meistbegünstigungsklausel in ihrer heutigen abstrakten Form ist das Resultat einer Entwicklung von Jahrhunderten. Die uns erkennbaren Anfänge liegen im hohen Mittelalter[11]. Hier ging es zunächst darum, daß einige Handelsmächte in ihrer Rechtsstellung mit einem oder mehreren konkreten Konkurrenten, welche faktisch die bedeutsamsten Privilegien genossen, „gleichziehen" wollten. Eine besonders bevorzugte Stellung nahm im Orienthandel seinerzeit zunächst Venedig ein. Städte wie Pisa, Genua, Florenz, Ancona und Amalfi, später auch französische und spanische Hafenstädte, drangen bei den arabischen Fürsten des Vorderen Orients und Nordafrikas auf gleiche Behandlung, die sie nach und nach auch zugesichert erhielten. Diese ersten Meistbegünstigungsverträge erstreckten sich außer auf die Warenbehandlung auch bereits auf das Fremdenrecht einschließlich der Garantie der persönlichen Sicherheit der Kaufleute. Künftige Privilegien waren in die Garantien wohl allgemein eingeschlossen[12].

Die Bezugnahme auf einen bestimmten Kreis von Drittländern oder -städten blieb lange Zeit eine Eigenart der Klausel. Sie machte erst im 17. Jahrhundert der generellen Erwähnung „anderer fremder Länder", „irgendeiner fremden Nation" oder „aller Ausländer" Platz[13]. Im Vertrag zwischen Großbritannien und Spanien vom 14. 3. 1715 schließlich findet sich die einfachste und modernste Formel der „most favoured nation"[14].

Ein weiteres Charakteristikum der frühesten Verträge dieser Art war die Einseitigkeit des Meistbegünstigungsversprechens. Die erste Vereinbarung auf der Basis der Wechselseitigkeit enthält der Vertrag zwi-

---

[11] Zur historischen Entwicklung der Klausel siehe insbesondere *Basdevant,* La clause de la nation la plus favorisée, effets en droit international privé (Paris 1929), S. 8 ff. (Ziff. 6 ff.); *Borchardt,* Entwicklungsgeschichte der Meistbegünstigung im Handelsvertragssystem (Diss. Heidelberg 1906); *Corrêa,* Os tratados de comercio e a clausula da naçâo mais favorecida (Lisboa 1933), S. 10 ff.; *Erler,* Grundprobleme des internationalen Wirtschaftsrechts (Göttingen 1956), S. 52 ff.; *Ito,* S. 78 ff.; *John,* Die ungeklärte Meistbegünstigung (Hamburg 1929); *Kulischer,* Die Meistbegünstigung in den Handelsverträgen im Wandel der Zeiten, ZgesStW Bd. 89 (1930), S. 540 ff.; *Lüdicke,* Die Entwicklung des Meistbegünstigungsprinzips (Diss. Berlin 1925); *Scheuner,* Zweiseitige Handelsverträge und multilaterale Handelsvereinbarungen, Friedenswarte Bd. 52 (1953/55), S. 97 ff.; *Zinser,* S. 19 ff.

[12] Dies ist nur dann nicht anzunehmen, wenn sich Anzeichen dafür finden, daß von der Gleichbehandlungsklausel nur ganz bestimmte Privilegien erfaßt werden sollten; so *Basdevant,* S. 15 (Ziff. 43 - 46); a. A. *Zinser,* S. 19; *Borchardt,* S. 37; *Prack,* Die Meistbegünstigungsklausel (Diss. Greifswald 1936), S. 31.

[13] So etwa im Vertrag zwischen Dänemark und der Hanse vom 16. 8. 1692, Art. 6; vgl. *Ito,* S. 81; siehe ferner *Hornbeck,* Most Favored Nation Clause, AJIL Bd. 3 (1909), S. 395.

[14] *Ito,* S. 81. Juristisch besagte diese Formel jedoch nicht mehr als die vorgenannten.

schen England und Burgund aus dem Jahre 1417, ohne daß hiermit freilich dieses Prinzip schon endgültig zum Durchbruch gekommen wäre[15]. Einseitige Meistbegünstigungszusagen drücken gewöhnlich entweder ein Verhältnis von „passiven" zu „aktiven" (die Handelsoperationen und Transporte dirigierenden) Handelspartnern oder eine machtmäßige Unterordnung[16] oder beides aus.

Die wirtschaftspolitische Motivation für die Benutzung der Meistbegünstigungsklausel war in der merkantilistischen Zeit (17. und 18. Jahrhundert) recht verschieden von der des heutigen Strebens nach Gleichbehandlung[17]. Wird in neuerer Zeit die Klausel als Mittel zur Ermöglichung einer fairen Konkurrenz angesehen, so stand damals nicht so sehr diese ihre Funktion im Vordergrund des Interesses. Den Merkantilisten kam es in erster Linie auf konkrete Konzessionen an, die ihnen nach Möglichkeit einen handelsmäßigen Vorsprung von ihren Konkurrenten verschaffen sollten[18]. Diese Vergünstigungen wurden streng auf Gegenseitigkeitsbasis ausgehandelt. Die Meistbegünstigungsklausel hatte in diesem Rahmen vorwiegend den Sinn, eine Strafsanktion (die Verpflichtung zur unentgeltlichen Gewährung gewisser Vergünstigungen) vorzusehen für den Fall, daß durch Bevorzugungen dritter Staaten das vertraglich ausgehandelte Gleichgewicht gestört würde[19].

Vom Jahre 1778 an erscheint die Klausel in einer neuen Gestalt. Am 6. Februar des genannten Jahres vereinbarten die Vereinigten Staaten im Handelsvertrag mit Frankreich erstmals die sog. bedingte Meistbegünstigung. Hiernach wird dem Begünstigten nicht unter allen Umständen Gleichbehandlung gewährt, sondern zumeist erst gegen eine angemessene Gegenleistung. Vergünstigungen, die einem dritten Staat eingeräumt worden sind, werden auf den Vertragsgegner unentgeltlich nur dann ausgedehnt, „wenn die Konzession unentgeltlich war, und gegen

---

[15] Die MB-Klausel als zweiseitige Garantie ist wohl im 17. Jahrhundert endgültig hervorgetreten; so *Economic Commission for Europe (ECE)*, Note by the Secretariat: The most-favoured-nation clause (19. 6. 1959), United Nations Document TRADE/SM/7/Add. 2, S. 3.

[16] So etwa nach verlorenen Kriegen; siehe Art. 267 des Vertrags von Versailles, Art. 220 des Vertrags von St. Germain; vgl. hierzu auch *Snyder*, The Most Favored Nation Clause (New York 1948), S. 20.

[17] Eine Gleichheit „pure et simple" ist erst in den Handelsverträgen des 19. Jahrhunderts angestrebt und erreicht worden; *Corrêa*, S. 31.

[18] *Brandt*, Die Durchbrechung der Meistbegünstigung (Berlin 1933), S. 2 ff.; *Jastrow*, Die mitteleuropäische Zollannäherung und die Meistbegünstigung (Leipzig 1915), S. 46; *Lüdicke*, S. 25 ff.; *Hock*, Was hat man mit der Meistbegünstigung gewollt? (Diss. Berlin 1931), S. 8 ff. (der von einem „permanenten Wirtschaftskrieg" spricht).

[19] Gerade der unentgeltliche Anfall der Begünstigung sollte wohl eigentlich die Gewährung einer solchen an einen dritten Staat ganz verhindern; *Brandt*, a.a.O.; *Ito*, S. 82; *Meine*, Die Beschränkung in den Meistbegünstigungsklauseln (Diss. Berlin 1928), S. 18.

eine gleichwertige Gegenleistung, wenn die Konzession bedingt war"[20]. Diese bedingte Form dominierte schließlich auch auf dem europäischen Kontinent in der ersten Hälfte des 19. Jahrhunderts.

Bei einem kritischen Vergleich mit dem, was vorangegangen war, kann die Einführung eines Systems der bedingten Meistbegünstigung nicht ausschließlich negativ beurteilt werden. Sie war sicherlich ein redlicher Versuch, eine reale Gleichbehandlung der Handelspartner zu erreichen, getragen von der Idee einer Kombination von Gleichheit und Gegenseitigkeit[21]. Jedoch bot dieses Modell allzu viele Möglichkeiten der Willkür — so bestimmte etwa der verpflichtete Staat selbst darüber, was als gleichwertige Gegenleistung zu gelten hatte — und des Mißbrauchs. Der Cobden-Treaty zwischen England und Frankreich vom 23. 1. 1860[22] leitete die Rückkehr zur unbedingten Meistbegünstigung ein. Dieser Vertrag wird zu Recht als der Ursprung der modernen Handelsvertragspraxis angesehen[23]. Die Vereinigten Staaten warteten allerdings noch bis 1923[24], bevor sie sich dem neuen Trend anschlossen.

Nach dem ersten Weltkrieg war die Situation, kurz gesprochen, so, daß die Klausel Erfolg hatte in Perioden der Expansion, jedoch in Krisen- und Spannungszeiten an Einfluß verlor[25]. Die Weltwirtschaftskonferenz von 1927 empfahl die allgemeine Rückkehr zur unbedingten Meistbegünsti-

[20] Art. II des Vertrages USA—Frankreich v. 6. 2. 1778, zit. in LoN Publ. 1927.V. 10, S. 4. Die bedingte MB-Klausel stellt nur ein pactum de contrahendo dar; *Jaenicke*, WB Bd. 2, S. 498; vgl. auch *Basdevant*, S. 19; *Ebner*, La clause de la nation la plus favorisée en droit international public (Paris 1931), S. 101. Bei der unbedingten Form der Klausel hingegen entsteht der Rechtsanspruch ipso iure („automatisch") im Augenblick der — sei es autonomen oder vertraglichen, entgeltlichen oder unentgeltlichen — Gewährung an einen dritten Staat.

[21] *Meine*, S. 20 f.

[22] Der Vertrag galt zunächst nur für einige im einzelnen festgelegte Produkte; er wurde erst späterhin verallgemeinert durch Zusatzkonvention v. 16. 11. 1860, Bulletin des Lois de l'Empire français, 1860, No. 875, S. 1151 ff.

[23] *Hock*, S. 10 ff.; *Schumacher*, Meistbegünstigung und Zollunterscheidung (München und Leipzig 1915), S. 33.

[24] Deutsch-amerikanischer Freundschafts- und Handelsvertrag vom 8. 12. 1923, RGBl. 1925 II S. 795. Zur Haltung der USA vgl. *Giuliano*, La Cooperazione internazionale in materia economica, Bd. 1: Il commercio internazionale (Varese 1965), S. 106 ff.; *Hornbeck*, AJIL 1909, S. 639 ff.

[25] Hierzu *Engel*, Die Meistbegünstigungsklausel auf den internationalen Konferenzen der Nachkriegszeit (Diss. Würzburg 1935), S. 22 ff.; *Offermann*, Die Meistbegünstigung, ihr Wesen und ihre Entwicklung in der Handelspolitik der letzten 50 Jahre (Diss. München 1928), S. 22 ff.; besonders deutlich L'éclipse partielle de la nation la plus favorisée (SdN, Comité Economique, E. 956, Genève, 13. 8. 1936), S. 3 ff. Demnach gibt es vier Voraussetzungen für ein ausreichendes Funktionieren des Zollsystems und damit der MB-Klausel: 1) ein konstantes Wachstum des Welthandels, 2) die Freiheit des Handels (sc. von mengenmäßigen Beschränkungen), 3) die Übertragbarkeit der Währungen im internationalen Geschäftsverkehr, 4) eine gewisse monetäre Stabilität. Mit der Idee des Freihandels ist die MB an sich begrifflich nicht verbunden; es kann aber nicht geleugnet werden, daß der Freihandel historisch ein „Pionier der Meistbegünstigung" gewesen ist; *Schumacher*, S. 33.

gung[26]. Daraufhin arbeitete der Wirtschaftsausschuß des Völkerbundes eine Musterklausel für die Meistbegünstigung in Zollfragen aus, die im März 1929 vom Völkerbundsrat gebilligt wurde[27]. Die Hauptschwierigkeit in jener Zeit, besonders seit der Wirtschaftskrise von 1929, stellte die Frage der mengenmäßigen Beschränkungen dar, welche in bezug auf die Meistbegünstigung gänzlich neue Probleme aufwarfen[28].

3. Arten der Meistbegünstigung

In der historischen Übersicht des vorhergehenden Abschnitts sind bereits einige wesentliche Differenzierungen hervorgetreten. Sie sollen hier noch einmal kurz resümiert werden.

Es handelt sich zunächst um die Unterscheidung zwischen einseitiger und zwei- oder mehrseitiger (wechselseitiger) Meistbegünstigung. Diese stellt als solche keine Probleme. Was die Praxis angeht, so ist gegenwärtig aus verständlichen Gründen nationalen Prestiges die unilaterale Form gänzlich außer Gebrauch.

Ferner war die Rede von der unbedingten Meistbegünstigung einerseits und der bedingten andererseits[29]. Letztere wird — terminologisch nicht ganz präzise — häufig auch als reziproke Meistbegünstigung oder einfach als Reziprozität bezeichnet[30].

---

[26] Vgl. Report of the Sub-Committee on the Most-Favoured-Nation Clause ..., LoN Publ. 1927.V.10.

[27] Vgl. Report to the Council on the work of the twenty-seventh session (Economic Committee), LoN Publ. 1929.II.43 (C.20.M.14/1929.II), Appendix: The Most-Favoured-Nation Clause in Customs Matters; Recommendations of the Economic Committee relating to Tariff Policy and the Most-Favoured-Nation Clause, LoN Publ. 1933.II.B.1 (E.805/1933.II.B). Der Text der Musterklausel ist ferner wiedergegeben bei *Riedl*, Ausnahmen von der Meistbegünstigung (Wien 1931), S. 5 f.; *Bonhoeffer*, S. 8 f.; *Zinser*, S. 23.

[28] Vor dem Ersten Weltkrieg, in einer Zeit freihändlerischer Ideen, war die Frage der Stipulierung der MB-Klausel in dieser Materie nicht aufgekommen; Recommendations of the Economic Committee relating to Commercial Policy, LoN Publ. 1929.II.15 (C.138.M.53/1929.II), S. 7; L'éclipse partielle ..., S. 3. Zu diesem Problem vgl. ferner unten Abschnitt 4.

[29] Zum Unterschied zwischen den beiden Arten der Klausel vgl. außer den oben Abschn. 2, Anm. 10, Genannten *Glier*, Die Meistbegünstigungsklausel (Berlin 1905), S. 129 ff.; *Loher*, Die Meistbegünstigungsklausel (Diss. Neuchâtel 1949), S. 17 ff.; *Nolde*, La clause de la nation la plus favorisée et les tarifs préférentiels, RC Bd. 39 (1932), S. 85 ff.; *Oppenheim*, S. 29 ff.

[30] Der Begriff der Reziprozität im völkerrechtlichen Sinne sollte für den Fall vorbehalten werden, da der verpflichtete Staat die Gewährung *genau des entsprechenden Vorteils auf dem gleichen Gebiet* durch das Partnerland zur Voraussetzung dafür macht, daß er selbst einen Vorteil effektiv einräumt. Bei der bedingten MB hingegen besteht die Voraussetzung hierfür (nachdem einem dritten Staat eine Vergünstigung eingeräumt worden ist) nur darin, daß der berechtigte Staat *irgendeine materiell gleichwertige Gegenleistung* erbringt. Die Kombination der MB- und der Reziprozitätsklausel im engeren Sinne kann man als einen Spezialfall der bedingten MB bezeichnen; so *Basdevant*, S. 20 (Ziff.

Der heute übliche Gebrauch der unbedingten Meistbegünstigungsklausel bringt unleugbar gewisse Unzuträglichkeiten mit sich: Bei einer „gegenseitigen" (d. h. formell zwei- oder wechselseitigen)[31] Zusage der Meistbegünstigung brauchen die beiderseitig erlangten Vorteile nicht äquivalent zu sein[32]. Ein Land, das für eine Senkung der Zollbarrieren eintritt, kann sich einem anderen Lande gegenübersehen, das zu entsprechenden Maßnahmen nicht bereit ist. Die Tatsache, daß dieses letztere Land im Genuß der Meistbegünstigung steht, kann nun das erstere daran hindern, dritten Staaten gegenüber seine Außenhandelsbestimmungen zu liberalisieren. Von hier aus gesehen, ist das seinerzeitige Festhalten der Vereinigten Staaten am Äquivalenzgedanken der bedingten Meistbegünstigung durchaus verständlich.

Eine Verbindung des Gleichbehandlungsgrundsatzes mit dem Äquivalenzprinzip ist in heutiger Zeit insbesondere dem GATT[33] immanent, obwohl dieses Vertragswerk ausdrücklich auf der Grundlage der unbe-

---

79); *Ebner*, S. 101. Dies gilt jedoch nur insoweit, als man davon ausgeht, daß die „Gleichwertigkeit" der Gegenleistung bei der bedingten MB wirtschaftlich ein Äquivalent der Leistung des verpflichteten Staates darstellen soll. Rechtlich bemißt sich die Gleichwertigkeit nach der von dem Drittstaat erbrachten Gegenleistung.

[31] Diese „Gegenseitigkeit" hat wiederum mit den bisher bezeichneten Klauseln der Reziprozität und der bedingten MB begrifflich nichts zu tun.

[32] Das Äquivalenzprinzip spielt hier bestenfalls eine untergeordnete Rolle, denn der wirtschaftliche Wert solcher Zusicherungen kann erheblich divergieren.

[33] Zum GATT (General Agreement on Tariffs and Trade = Allgemeines Zoll- und Handelsabkommen) vgl. *Curzon*, Multilateral Commercial Diplomacy (London 1965); *Flory*, Le G.A.T.T. (Paris 1968); *Gupta*, A Study of General Agreement on Tariffs and Trade (Delhi, New Delhi etc. 1967); *Hyder*, Equality of Treatment and Trade Discrimination in International Law (The Hague/Den Haag 1968); *Imhoff*, GATT, Allgemeines Zoll- und Handelsabkommen, Kommentar (München, Berlin 1952); *Jaenicke*, Das Allgemeine Zoll- und Handelsabkommen, ArchVR Bd. 7 (1958/59), S. 371 ff.; *ders.*, Allgemeines Zoll- und Handelsabkommen, WB Bd. 1, S. 29 ff.; *K. Kock*, International Trade Policy and the GATT 1947 - 67 (Stockholm 1969); *Küng*, Das Allgemeine Abkommen über Zölle und Handel (Zürich, St. Gallen 1952); *Liebich*, Grundriß des Allgemeinen Zoll- und Handelsabkommen, 2. neubearb. Aufl. (Baden-Baden 1967), übereinstimmend in: *Groeben/Boeckh*, Handbuch für Europäische Wirtschaft, V, GATT (Bd. 12); *Macdonald*, Legal Controls of Foreign Trade and International Law: With special reference to G.A.T.T. (maschinengeschr. Diss. Cambridge 1958); *Muhammad*, The Legal Framework of World Trade (London 1958); *Schiavone*, Il principio di non-discriminazione nei rapporti commerciali internazionali (Milano 1966). Der Text des Abkommens findet sich in GATT, Basic Instruments and Selected Documents (BISD), Vol. IV (März 1969), eine deutsche Übersetzung (ohne Teil IV, der erst am 8. 2. 1965 eingefügt wurde, vgl. BISD 13th suppl., S. 1 - 11) in DHA, Sonderheft GATT, vom 3. 11. 1959. Der ursprüngliche Text ist abgedruckt in UNTS Bd. 55, S. 188. Die Numerierung der Artikel in dieser Arbeit entspricht der gegenwärtig gültigen Fassung. Ein Änderungsprotokoll von 1955 — deutscher Text der drei auf der Revisionskonferenz im Jahre 1955 beschlossenen Änderungsprotokolle v. 10. 3. 1955 in BGBl. 1957 II, S. 606 —, das insoweit Umstellungen erbrachte, ist noch nicht in Kraft getreten.

dingten Meistbegünstigung steht (Art. I:1). Ein Land, das dem GATT beitritt (Art. XXXIII), hat in der Praxis, bevor es alle Vorteile des Abkommens genießt, zunächst gewisse eigene Leistungen zu erbringen. Art. XXXV:1 des GATT bestimmt, daß eine Vertragspartei gegenüber einer anderen die Bestimmungen des Abkommens erst dann anzuwenden braucht, wenn die Parteien in gegenseitige Zollsenkungsverhandlungen eingetreten sind[34]. Auch die GATT-Staaten verwenden also nicht die simple Formel „Meistbegünstigung gegen Meistbegünstigung". Das GATT strebt eben nicht nur eine weitestmögliche Nichtdiskriminierung im Welthandel an, sondern auch eine Liberalisierung durch Senkung der Zölle und Abschaffung der mengenmäßigen Beschränkungen.

Eine weitere bedeutsame Unterscheidung ist die zwischen beschränkter und unbeschränkter Meistbegünstigung. Eine gänzlich uneingeengte Meistbegünstigung wird es freilich, wenn man davon ausgeht, daß die Meistbegünstigung rein begrifflich alle Fragen der zwischenstaatlichen Beziehungen erfassen kann[35], niemals geben. Einige Sachgebiete, wie etwa die Kultur- oder die Verteidigungspolitik, lassen sich nicht in das Korsett einer schematischen Gleichbehandlung zwängen und werden auch nicht unter diesem Aspekt gesehen. Immerhin kann sich die versprochene Gleichbehandlung auf alle Fragen der Handelspolitik oder hierauf und auf die Stellung der beiderseitigen Staatsangehörigen im Gebiet des anderen Teils beziehen. In solchen Fällen soll von unbeschränkter Meistbegünstigung gesprochen werden. Um die beschränkte Form der Klausel handelt es sich hingegen dann, wenn die Gleichbehandlung nur auf einem oder mehreren bestimmten Bereichen der Handelspolitik, z. B. ausschließlich auf dem Zollsektor gewährleistet wird. Eine derartige sachliche Beschränkung stellt in der Handelsvertragspraxis den Regelfall dar. Näheres dazu wird im folgenden Abschnitt 4 ausgeführt werden.

Die unbeschränkte Meistbegünstigung wird häufig ausgedrückt in einer Generalklausel[36], welche begleitet sein kann von einer mehr oder minder

---

[34] *Snyder* würde hier wohl von einem zweiten Typ der bedingten Klausel sprechen. Bedingung kann nach ihm (a.a.O., S. 21) sein: „(1) a special condition which must be fulfilled to give birth to the right of most-favored-nation treatment, in which case the condition relates only to the favored interest and must be accomplished to create this interest; or (2) separate from the favored interest and relating only to something the other party must do or not do to qualify as the most-favored nation. In this case, the interest (or object) to which m. f. n. treatment is to apply is independent of the condition to be fulfilled and is not created by its fulfilment." Hiervon wiederum zu unterscheiden und ohne Bedeutung für den Unterschied zwischen unbedingter und bedingter MB sind eventuelle „Bedingungen" zur Erlangung gewisser Rechte durch die Angehörigen der mb Nation, wie etwa die Voraussetzung der Vorlage eines Ursprungszeugnisses für Waren oder eines Befähigungsnachweises für die Berufsausübung. Vgl. *Jaenicke*, WB Bd. 2, S. 499.

[35] So *Sonthofen*, Völkerrechtliche Grundlagen des internationalen Warenhandels (Diss. Freiburg i. Br. 1936), S. 41.

[36] "Denmark and the USSR shall grant to one another Most-favoured-nation

vollständigen Angabe der erfaßten Einzelgebiete. Ist nur eine solche Aufzählung vorhanden, die aber im wesentlichen das Gesamtgebiet der Handelspolitik erschöpft, so ist es Auslegungsfrage, ob dieses oder nur die ausdrücklich genannten Sonderbereiche gemeint sein sollen.

4. Der sachliche Anwendungsbereich

Die Meistbegünstigung kann sich auf alle Fragen des Warenverkehrsrechts und des Fremdenrechts im weitesten Sinne einschließlich des Konsularwesens beziehen[37].

Zum ersteren Bereich wären vor allem folgende Punkte zu zählen:

(1) Ein-, Aus- und Durchfuhrzölle
(2) Ein-, Aus- und Durchfuhrkontingente und -verbote[38]
(3) Zollverfahren und Warenbehandlung
(4) Transportmöglichkeiten und -bedingungen einschließlich der Küstenschiffahrt.

Das Fremdenrecht[39], wie es hier verstanden werden soll, würde dann alles übrige umfassen, was, sei es auch nur von ferne, mit Niederlassung, Handel und Gewerbe zu tun hat, insbesondere:

(1) Aufenthalt und Niederlassung
(2) Ausübung von Handel und Gewerbe (einschließlich der Frage der Anerkennung juristischer Personen)
(3) Erwerb von Eigentum (insbesondere von Grundbesitz)
(4) Schutz von Patenten, Marken und Mustern sowie literarischer und sonstiger künstlerischer Urheberrechte
(5) Besteuerung ausländischer Personen und Gesellschaften
(6) Rechtsschutz
(7) Konsularwesen[40].

---

treatment in respect of all questions relating to commerce and navigation between the two countries." Art. 1 des Handels- und Schiffahrtsvertrages Dänemark—UdSSR vom 17. 8. 1946, UNTS Bd. 8, S. 201.

[37] *Scheuner,* Die Rolle der Handelsverträge im internationalen Wirtschaftsrecht der Gegenwart, Festschrift für Elias G. Kyriacopoulos (Thessaloniki 1966), S. 879; *Sonthofen,* S. 41.

[38] Hierzu s. aber unten S. 25 - 27.

[39] Schon nach allgemeinem Völkerrecht gilt zwar nach mehrheitlicher Auffassung ein Verbot der Differenzierung im Fremdenrecht. Dieses ist jedoch dadurch erheblich eingeschränkt, daß sachliche Gründe eine Ausnahme rechtfertigen sollen. Vgl. hierzu *Schindler,* Gleichbehandlung von Individuen als Problem des Völkerrechts (Zürich 1957), S. 76 ff. Die Vereinbarung der MB auf diesem Gebiet wird daher nicht überflüssig, denn beispielsweise die Versagung der Gegenseitigkeit — im Verkehr zwischen „östlichen" und „westlichen" Nationen geradezu typisch — wäre ein solcher sachlicher Grund.

[40] Die Klausel ist gelegentlich auch im Hinblick auf die Stellung von Botschaften und „ministres plénipotentiaires" stipuliert worden (Art. 2 des Ver-

Von überragender Bedeutung für das Meistbegünstigungsrecht ist das Sachgebiet der Zölle. Es ist die klassische Domäne des Meistbegünstigungsgrundsatzes überhaupt[41]. Im 19. Jahrhundert und bis etwa zum Ersten Weltkrieg wurde die Klausel praktisch nur auf die Zollerhebung bezogen. Ein Nachklang davon findet sich noch heute im GATT. Die Meistbegünstigung im technischen Sinne erstreckt sich nur auf die Zölle, die sonstigen Belastungen bei Grenzüberschreitung (Art. I, II, V:6) und — durch Verweisung auf Art. III:2 und 4 in Art. I:1 — die internen Abgaben sowie auf gewisse Formalitäten (Zollformalitäten, Art. I; Transit, Art. V:5; Herkunftsbezeichnungen, Art. IX:1)[42]. Diese besondere Rolle der Zölle hängt damit zusammen, daß sie allein als Mittel marktkonformer Regulierung des Außenhandels universell anerkannt sind. Die Zusage der Meistbegünstigung auf dem Zollsektor läßt sich ferner in besonders einfacher Weise definieren und, da die Zolltarife veröffentlicht zu werden pflegen, auch in ihrer tatsächlichen Anwendung überprüfen. Schließlich sind die Vorteile von Zollsenkungen für eine am Handel mit den betreffenden Produkten interessierte Volkswirtschaft weitgehend im voraus rechnerisch erfaßbar.

Stellt der Bereich der Zölle geradezu das Hauptanwendungsgebiet der Klausel dar, so herrscht über ihre Anwendbarkeit auf mengenmäßige Beschränkungen und Verbote Streit[43]. Einige Handelsverträge versuchen

---

trags Frankreich—Persien vom 12. 7. 1855, *Niboyet*, Rec. textes us. de droit international, I, S. 623). Heute bezieht man sich auf diesem gewohnheitsrechtlich weitgehend vereinheitlichten Gebiet lediglich auf die allgemeine völkerrechtliche Praxis; vgl. *Basdevant*, S. 13 (Ziff. 33).

[41] *Domke/Hazard*, La clause de la nation la plus favorisée, in: Aspects juridiques du commerce avec les pays d'économie planifiée, hrsg. von der *Association Internationale des Sciences Juridiques* (Paris 1961), S. 76; *Zinser*, S. 15 ff. *Basdevant*, S. 10 ff., unterteilt daher in a) Zollwesen und b) sonstige Materien.

[42] Für Steuern und sonstige interne Abgaben sowie für Transport und Vertrieb im Inland gilt zusätzlich der Grundsatz inländergleicher Behandlung (Art. III:2 u. 4); für mengenmäßige Beschränkungen ist in allgemeinerer Form eine nichtdiskriminatorische Anwendung (Art. XIII) und als Endziel deren endgültige Abschaffung (Art. XI) vorgesehen.

[43] Man hat verschiedentlich darauf hingewiesen, Kontingentierungen seien einem MB-System immer wesensfremd und einer der häufigsten Fälle der Umgehung und Aushöhlung der MB; so *Quack*, Probleme der Meistbegünstigung (Hamburg 1936), S. 80 f.; im gleichen Sinne *Schiller*, Meistbegünstigung, Multilateralität und Gegenseitigkeit, Weltwirtschaftliches Archiv Bd. 53 (1941), S. 373; im Ergebnis auch *Haberler/Verosta*, Liberale und planwirtschaftliche Handelspolitik (Berlin 1934), S. 87; kritisch hierzu *Keltsch*, Völkerrechtliche Schranken der Einfuhrkontingentierung (Göttingen 1965), S. 83 ff. m. zahlr. w. Nachw. S. 83 Fußn. 238; zweifelnd *Jaenicke*, WB Bd. 2, S. 500. Die Schweiz etwa steht traditionell auf dem Standpunkt, die Frage der mengenmäßigen Beschränkungen falle überhaupt nicht in den Bereich der MB-Klausel; vgl. *Association of the British Chambers of Commerce*, Report of the Committee on the Most-Favoured-Nation Clause in Treaties and Trade Agreements (London, 24. 8. 1934), S. 7; anders der Standpunkt des Deutschen Reiches, vgl. *Quack*, S. 79 f.

diese Fragen ausdrücklich ebenfals durch eine Meistbegünstigungszusage zu regeln[44]; andere wählen besondere Formeln, beispielsweise eine allgemeine Nichtdiskriminierungsklausel[45]. Die Musterklausel des Völkerbundes erfaßte Verbote und Beschränkungen mengenmäßiger Art überhaupt nicht[46].

Bei einer Meistbegünstigung hinsichtlich mengenmäßiger Regulierungen liegt die Schwierigkeit in der Anwendung auf den praktischen Fall[47]. Läßt sich bei absoluten Verboten ein Gleichbehandlungsgebot noch hinreichend konkretisieren, so ist dies bei Kontingentierungen (Teil-Verboten) kaum möglich[48]. Als Lösungen sind vorstellbar ein System genereller Kontingente (für alle Handelspartner insgesamt) oder ein System von Spezialkontingenten (jeweils für einzelner Länder). Erstere lassen sich formell am ehesten mit der Meistbegünstigung vereinbaren, können aber aufgrund geographischer oder sonstiger Gegebenheiten zu ungerechtfertigten tatsächlichen Ungleichheiten führen[49]. Bei Festsetzung von Spezialkontingenten kommt eine „egale“[50] oder eine „proportionale“ Verteilung auf die interessierten Länder in Betracht. Der „proportionale“ Verteilungsmodus, d. h. die Festsetzung entsprechend dem Anteil des betreffenden Landes am Handel mit dem kontingentierten Produkt während eines repräsentativen Zeitraums, ist sicherlich der gerechtere[51]. Problematisch bleibt aber alsdann die Auswahl der Vergleichsperiode und die — wohl erforderliche — Berücksichtigung von Änderungen der Produktionsleistungen bestimmter Länder[52]. Es wird auf jeden Fall eine

---

44 Vgl. beispielsweise den Handelsvertrag Japan—UdSSR vom 6. 12. 1957, UNTS Bd. 325, S. 35 ff., in Art. 7. Von älteren Verträgen vgl. das Handelsabkommen Bulgarien—Rumänien vom 27. 9. 1930, LNTS Bd. 118, S. 29 ff., Art. 3; ferner Art. 3 des provisorischen Handelsvertrages USA—Rumänien vom 20. 8. 1930, LNTS Bd. 115, S. 115 ff.; Art. 2 des Handelsvertrages Irak—Türkei vom 10. 1. 1932, LNTS Bd. 152, S. 17 ff.

45 So das GATT in Art. XIII. Vgl. auch die Darstellung bei *Keltsch*, S. 79, 96 ff.

46 LoN Publ. 1933.II.B.1, S. 9; allgemein vgl. ferner LoN Publ. 1929.II.15, S. 7; 1933.II.B.1, S. 8; 1939.II.B.3 (C.179.M.108/1939.II.B), Remarques sur les perspectives actuelles de la politique commerciale, S. 13 ff.

47 Vgl. zum folgenden z. B. LoN Publ. 1936.II.B.9, S. 14 f.; *Haberler/Verosta*, S. 86 ff.; *Quack*, S. 78 ff.; *Roesner*, S. 66 ff.; *Snyder*, S. 136 ff.; *Association of the Britisch Chambers of Commerce*, Report . . . , S. 5 ff.

48 Dies gilt in gleicher Weise für Zollkontingente, d. h. die Festlegung einer bestimmten Warenmenge, für die ein geringerer Zoll erhoben wird, während ein höherer Tarif in Geltung tritt, sobald diese Menge erreicht ist. Die Vorschrift des Art. XIII des GATT erstreckt sich auch auf Zollkontingente (Abs. 5).

49 *Haberler/Verosta*, S. 89; *Roesner*, S. 67.

50 Über die faktischen Ungerechtigkeiten einer solchen Lösung vgl. *Quack*, S. 79 f. (mit Beispielen); *Haberler/Verosta*, S. 89 f.; *Association of the British Chambers of Commerce*, Report . . ., S. 5.

51 Vgl. die oben Anm. 47 Genannten und *Jaenicke*, WB Bd. 2, S. 500; ähnlich *Möller*, Internationale Wirtschaftsorganisationen (Wiesbaden 1960), S. 83. Auch das GATT hat in Art. XIII:2(d) den proportionalen Verteilungsmodus vorgesehen.

52 *Haberler/Verosta*, S. 91.

völlig andere Konkurrenzsituation geschaffen als durch die Anwendung des Meistbegünstigungsprinzips[53]. Dieses strebt nämlich nicht so sehr Gerechtigkeit (équité) an, sondern Gleichheit (égalité) und ungehinderte Konkurrenz[54]. Insofern wird die Opposition der mengenmäßigen Beschränkungen zum Meistbegünstigungsgrundsatz immer bestehen bleiben[55].

Die Aufstellung zu Beginn dieses Abschnitts sollte einen allgemeinen Überblick über den Anwendungsbereich der Meistbegünstigung geben. Aufschlußreicher für Zwecke dieser Untersuchung wird es sein, die Anwendungsgebiete der Klausel nach deren jeweils verschiedenen Funktionen in Gruppen zusammenzufassen. Demnach sind folgende Sachbereiche zu unterscheiden:

(a) Zölle, Steuern und Gebühren (einschließlich Hafen- und Transportgebühren).

Abgaben jeder Art, die einem der Geschäftspartner der Außenhandelstransaktion abverlangt werden, haben die Folge, daß die Ware im Endergebnis verteuert wird. Sie müssen als eigene Belastungen auf den Weiterverkaufspreis aufgeschlagen werden. Von den Steuern gehören hierher nicht nur solche, die unmittelbar auf die Ware erhoben werden, wie die Umsatzsteuer, sondern auch andere, z. B. Grunderwerbs-, Vermögens- und Einkommenssteuern.

(b) Mengenmäßige Beschränkungen.

Sie entscheiden darüber, inwieweit Waren überhaupt in ein Land eindringen können. Ein Sonderfall („Null-Kontingente") sind die totalen Import- oder Exportverbote. Bei diesen wiederum ist auf die besondere Rolle der Verbote hinzuweisen, die nicht aus ökonomischen, sondern aus polizeilichen, insbesondere gesundheitspolizeilichen, oder kulturpolitischen Gründen erlassen werden.

(c) Transportausübung, Grenzabfertigung und sonstige Formalitäten.

Diese Punkte betreffen die Einfachheit oder Kompliziertheit bzw. Lästigkeit der Geschäftsabwicklung.

(d) Ausübung von Handel und Gewerbe, Aufenthalt, Niederlassung, Grunderwerb, Marken- und Urheberrechtsschutz u. ä.

Hier handelt es sich — im Hinblick auf die Handelsausübung ausländischer Unternehmen — um die Möglichkeit des direkten Zugangs zum inländischen Markt, der Aufnahme und Pflege von Kundenkontakten und der Sicherung des Unternehmensbestandes.

---

[53] *Oppenheim*, S. 149 - 152.

[54] *Nolde*, RC 1932 I, S. 79 f.

[55] *Haberler/Verosta*, S. 92, meinen, eine ideale Lösung des Aufteilungsproblems ergebe sich, wenn man statt einer Kontingentierung den Zollsatz wähle, der die Einfuhren in ebenso starkem Maß drossele. Die Ermittlung eines solchen Satzes würde aber außerordentlich schwierig, wenn nicht unmöglich sein.

(e) Konsulats- und Gerichtswesen.

Diese Einrichtungen schließlich bezwecken den Schutz von Person und Vermögen der ausländischen Staatsangehörigen.

Auf welche dieser Gebiete sich die vereinbarte Meistbegünstigung erstrecken soll, muß im Vertrag festgelegt sein. Einen besonderen Fall stellt dabei die Zusage der Meistbegünstigung „in allen Fragen des Handels und der Schiffahrt“ dar[56]. Hierunter fallen in der Regel nur das Warenverkehrsrecht sowie der Bereich der inneren Abgaben — d. h. die Punkte (a) bis (c) —; das (sonstige) Fremdenrecht bedarf ausdrücklicher Erwähnung im Vertrag[57].

Auf einen weiter ausgedehnten Anwendungsbereich deutet die Formulierung „in allen Fragen des Handels und der Wirtschaft“ hin; hier ist die sachliche Erstreckung im einzelnen Auslegungsfrage. In der Praxis findet sie sich bevorzugt dann, wenn auch Aufenthalt und Niederlassung der Angehörigen des begünstigten Staates (ausdrücklich) in die Meistbegünstigungsverpflichtung mit eingeschlossen sind[58].

5. Ausnahmen von der Meistbegünstigung und Umgehungsmöglichkeiten

Man kann zwei Kategorien von Ausnahmen von der Meistbegünstigungsverpflichtung unterscheiden: solche, die sich auf bestimmte Sachbereiche, und solche, die sich auf gewisse Territorien beziehen.

a) Sachliche Ausnahmen und Durchbrechungen

Es gibt Fälle, in denen eine völlige Gleichbehandlung aller Staaten im Außenhandel realistischerweise nicht verlangt werden kann, und in denen folglich das Völkerrecht gewisse Ausnahmen anerkennt. Hierzu gehören zunächst die Tatbestände, die die nationalen Sicherheitsinteressen berühren[59]. Es handelt sich dabei vor allem um Beschränkungen der Ausfuhren. Sie erstrecken sich in erster Linie auf den Handel mit Waffen

---

[56] So z. B. der Handelsvertrag Finnland—UdSSR vom 1. 12. 1947, UNTS Bd. 217, S. 3 ff., in Art. 2, und der Handels- und Schiffahrtsvertrag Österreich—UdSSR vom 17. 10. 1955, UNTS Bd. 240, S. 289 ff., sowie Österr. BGBl. 1956, S. 1509 ff., in Art. 1. Zur Sonderstellung der finnischen und der österreichischen Handelsbeziehungen mit der UdSSR vgl. unten 2. Teil, Kap. II, Abschn. 2.

[57] Ähnlich *Sonthofen*, S. 43.

[58] So in Art. IV des deutsch-russischen Vertrages von Rapallo vom 16. 4. 1922, BGBl. 1922 II, S. 677 f.; LNTS Bd. 19, S. 248.

[59] Vgl. Art. 3 II a des Abkommens über Allgemeine Fragen des Handels und der Seeschiffahrt zwischen der BRD und der UdSSR vom 25. 4. 1958, BGBl. 1959 II, S. 221, UNTS Bd. 346, S. 71; siehe auch Art. XXI des GATT. Derartige Klauseln finden sich auch in Verträgen (jedenfalls seinerzeit) befreundeter Länder des kommunistischen Bereichs; vgl. Handels- und Schiffahrtsvertrag UdSSR—VR China vom 23. 4. 1958, UNTS Bd. 313, S. 135, Art. 7 II; Handels- und Schiffahrtsvertrag UdSSR—DVR Korea vom 22. 6. 1960, UNTS Bd. 399, S. 3, Art. 7 II.

und spaltbarem Material. Auch zur Aufrechterhaltung der außenpolitischen Neutralität im Kriegsfall können besondere Restriktionen gerechtfertigt sein.

Andere Ausnahmetatbestände beschränken eher den Importhandel. So sind besondere Eingriffe und Verbote erlaubt zum Schutz der öffentlichen Ordnung und aus gesundheitspolizeilichen Gründen[60]. Auch in diesem Bereich stehen andere als rein ökonomische Interessen auf dem Spiel, und zwar ebenfalls solche, deren Beurteilung sich einem strikten Gleichbehandlungsschema entzieht.

Andererseits bergen die genannten Einschränkungen die Gefahr des Mißbrauchs in sich. Gelegentlich wird daher versucht, auch diese Ausnahmeregelungen mit einem Diskriminierungsverbot zu verbinden, wonach ihre Anwendung nur zulässig sein soll, wenn sie unter analogen Umständen auch anderen Staaten gegenüber zur Geltung kommen[61]. Aber auch bei formaler Gleichbehandlung können gewisse übertrieben harte gesundheitspolizeiliche Anforderungen praktisch einige Herkunftsländer zugunsten anderer benachteiligen und somit einen Verstoß gegen die Meistbegünstigung darstellen[62]. Das GATT enthält daher in Art. XX die Klausel, dergleichen Ausnahmen dürften nicht zu „willkürlicher Diskriminierung" führen.

Die Möglichkeiten von *Durchbrechungen* der Meistbegünstigung (d. h. Verstößen gegen den Geist der Vorschrift ohne Verletzung ihres Buchstabens) wurden bereits recht frühzeitig erkannt[63] und „genutzt". Hierher gehören etwa die Versuche übermäßiger Zolltarifspezialisierung (z. B. ein Tarifposten „Braunes Höhenfleckenvieh, das mindestens drei Monate pro Jahr auf über 1000 m ü. M. gesommert wurde" zur Bevorzugung der Schweiz gegenüber den Niederlanden). Der Vermeidung solcher „Fehlleistungen" soll die Brüsseler Konvention zur Vereinheitlichung der Zollnomenklaturen dienen; ihr haben sich fast alle westlichen Industriestaaten angeschlossen, mit Ausnahme jedoch der USA und Kanadas. Ein weiteres Beispiel bieten die Regelungen, welche die verschiedenen Einfuhrplätze oder Verkehrsrichtungen ungleich behandeln.

Der hier angeschnittene Problemkreis ist außerordentlich vielgestaltig und kann in dieser Untersuchung auch nur angedeutet werden, um die Thematik von Meistbegünstigung und Staatshandel genauer zu lokali-

---

[60] Art. 3 II a und b des Abkommens BRD—UdSSR; Art. XX (a) und (b) des GATT; ferner die Verträge der UdSSR mit der VR China und mit der DVR Korea, a.a.O.

[61] So in den genannten Handelsverträgen der UdSSR mit der VR China und mit Nordkorea, a.a.O.

[62] *Jaenicke*, WB Bd. 2, S. 497 f.; ebenso LoN Publ. 1927.V.10, S. 8 ff.

[63] Vgl. dazu etwa LoN Publ. 1927.V.10, S. 8 ff.; *Meine*, S. 53 ff.; *Snyder*, S. 106 ff.

sieren. Die Staaten erfinden nämlich ständig neue Maßnahmen, durch die sie sich — manchmal sogar unabsichtlich — ihren Gleichbehandlungsverpflichtungen teilweise entziehen. Die Versuchung hierzu wird desto stärker, je mehr die traditionellen Handelsschranken, vor allem die Zölle, abgebaut werden. Die gründlichsten Forschungen über diese Fragen sind kürzlich vom GATT unternommen worden. Es hat sie dabei in den größeren Rahmen der sog. nichttarifären Handelshemmnisse (non-tariff barriers of trade) gestellt, denen insbesondere seit der Kennedy-Runde die gesteigerte Aufmerksamkeit der Vertragsparteien gilt[64]. Das GATT stellte zunächst einen Katalog auf, der nicht weniger als 800 nichttarifäre Handelsschranken enthält, welche in den einzelnen Mitgliedstaaten zur Anwendung kommen. In einer zweiten Phase (bis Sommer 1969) wurde der Katalog vom GATT-Unterausschuß für nichttarifäre Handelshemmnisse geprüft; schließlich ist in einem dritten Stadium (seit Herbst 1969) zu untersuchen, welche Tatbestände des Katalogs mit einiger Aussicht auf Erfolg zur Verhandlung gestellt werden können. Zu diesem Zweck beschloß der GATT-Ausschuß für Fragen des Welthandels mit industriellen Erzeugnissen auf Vorschlag des GATT-Sekretariats am 28. 10. 1969, fünf Arbeitsausschüsse zu bilden. Ihre Arbeitsbereiche umgrenzen sich nach Maßgabe von folgenden fünf Gruppen von Handelshindernissen:

Das Sachgebiet der ersten Arbeitsgruppe ist — bemerkenswerterweise — der Staatshandel und die staatliche Unterstützung des Handels (etwa durch Exportsubventionen). Die Bemühungen in diesem Bereich scheinen sich indes weniger auf die Praktiken der Staatshandelsländer als auf die Tätigkeit staatlicher Handelsunternehmen in *marktwirtschaftlich organisierten Ländern*[65] zu konzentrieren.

Die zweite Gruppe von Handelshemmnissen umfaßt die Zoll- und Verwaltungsformalitäten (Anforderungen an Zolldokumente, Ursprungszeugnisse, Warenmuster u. a., Modalitäten des Zollberechnungsverfahrens wie das System des „American Selling Price" und Fragen der Zollnomenklatur) sowie die Antidumping- und Ausgleichsabgaben[66].

Die dritte Kategorie besteht aus den schon erwähnten Gesundheitsnormen sowie den vorhandenen Sicherheits- und Industrienormen, Maßen und Gewichten und den Vorschriften über Verpackung und Warenkennzeichnung.

---

[64] Die einschlägigen Dokumente sind der Öffentlichkeit nicht zugänglich; Einzelheiten sind jedoch bekannt geworden und auch in der Presse publiziert; vgl. etwa „Commerce international: Le GATT examine les ‚obstacles non tarifaires' ", Le Monde vom 21. 10. 1969; „Das GATT und der Abbau der nichttarifarischen Handelshindernisse", NZZ vom 18. 5. 1969, S. 35; „Die Erosion der Meistbegünstigung", NZZ vom 26. 10. 1969; „Das GATT und die nichttarifarischen Handelshindernisse", NZZ (Fernausgabe) vom 31. 10. 1969.

[65] Vgl. dazu auch unten Kap. II, Abschn. 1.

[66] Vgl. dazu den dritten Teil dieser Arbeit, insbes. Kap. III, Abschn. 1.

Mit spezifischen Beschränkungen der Ein- und Ausfuhren befassen sich der vierte und der fünfte Arbeitsausschuß, nämlich mit Kontingentierungen, bilateralen Handelsabkommen, Lizenzsystemen, Devisenkontrollen, Zollkontingenten zum einen, Verwaltungs- und Hafengebühren, Einfuhrdepots (wie sie vorübergehend in Großbritannien verlangt wurden) und behördlichen Interventionen auf den Preismechanismus zum anderen.

Eine sechste Gruppe des Katalogs soll die verbleibenden z. T. recht heterogenen handelshemmenden staatlichen Maßnahmen erfassen. Hierzu zählen etwa gesetzliche Beschränkungen der Werbung (z. B. für Tabakwaren und Alkohol) und Bestimmungen über den Gütertransport.

b) *Territoriale Sonderverbindungen*

Der territoriale Anwendungsbereich der Meistbegünstigung deckt sich grundsätzlich mit dem Gebiet des verpflichteten Staates. Regionen, in denen die Gleichbehandlungsverpflichtung ausnahmsweise nicht gelten soll, müssen ausdrücklich im Vertrag genannt werden.

Eine andere Frage ist die, ob nicht zugunsten gewisser Gebiete Sonderbehandlungen zugelassen werden, die mit dem Anspruch auf Meistbegünstigung nicht geltend gemacht werden können. Das Völkerrecht erkennt in der Tat eine Reihe territorialer Sonderverbindungen als gewohnheitsrechtliche Ausnahmen an.

Als ein derartiger Tatbestand wird allgemein der sog. kleine Grenzverkehr angesehen[67]. Die Bewohner der Grenzgebiete (in den Verträgen wird häufig ein Doppelstreifen von je 15 km Breite als hierzu gehörig definiert) sind von der oft künstlichen Teilung von Wirtschaftsräumen besonders stark betroffen. Zur Milderung dieser Nachteile werden ihnen für ihren örtlichen Gebrauch meist Zoll- und sonstige Privilegien eingeräumt.

Eine weitere Ausnahme gilt nach heute überwiegender Meinung für Vergünstigungen, die Mitgliedern einer Zollunion gewährt werden[68]. Unter einer solchen versteht man die Vereinigung mehrerer Länder zu einem Gebiet mit freiem Binnenverkehr, das in seinen Handelsbeziehungen zu Drittländern als Einheit auftritt. Juristisch wird die Begründung für die Ausnahmebehandlung in der Tatsache der Schaffung eben dieser

---

[67] LoN Publ. 1929.II.15, S. 11; 1933.II.B.1, S. 19; *Haberler/Verosta*, S. 32 ff.; B. *Knapp*, Le systeme préférentiel et les Etats tiers (Genève, Paris 1959), S. 92 ff., 320 ff.; *Oppenheim*, S. 103 ff.; *Scheuner*, Die Rolle der Handelsverträge, S. 882; *Snyder*, S. 157; *Zinser*, S. 60. Ein Beispiel findet sich im Abkommen BRD—UdSSR vom 25. 4. 1958, Art. 1 II a; siehe auch Art. XXIV:3(a) des GATT.

[68] LoN Publ. a.a.O.; *Haberler/Verosta*, S. 35 ff.; B. *Knapp*, S. 55 ff., 125, 314 f.; *Oppenheim*, S. 115 ff.; *Scheuner*, a.a.O.; *Zinser*, S. 61.

neuen handelspolitischen Einheit gesehen[69]; wirtschaftlich liegt sie letztlich darin, daß man durch die Meistbegünstigung den Zusammenschluß einzelner Staaten zu größeren Wirtschaftsräumen, ein im Sinne der internationalen Arbeitsteilung und Wohlstandsmehrung erstrebenswertes Ziel, nicht unterbinden will[70].

Der genannte Gesichtspunkt ist freilich ein politischer[71]; als ein die Meistbegünstigungsverpflichtung einschränkender allgemeiner Grundsatz gilt er keineswegs. Inwieweit außer für die Zollunion Ausnahmen anerkannt werden sollen, ist demgemäß außerordentlich streitig. Dies gilt insbesondere für Vorstufen zu einer Zollunion[72], ferner für sog. partielle Zollunionen[73] und für Freihandelszonen[74].

Die Kollision der Prinzipien der Integration und der Meistbegünstigung wurde bereits in der Zeit zwischen den beiden Weltkriegen erkannt. Auf der vom Völkerbund im Jahre 1927 einberufenen Weltwirtschaftskonferenz stellte sie eines der zentralen Themen dar. Man versuchte die Problematik seinerzeit allgemein unter dem Aspekt der Sonderstellung multilateraler Zusammenschlüsse gegenüber bilateralen Präferenzabkommen[75] zu lösen. Eine Einigung über die Zulässigkeit solcher Systeme im Rahmen bestehender Meistbegünstigungsvereinbarungen konnte jedoch nicht erzielt werden[76].

---

[69] Gelegentlich wird von einer neuen „Völkerrechtspersönlichkeit" gesprochen (*Meine*, S. 41), was nicht ganz korrekt erscheint. Richtiger der Wirtschaftsausschluß des Völkerbundes: „the economic unit becomes something different from the political unit"; LoN Publ. 1929.II.43, Appendix, S. 11; ebenso LoN Publ. 1929.II.15, S. 11; 1933.II.B.1, S. 19.

[70] Vgl. etwa *Jaeger*, GATT, EWG und EFTA (Bern 1970), S. 196 f.

[71] Zu den hiergegen vorgebrachten Bedenken vgl. unten Anm. 93.

[72] Eine Vorstufe zu einer Zollunion liegt dann vor, wenn mehrere Länder im Hinblick auf eine zu schaffende vollständige Zollunion dabei sind, Zollbarrieren und sonstige Handelsschranken progressiv abzubauen. In diesem Zwischenstadium werden die „Außenbeziehungen" zu Drittländern meist noch autonom von den einzelnen Mitgliedsländern geregelt.

[73] Eine partielle Zollunion wird konstituiert durch die Abschaffung der Binnenzölle auf einem bestimmten Warensektor unter Errichtung gemeinsamer Außenzölle.

[74] Eine Freihandelszone ist ein Zusammenschluß, der ebenfalls die Abschaffung der Zölle unter den Mitgliedsländern bezweckt, aber nach außen hin keine einheitliche Handelspolitik anstrebt.

[75] Von Präferenzsystemen spricht man — im Gegensatz zu den vorgenannten Formen wirtschaftlicher Kooperation — dann, wenn einem oder mehreren Ländern dauernd oder auf Zeit exklusiv zollmäßige Vergünstigungen gewährt werden, ohne daß die Absicht besteht, die Zollbarrieren insoweit gänzlich zu beseitigen.

[76] LoN Publ. 1929.II.15, S. 13 f.; 1933.II.B.1, S. 21 f. Da jedoch derartige Zusammenschlüsse als förderlich anerkannt wurden, empfahl der Wirtschaftsausschuß für die Zukunft die Aufnahme entsprechender Vorbehaltsklauseln in die bilateralen Verträge. Im positiven Sinne auch *Riedl*, Ausnahmen, S. 31 ff.; *ders.*, Bericht über die Meistbegünstigungsklausel zum Amsterdamer Kongress (1929) der Internationalen Handelskammer (Paris 1929), S. 30 ff. Manche Versuche wirtschaftlicher Einigung scheiterten jedoch schließlich am Widerstand

Man wird unterscheiden müssen zwischen „offenen" Systemen, zu denen der Beitritt allen Staaten, die die entsprechenden Verpflichtungen übernehmen wollen, freisteht, und „geschlossenen" Systemen, bei denen dies nicht der Fall ist. Hinsichtlich der ersteren besteht in der Praxis und in der Völkerrechtslehre eine starke Tendenz, den meistbegünstigten Staaten die Rechte aus solchen Abkommen nur für den Fall zuzuerkennen, daß sie selbst beitreten oder zumindest analoge Verpflichtungen übernehmen[77].

Nun präsentieren sich die drei obengenannten Integrationsformen in der Praxis gewöhnlich als (mehr oder weniger) „geschlossene" Systeme. Eine Lösung kann daher nur gefunden werden durch Vergleich mit der Regelung für die (meist ebenfalls ein „geschlossenes" System bildende) Zollunion.

Was die Übergangsstufen zu einer kompletten Zollunion angeht, so sind sie unter den heutigen Wirtschaftsverhältnissen unvermeidlich. Die Ausnahme zugunsten der Zollunion wäre illusorisch, ließe man nicht den einzelnen Volkswirtschaften außerdem eine — allerdings klar zu definierende — Frist der Anpassung und Umstellung. Das GATT erkennt diese Notwendigkeit in Art. XXIV: 5 (c) ausdrücklich an[78].

Anders liegt das Problem für partielle Zollunionen. Sie sind in der internationalen Praxis üblicherweise wie sonstige Präferenzsysteme behandelt worden. Dies war etwa der Fall bei der Gründung der EGKS[79].

---

dritter mb Staaten, so etwa das Abkommen von Ouchy zwischen Belgien—Luxemburg und den Niederlanden im Jahre 1932 am Einspruch der britischen Regierung. Vgl. *Schiller*, S. 376; *Steinberger*, GATT und regionale Wirtschaftszusammenschlüsse (Berlin 1963), S. 59, Anm. 252; *Zimmer*, S. 34.

[77] *Jaenicke*, WB Bd. 2, S. 502. Hier wird auch die Frage der Vereinbarkeit des Liberalisierungsprogramms der OEEC mit der MB angeschnitten; über dessen Verhältnis zum GATT vgl. *Curzon*, S. 157 - 166; *Steinberger*, S. 72 - 86.

[78] Vgl. zum Ganzen *Roesner*, S. 90 - 92. Es ist allerdings bemerkenswert, daß bei der Prüfung von Integrationsprojekten durch die GATT-Staaten jeweils nicht so sehr eine einfache Anwendung der Bestimmungen des Abkommens auf den konkreten Sachverhalt in Frage stand als vielmehr eine eher politische Einigung durch Verhandlungen. Dies traf insbesondere zu im Hinblick auf die EWG: Die sechs Gründungsländer waren der Meinung, mit der Erfüllung der Voraussetzungen der Abs. 5 - 9 des Art. XXIV sei ein Zusammenschluß ohne weiteres mit dem Abkommen vereinbar; die GATT-Partner hingegen stellten sich auf den Standpunkt, Art. XXIV:4 (Satz 2) stelle durch Festlegung des Grundsatzes, eine Zollunion oder Freihandelszone solle „der Erleichterung des Handels zwischen den Teilnehmerländern dienen und keine Handelshindernisse zwischen ihnen und anderen Vertragsparteien errichten", ein zusätzliches Erfordernis auf, auf das hin alle Bestimmungen des EWG-Vertrages im einzelnen zu prüfen seien. Vgl. dazu z. B. *Zinser*, S. 65 ff. Allgemein zur Vereinbarkeit der EWG mit dem GATT vgl. vor allem die Untersuchungen von *Steinberger* und *Jaeger;* s. a. „Die Erosion der Meistbegünstigung", NZZ vom 26. 10. 1969, S. 17.

[79] So *Imhoff*, S. 197; ferner ausführlich *Roesner*, S. 120 ff. Man könnte insoweit freilich, da bei der EGKS zunächst die Außenzölle nicht harmonisiert waren, auch von einer „partiellen Freihandelszone" sprechen; vgl. *Steinberger*, S. 109, Anm. 464. Für die Vereinbarkeit mit einer MB-Verpflichtung ergibt sich hieraus kein Unterschied.

Mit der Meistbegünstigung zugunsten dritter Staaten war sie an sich unvereinbar[80]. Im Rahmen des GATT mußte den beteiligten Ländern eine Ausnahmegenehmigung erteilt werden[81]. Mit den bestehenden bilateralen Meistbegünstigungsverträgen ließ sich das Projekt der EGKS überhaupt nicht in Einklang bringen. Man hat in früherer Zeit versucht, partielle Zollunionen mit einer Art argumentum a maiore ad minus zu rechtfertigen: Wenn vollständige Zollunionen gestattet seien, dann erst recht solche partieller Natur[82]. Das vorgebrachte Argument ist jedoch rein formaler Art, trägt dem Sinn der Meistbegünstigung nicht genügend Rechnung und kann letztlich nicht überzeugen. Insbesondere läßt sich eine Grenze zwischen einzelnen Präferenzen und einer partiellen Zollunion nicht ziehen[83]. Hinsichtlich der EGKS hat sich das Problem mit Gründung der EWG freilich erledigt.

Auch die Tendenz, für Freihandelszonen eine besondere Ausnahme zuzulassen, hat sich noch nicht gänzlich durchsetzen können[84]. Die Sonderregelung für Zollunionen kann nicht durch *Auslegung* des Begriffs der Zollunion auf diese Form von Zusammenschlüssen ausgedehnt werden. Zwar bezweckt die Errichtung einer Freihandelszone ebenfalls die Beseitigung der Zölle unter den Mitgliedsländern. Ferner datiert die gewohnheitsrechtliche Zollunionsklausel aus einer früheren Zeit als der, die erstmals diese neue Integrationsform hervorgebracht hat. Die Gründung einer Freihandelszone erfüllt aber nicht jene Voraussetzung, welche für die Ausnahme zugunsten der Zollunionen wesentlich ist: die Schaffung einer neuen Wirtschaftseinheit. Die Freihandelszone erstreckt sich beispielsweise nicht notwendig auf die Beseitigung mengenmäßiger Beschränkungen noch auf die Koordinierung der Wirtschaftspolitik und der Handelspolitik nach außen. Eine Anwendung der Zollunionsregel *per analogiam* scheidet angesichts dieser Unterschiede in der wirtschaftlichen Zielsetzung ebenfalls aus[85].

---

[80] Gardner *Patterson*, Discrimination in International Trade (Princeton 1966), S. 126.

[81] Es handelte sich um einen sog. „waiver" gemäß Art. XXV: 5 des GATT, den die GATT-Versammlung am 10. 11. 1952 mit großer Mehrheit beschloß; siehe BISD 1st suppl., S. 17 - 22. Zum Ganzen vgl. etwa *Flory*, S. 106 ff.; Gardner *Patterson*, S. 125 ff.; *Steinberger*, S. 109 f.

[82] So z. B. *Schilder*, Mitteleuropa und die Meistbegünstigungsfrage (Stuttgart 1917), S. 12 ff.

[83] Anders *Schilder*, S. 13; gegen ihn *Meine*, S. 43.

[84] B. *Knapp*, S. 358; *Roesner*, S. 98 f., der jedoch annimmt, hier sei ein gewohnheitsrechtlicher Ausnahmetatbestand in Bildung begriffen.

[85] Es sei jedoch darauf hingewiesen, daß die Marktwirtschaftsländer der „westlichen" Welt ganz überwiegend den Standpunkt vertreten, Freihandelszonen konstituierten eine generelle Ausnahme von der MB. Vgl. Rapport préliminaire du Groupe spécial à la douzième session du Comité pour le développement du commerce, UN Doc. (ECE) TRADE/140 (TRADE/Ad Hoc Group 1/2) vom 2. 10. 1963, Ziff. 22.

Ein sehr wesentliches Faktum ist freilich die ausdrückliche Zulassung von Freihandelszonen im Rahmen des GATT (Art. XXIV: 5 [b]), zumal die Unterzeichner dieses Abkommens unter sich mehr als 80 % des Welthandels abwickeln. Eine dahingehende Regel des Gewohnheitsrechts in bezug auf bilaterale Verträge wird man hieraus jedoch nicht herleiten können.

Die Frage der Vereinbarkeit regionaler Sonderverbindungen mit bestehenden Meistbegünstigungsverträgen spielt — und dies ist der Grund, weshalb sie an dieser Stelle etwas ausführlicher behandelt wird — eine besondere Rolle im „Ost-West"-Handel[86]. Die sozialistischen Staaten nehmen in Fragen der wirtschaftlichen Integration „kapitalistischer" Staaten einen besonders strikten ablehnenden Standpunkt ein[87]. Ihre Stellungnahmen richten sich konkret in erster Linie gegen die Europäische Wirtschaftsgemeinschaft (EWG) und gegen die Europäische Freihandelszone (EFTA). Einerseits, so wird argumentiert, bestehe zugunsten von Zollunionen keine generelle Ausnahme; vielmehr müsse eine solche jeweils speziell in die einzelnen Handelsverträge aufgenommen werden[88]. Ferner stellten aber weder der eine noch der andere Zusammenschluß eine Zollunion dar. Die Sowjetunion und die mit ihr im Rat für gegenseitige Wirt-

[86] Man mag gegen den Gebrauch der Begriffe „Ost" und „West" im nicht rein geographischen Sinne manches einwenden. Er findet sich jedoch gelegentlich selbst in der Terminologie der Vereinten Nationen. *Hoffmann*, Problems of East-West-Trade, International Conciliation, No. 511 (Jan. 1957), S. 259, bemerkt mit leichter Ironie, eine Lieferung von Yokohama nach Prag sei, wenn man sich nicht dem Vorwurf gröbster Ignoranz im Hinblick auf die Lage der Welt aussetzen wolle, selbstverständlich als ein Export vom Westen in den Osten zu bezeichnen. Wird im folgenden von Ost-West-Handel gesprochen, so sei diese Bezeichnung verstanden als Abkürzung für: Handel zwischen Staaten unter kommunistischer Regierung einerseits und den entwickelten nichtkommunistischen Industrienationen andererseits.

[87] In der Tat resultiert aus der Vielzahl und wirtschaftlichen Bedeutung der regionalen Gruppierungen eine früher — wohl auch bei Gründung des GATT — nie vorausgeahnte Beeinträchtigung der Effektivität der MB. Die Harmonisierung der Prinzipien der Integration und der MB ist letztlich ein noch ungelöstes Problem; so auch *Jaenicke*, WB Bd. 2, S. 502. Insofern ist die Haltung der sozialistischen Staaten verständlich. Vgl. die kritischen Äußerungen in TRADE/140, Ziff. 22; und bei *Czaya*, Die Behinderung des Welthandels durch die EWG, in: Gegenwartsprobleme der internationalen Wirtschaftsbeziehungen (Berlin 1964), S. 150 ff.; *Klockmann*, Die Rolle des GATT im internationalen Handel, a.a.O., S. 130; *Diatchenko*, International Trade and Peaceful Co-Operation, International Social Science Journal, Bd. 12 (1960), S. 242.

[88] Eine Ausnahme zugunsten einer Zollunion enthält der Handelsvertrag BRD—UdSSR vom 25. 4. 1958, a.a.O., in Art. 1 II b. In einem Brief des Auswärtigen Amtes vom gleichen Tage hat sich die Bundesrepublik zudem einseitig den Beitritt zu einer Freihandelszone vorbehalten; vgl. UNTS, a.a.O. In einigen Verträgen von Staatshandelsländern (StH-Ländern) mit Entwicklungsländern sind derartige Ausnahmen ausdrücklich festgelegt worden; vgl. Etude sur les relations commerciales entre pays à systèmes économiques et sociaux différents, Rapport du Secrétariat de la CNUCED, 2me partie, Commerce entre pays socialistes et pays en voie de développement, UN Doc. (UNCTAD) TD/B/128/Add. 2, Ziff. 61.

schaftshilfe (RGW)[89] liierten Staaten bestreiten für Übergangsstufen zu einer Zollunion ebenso wie für Freihandelszonen die Anwendbarkeit bilateraler Zollunionsklauseln. Sie verlangen daher kraft der bestehenden Meistbegünstigungsverträge von den Mitgliedern dieser Gruppierungen eine Einräumung derjenigen Vorteile, die sich die Mitgliedsländer untereinander gewähren[90]. Diese Behandlung ist ihnen, außer von dem der EFTA assoziierten Finnland, bisher verweigert worden[91].

Die Haltung der sozialistischen Länder in bezug auf wirtschaftliche Integrationsversuche hängt indirekt mit ihrem ökonomischen System zusammen. Die von ihnen ausgeübte Kontrolle ihres Handels hat es bisher — ganz abgesehen von politischen Konstellationen — als ausgeschlossen erscheinen lassen, einen jener Staaten an einem der genannten, der Idee des Freihandels verschriebenen Zusammenschlüsse zu beteiligen[92]. Diese Isolierung hat die sozialistischen Staaten in ihre Opposition gewissermaßen hineingedrängt.

---

[89] Zum RGW, englische Abkürzung CMEA oder COMECON, vgl. *Agoston*, Le marché commun communiste (Genève 1964); *Dell*, Trade Blocs and Common Markets (London 1963); *Faddejew*, Sozialistische Partnerschaft (Wien, Köln etc. 1965); *ders.*, Le conseil d'assistance mutuelle économique (Genève 1964); *Grzybowski*, The Socialist Commonwealth of Nations (New Haven 1964), S. 64 ff.; *Kunz*, Grundfragen der internationalen Wirtschaftszusammenarbeit der Länder des Rates für gegenseitige Wirtschaftshilfe (Berlin 1964). Der Rat wurde gegründet am 25. 1. 1949. Ursprüngliche Mitglieder waren Bulgarien, die CSSR, Polen, Rumänien, Ungarn und die UdSSR. Später kamen hinzu Albanien, die DDR und die Mongolei (davon arbeitet Albanien seit 1962 nicht mehr aktiv mit). Beobachter entsenden die VR China, Nordkorea und Nordvietnam. Dem RGW assoziiert ist seit 1965 Jugoslawien. Die Gruppe der COMECON-Länder stellt im übrigen nicht etwa ihrerseits selbst, wie z. B. die EWG, „eine integrierte oder sich integrierende wirtschaftliche Koalition" dar; *Rachmuth*, Trade Problems between Countries with Different Socio-Economic Systems, SEEFT Bd. 4 (1968), No. 1, S. 10 (Übersetzung aus: Probleme economice — Bukarest —, 1966, No. 8).

[90] Andernfalls betrachten sie sich als frei, ihrerseits den Maximaltarif anzuwenden. Hierzu *de Gara*, Trade Relations between the Common Market and the Eastern Bloc (Bruges 1964), S. 57 - 61; *Papanicolaou*, Essai sur la multilatéralisation des échanges commerciaux entre pays à systèmes économiques différents (Cahiers de l'ISEA, Dez. 1965), S. 312 f. (Anm. 6). Allgemein zur Haltung der sozialistischen Staaten im Hinblick auf die EWG *Sannwald*, Die Handelsbeziehungen zwischen der EWG und dem Ostblock, Osteuropa-Wirtschaft Bd. 11 (1966), S. 97 ff.

[91] Finnland gewährt der Sowjetunion die gleichen präferentiellen Zölle wie den EFTA-Ländern; vgl. Etude des moyens mis en oeuvre pour accroître la stabilité économique et l'assouplissement des échanges commerciaux entre les pays de la CEE ayant des systèmes économiques différents, UN Doc. (ECE) TRADE/188, Ziff. 28. Zu dem Abkommen Finnlands mit der Sowjetunion vom 24. 11. 1960, das Finnland einseitig zu einem völligen Abbau seiner Zölle bis zum 1. 1. 1970 verpflichtet, vgl. *Steinberger*, S. 56 f. Im Sinne des GATT handelt es sich hier um eine dem MB-Prinzip zuwiderlaufende Präferenzvereinbarung. Die GATT-Partner brachten jedoch Verständnis für die schwierige Lage Finnlands auf; vgl. *Steinberger*, a.a.O.

[92] Rein theoretisch ist es allerdings vorstellbar, daß ein Staatshandelsland sich an einer Zollunion oder Freihandelszone beteiligt.

Darüber hinaus erscheint offenbar den sozialistischen Ländern jeder Zusammenschluß „kapitalistischer" Staaten von vornherein als eine Maßnahme gegen die Interessen des „sozialistischen Lagers". Insbesondere an der geplanten Koordinierung der EWG-Handelspolitik, wie sie gemäß Art. 110 - 116 des EWG-Vertrages vorgesehen ist, nehmen sie Anstoß[93]. Bisher bestehen im Rahmen der EWG freilich nur gewisse Konsultationsverpflichtungen und beschränkte Eingriffsmöglichkeiten aufgrund der Verordnung 3/63 vom 24. 1. 1963. Weiterhin sollen die EWG-Mitglieder in Handelsverträgen mit Staatshandelsländern die sog. EWG-Klausel einfügen[94]. Den dahingehenden Versuchen haben sich die Staatshandelsländer bisher in allen Fällen mit Erfolg widersetzt[95].

Eine weitere Besonderheit, die indes in letzter Zeit ihre Bedeutung verloren hat, ist die sog. Kolonialklausel. Die Beziehungen zu Kolonien, Protektoraten, Mandaten und Territorien außerhalb des Mutterlandes waren üblicherweise als territoriale Sonderbindungen von der Meistbegünstigung ausgenommen[96]. Diese Regel wurde nach herrschender, aber nicht unbestrittener Ansicht als gewohnheitsrechtlich angesehen. Nach der Erlangung der Unabhängigkeit durch Territorien der bezeichneten Art wurden die bestehenden Bevorzugungen häufig als sog. imperiale Präferenzen (etwa innerhalb des britischen Commonwealth of Nations oder der Französischen Union) aufrechterhalten. Großbritannien bediente sich zu diesem Zweck in Handelsverträgen mit Drittstaaten der „most-favoured-foreign-nation"-Formel. Das GATT hat ganz bestimmte dieser — nicht gewohnheitsrechtlichen — Präferenzen konserviert (Art. I:2 und Annex A - F).

---

[93] Letztlich sind die Einwände der sozialistischen Staaten in der Tat nicht rechtlicher, sondern (wirtschafts-)politischer Natur. Sie wenden sich gegen eine diskriminatorische Handelspolitik gegenüber Drittländern zu ihren Ungunsten und somit gegen eine Beschränkung ihrer Absatzchancen. Vgl. etwa *Rachmuth*, S. 11. Gefahren sieht man insbesondere für den Fall eines eventuellen künftigen Rückgangs der Prosperität der EWG- oder EFTA-Länder; vgl. *Schmelz*, Foreign Trade is on the Agenda, SEEFT Bd. 3 (1967), No. 6, S. 46 (Übersetzung aus Hospodářské noviny — Prag —, No. 45 - 47).

[94] Diese Klausel, die der EWG-Ministerrat im Juli 1960 gebilligt hat, lautet folgendermaßen: „Wenn die Verpflichtungen, die sich aus dem EWG-Vertrag ergeben und die allmähliche Einführung einer gemeinsamen Handelspolitik betreffen, dies erforderlich machen, sind innerhalb kürzester Zeit Verhandlungen aufzunehmen, in denen alle zweckdienlichen Änderungen des betreffenden Abkommens vorzunehmen sind."

[95] *Standke*, Der Handel mit dem Osten (Baden-Baden 1968), S. 108; ferner Development in East-West Trade Policies and Techniques 1965 - 66, UN Doc. (ECE) TRADE/184/Rev. 1, Ziff. 16.

[96] LoN Publ. 1927.V.10, S. 6 f.; *Hornbeck*, S. 403; *Ito*, S. 20; *Schumacher*, S. 124 f.; *von Teubern*, Die Meistbegünstigung in den internationalen Handelsverträgen (Breslau 1913), S. 29; *Visser*, S. 80. Etwas umstrittener war die Frage, ob der territoriale Anwendungsbereich der MB, d. h. die Pflicht zur Gleichbehandlung mit Drittländern, sich auch auf die abhängigen Gebiete erstreckte und ob auch koloniale Produkte die MB genießen sollten. Für eine Ausnahme auch insoweit *Riedl*, Bericht, S. 22 f.

Ebenfalls quasi an die Stelle der Kolonialklausel getreten, aber anders (nämlich vorwiegend im Interesse der „armen" Länder) konzipiert sind die Bestrebungen, zugunsten von Entwicklungsländern Präferenzen als Ausnahmen von der Meistbegünstigung zuzulassen[97]. Es handelt sich einerseits um Präferenzen von Entwicklungsländern untereinander und andererseits um solche zwischen ihnen und entwickelten Industrieländern, wobei das wirtschaftliche Interesse sich stärker auf Abkommen im letzteren Sinne richtet. In der Charta für die nach dem letzten Weltkrieg geplante, aber nicht verwirklichte Internationale Handelsorganisation (I.T.O.)[98] war in Art. 15 die Möglichkeit eröffnet, unter bestimmten Voraussetzungen (u. a. Aneinandergrenzen der Staaten oder Zugehörigkeit zu derselben wirtschaftlichen Region) nach Genehmigung durch die Organisation mit Zweidrittelmehrheit für beschränkte Fristen zum Zweck wirtschaftlicher Entwicklung neue Präferenzen einzuräumen. Das GATT enthält keine dahingehende Klausel. Trotz intensiver Bemühungen zahlreicher Entwicklungsländer in jüngster Zeit, eine Bestimmung über die generelle Zulässigkeit von Zollpräferenzen zur Förderung der Entwicklung junger Nationalwirtschaften in den neuen Teil IV des GATT aufzunehmen, fand sich für einen solchen Vorschlag nicht die erforderliche Mehrheit[99]. Die kleineren GATT-Länder (Schweiz, Norwegen, Schweden) wegen ihrer relativ schwachen Position in Vertragsverhandlungen, aber auch die USA betonten, derartige Ausnahmen würden wieder zur Ausspielung wirtschaftlicher Macht im internationalen Handel führen und die Meistbegünstigung, die ihrerseits sehr zur Ausweitung des Welthandels beigetragen habe, aushöhlen[100]. Sie erklärten sich zwar bereit, gewisse Präferenzen zu gewähren, aber nur als Vorgabe auf eine allgemeine, unter die Meistbegünstigung fallende Zollreduzierung[101].

---

[97] Zu diesen Tendenzen ausführlich Gardner *Patterson,* S. 323 ff., insbes. S. 347 ff.; *Zimmer,* S. 134 ff. Siehe auch Report of the Working Party on Preferences in favour of developing countries and Expansion of trade between less-developed countries, GATT Doc. L/2410 (25. 3. 1965).

[98] Zur I.T.O. vgl. *Bidwell/Diebold,* The United States and the International Trade Organization, Int. Conc. No. 449 (1949), S. 185 - 239; *Brown,* The United States and the Restoration of World Trade (Washington D. C. 1950); *Emmerich,* Die Welthandelscharta, Jahrb. für internat. und ausl. öff. Recht Bd. 1/2 (1948/49), S. 690 - 735; *Jaenicke,* WB Bd. 1, S. 773 - 776; *Vernon,* Organizing for World Trade, Int. Conc. No. 505 (1955), S. 163 - 222; *Wilcox,* A Charter for World Trade (New York 1949). Die I.T.O.-Charta wird nach dem Hauptkonferenzort vielfach als „Havana Charter" bezeichnet.

[99] Reports of the Working Party on Preferences vom 2. 4. und 26. 10. 1964, GATT Doc. L/2196/Rev.1 und L/2282, S. 3.

[100] Gardner *Patterson,* S. 352.

[101] Ablehnend gegenüber einer generellen Ausnahme auch die Internationale Handelskammer; vgl. Statement submitted by the International Chamber of Commerce, E/CONF.46/NGO/2, Ziff. 30 - 33 (= Proceedings of UNCTAD Bd. 7, S. 427 f.); zustimmend jedoch für konkrete zeitlich und sachlich beschränkte Ausnahmen, a.a.O., Ziff. 31.

Eine Anzahl von Regionalklauseln zugunsten benachbarter oder sonst kulturell und wirschaftlich nahestehender Nationen, die traditionell von gewissen Staaten in ihre Handelsverträge aufgenommen worden sind, haben nicht die Qualität einer gewohnheitsrechtlichen Regel[102].

6. Bilaterale und multilaterale Meistbegünstigung

Eine Mehrheit bilateraler Meistbegünstigungsverträge kann sich, dies wurde bereits angedeutet, wie eine lähmende Fesselung auswirken: Zweiseitige Handelsvereinbarungen können immer nur unter großen Bedenken geschlossen werden, weil hierdurch über den Automatismus der Klausel den Drittstaaten die entsprechenden Vorteile ohne Gegenleistung quasi geschenkt werden[103].

Dieser Schwierigkeit versuchen Organisationen wie die seinerzeit geplante Internationale Handelsorganisation (I.T.O.) oder das GATT abzuhefen. Das GATT, ursprünglich als provisorische Übergangslösung bis zum Inkrafttreten der I.T.O. konzipiert, hat sich zum bedeutendsten handelspolitischen Vertragswerk mit universeller Geltung entwickelt[104]. Es umfaßt gegenwärtig 77 Nationen[105] und nimmt in zunehmendem Maße die Rolle einer Welthandelscharta ein. In ihm erscheint die Meistbegünstigung erstmals auf multilateraler Basis[106].

---

[102] LoN Doc. 1933.II.B.1, S. 12 ff.; *Steinberger*, S. 56; *Zimmer*, S. 29. Eine Übersicht über die gebräuchlichen Klauseln dieser Art gibt *Snyder*, S. 156 - 185. Vgl. ferner B. *Knapp*, S. 344 ff.; *Meine*, S. 53 ff.

[103] Hierzu vgl. etwa *Loridan*, La clause de la nation la plus favorisée, Les griefs des libre—échangistes et ceux des protectionnistes, Revue Economique Internationale (Bruxelles), Mai 1935, S. 8; *Quack*, S. 22 ff., und besonders drastisch *Glier*, Die Meistbegünstigungsklausel (Berlin 1905), S. 364 f.: „Wir müssen immer gewärtigen, daß mit einem Male ein ungebetener Gast mit dem langstieligen Löffel der glatten Meistbegünstigung in unsere Schüssel fährt und die Suppe mitzuessen beginnt, die wir eigentlich für andere gekocht haben."

[104] Das GATT (vgl. oben Abschn. 3, Anm. 5) ist bisher nicht ratifiziert worden, was gemäß Art. XXVI:4 durch Hinterlegung der Annahmeerklärung zu erfolgen hätte. Die Rechtspflicht zur Anwendung beruht auf dem Protokoll über die vorläufige Anwendung des GATT vom 30. 10. 1947, UNTS Bd. 55, S. 308 - 316. Hiernach sowie nach den Beitrittsprotokollen für später hinzugekommene Staaten ist der Teil II des Abkommens nur insoweit anzuwenden, als nicht bestehendes innerstaatliches zwingendes Recht entgegensteht. Hierzu siehe im einzelnen *Jaenicke*, ArchVR Bd. 7, S. 372 ff. Zur Entwicklungsgeschichte des GATT vgl. *Flory*, S. 4 ff.; *Gupta*, Study of GATT, S. 1 ff.; *Imhoff*, S. 2 ff.; *Jaenicke*, ArchVR Bd. 7, S. 371 ff. und in WB Bd. 1, S. 29 f.; *Küng*, S. 4 ff.; *Liebich*, Grundriß des GATT, S. 11 ff.

[105] Press Release GATT/1061 vom 20. 5. 1970 = BISD 17th suppl., S. VII. Dazu kommt 1 Land (Tunesien), welches provisorisches Mitglied ist, und 13 ehemals von GATT-Mitgliedern abhängige Nationen, die das Abkommen vorläufig de facto anwenden. Die BRD ist Mitglied des Abkommens seit 1951; vgl. BGBl. 1951 II, Anlagenband I - III und BGBl. 1951 II, S. 173; Änderungsprotokolle in BGBl. 1957 II, S. 75, 606, 1286.

[106] *Curzon*, S. 61 ff.; *Imhoff*, S. 32 f.; *Muhammad*, S. 1.

Im GATT treten die Vertragsparteien in bestimmten Abständen zu Zolltarifverhandlungen, den sog. „Runden" zusammen. Praktisch alle Zollvergünstigungen von einigem Gewicht werden bei diesen Gelegenheiten ausgehandelt. Der Grundgedanke dieser Institution ist der, daß hier und nur hier unter Beteiligung aller Mitgliedstaaten durch Konzessionen eines jeden allseits befriedigende und dem Äquivalenzprinzip Rechnung tragende Kompromisse gefunden werden können[107]. Darüber hinaus führt eine derartige Kooperation zu einem Gefühl der Solidarität und Interdependenz[108], das die Versuchung, einzelne auf Kosten anderer zu bevorzugen, viel weniger leicht aufkommen läßt.

Das rechtlich vor allem Bemerkenswerte der multilateralen Meistbegünstigung im Rahmen des GATT stellt die Schaffung eines Systems der mittelbaren Vergünstigung dar, das gegenüber dem bisherigen bilateralen Meistbegünstigungsrecht einen echten Fortschritt bedeutet. Verlor bisher ein meistbegünstigter Staat das Recht auf die ihm über die Automatik der Klausel zugefallene Begünstigung, wenn nur der Staat, mit dem diese ursprünglich ausgehandelt worden war, ihrer seinerseits verlustig ging, so soll dies nach dem GATT nicht mehr der Fall sein. Jedes Mitgliedsland hat ein eigenes Recht[109] auf die vergünstigte Zollposition, sobald die Ware in die multilateralen Listen (schedules) aufgenommen ist (Art. II)[110], allerdings, wie sich aus Art. XXVIII ergibt, nur unter der Voraussetzung, daß es selbst ein wesentliches Interesse an der Einfuhr der betreffenden Ware hat.

7. Die Meistbegünstigung als „Norm"

Nach geltendem Recht besteht eine allgemeine Verpflichtung zur Gewährung der Meistbegünstigung nicht. Zu diesem Ergebnis kam im Jahre

---

[107] Über die Technik dieser Verhandlungen vgl. *Jacobi*, Die bevorstehenden Zollverhandlungen des GATT, NZZ vom 28. und 29. 8. 1960 (Nr. 2871 und 2880); *Zinser*, S. 18 ff.; speziell über die Kennedy-Runde (1964/67) und ihre Unterschiede zu früheren Zollkonferenzen vgl. aus der überreichen Literatur etwa *Liebich*, Die Kennedy-Runde (Freudenstadt 1968) und *ders.*, Grundriß des GATT, S. 38 ff.

[108] Vgl. *Curzon*, S. 51 ff.

[109] *Domke/Hazard*, in: Aspects juridiques ..., S. 87; *Hawkins*, Commercial Treaties and Agreements, Principles and Practice (New York 1951), S. 226 (Anm. 4); *Imhoff*, Vorbem. zu Art. I, S. 32; *Zimmer*, S. 20 ff.; *Zinser*, S. 95 f.

[110] Man spricht hier von „gebundenen" oder „konsolidierten" MB-Sätzen; vgl. *Jaenicke*, WB Bd. 1, S. 30; *Muhammad*, S. 132; zur Zollbindung im GATT s. ferner *Flory*, S. 63 f.; *Zinser*, S. 97 ff. Die „escape clause" des Art. XIX gestattet für gewisse Notfälle eine vorzeitige Zurückziehung von Zollzugeständnissen; hierzu vgl. *Gentzke*, Ausweich- und Katastrophenklauseln im internationalen Wirtschaftsrecht (Göttingen 1959), S. 60 - 75; *L'Huillier*, Théorie et pratique de la coopération économique internationale (Paris 1957), S. 139; *ders.*, La Coopération économique internationale, 1960 - 1961 (Paris, Genève 1961), S. 17. Ferner kommen für Ausnahmen in Frage Art. XVIII A (Schutz der wirtschaftlichen Entwicklung) und vor allem das Verfahren des „waiver" nach Art. XXV:5.

1928 der Wirtschaftsausschuß des Völkerbundes. Er stellte fest, „es müsse jedem Staat anheimgestellt bleiben, zu entscheiden, in welchem Fall und in welchem Ausmaß die in der Meistbegünstigung gelegene grundlegende Gewähr in einen bestimmten Vertrag aufgenommen werden solle“[111].

Hat sich diese Rechtslage in den vergangenen vierzig Jahren geändert? Das hier angeschnittene Problem ist für diese Arbeit als Vorfrage von grundlegender Bedeutung: Die Entscheidung, ob und inwieweit im Verkehr zwischen Staatshandels- und Marktwirtschaftsländern die Meistbegünstigung gewährt werden soll, erscheint in einem ganz verschiedenen Licht, je nachdem, ob es sich bei dieser Klausel um eine Regel des Völkergewohnheitsrechts handelt oder nicht.

Das Recht der völkerrechtlichen Verträge beruht auf dem Grundsatz der Vertragsfreiheit[112]. Ein allgemeines Diskriminierungsverbot kann aus ihm nicht hergeleitet werden[113]. Auch in bezug auf Sondergebiete der Handelspolitik wie etwa den Sektor der Zölle und Steuern läßt die Staatenpraxis den Schluß auf ein Gleichbehandlungsgebot nicht zu. Wenngleich die Meistbegünstigung in der Handelsvertragspraxis immer mehr zur Regel wird, kann man von einer „opinio iuris sive necessitatis“ doch nicht sprechen[114]. Auch steht einer Beurteilung der Meistbegünstigung als Gewohnheitsrecht die Tatsache entgegen, daß es eine einheitliche formulierte Klausel nicht gibt und die sachliche Ausdehnung der in der Praxis vereinbarten Klauseln von Fall zu Fall variiert[115]. Manche Staaten legen zudem mehr Wert auf eine materiell äquivalente Gegenleistung als auf die formale Garantie der Meistbegünstigung.

Auch aus dem Grundsatz der „Freiheit des Handels“ lassen sich keine positivrechtlichen Gleichbehandlungsverpflichtungen ableiten, zumal auch dieses Prinzip wohl kaum als Rechtsnorm angesehen werden kann[116].

---

[111] Vgl. *Riedl*, Bericht, S. 6; LoN Publ. 1929.II.43, S. 5; ebenso *Bonhoeffer*, S. 61; *Muhammad*, S. 126; *Oppenheim*, S. 26 f.; *Schwarzenberger*, The Province and Standards of International Economic Law, International Law Quarterly Bd. 2 (1948), S. 407 f.; *Seidl-Hohenveldern*, The impact of state-trading on classical international law, Yearbook of World Affairs 1962, S. 161.

[112] *Steinberger*, S. 1; zum Grundsatz der Vertragsfreiheit im Völkerrecht vgl. *Guggenheim/Marek*, Verträge (Völkerrechtliche), WB Bd. 3, S. 531; *Schaumann*, Die Gleichheit der Staaten (Wien 1957), S. 144: Die Vertragsfreiheit ergibt sich aus dem Souveränitätsgrundsatz.

[113] Vgl. *Jaenicke*, Der Begriff der Diskriminierung, S. 146 ff., 170, 186; *ders.*, WB Bd. 1, S. 391, 691; *Kipp*, S. 143 f.; B. *Knapp*, S. 260 ff., 270 ff.; *Metzger*, Regional Markets and International Law, Proceedings of the American Society of International Law Bd. 54 (1960), S. 170; *Steinberger*, S. 1 f.

[114] Ebenso (ausführlich) *Hyder*, S. 26 ff.

[115] *Hyder*, S. 32.

[116] *Erler*, S. 54; *Riehm*, Rechtsformen der internationalen Handelsfreiheit an der Wende zur Neuzeit (Göttingen 1962), S. 187 f.; *Schwarzenberger*, The Most-Favoured-Nation Standard in British State Practice, BYIL Bd. 22 (1945), S. 102 f., und in International Law Quarterly 1948, S. 411; *Steinberger*, S. 2; *Zim-*

Das Völkerrecht kennt zwar ein Verbot der böswilligen Diskriminierung. Im Bereich des internationalen Wirtschaftsrechts deckt sich dieser Tatbestand mit dem des Mißbrauchs der Vertragsfreiheit[117]. Es handelt sich jedoch hier nur um gewisse extreme Fälle, in denen handelspolitische Maßnahmen ohne sachliche Rechtfertigung gezielt, womöglich mit Schädigungsabsicht, gegen einen bestimmten Außenwirtschaftspartner gerichtet werden[118].

Soweit zur herrschenden Völkerrechtslehre. Die Kritik der Verweigerung voller Meistbegünstigung als Diskriminierung, wie sie vor allem von den Staatshandelsländern vorgetragen wird, erscheint demgegenüber manchmal eher als politische Aktion denn als juristisches Argument. Rechtlich kann von einer Diskriminierung als Unrechtstatbestand nämlich nur bei Verstoß gegen ein konkretes völkerrechtliches Gleichbehandlungsgebot gesprochen werden[119]. Die sozialistischen Länder beziehen sich in diesem Zusammenhang auf den Grundsatz der Gleichheit der Staaten[120]. Auf einer Konferenz von Experten des internationalen Handels in Rom im Jahre 1958 gab jedoch der Sprecher der Staatshandelsländer zu, er könne die Gewährung der Meistbegünstigung nicht aufgrund eines gewohnheitsrechtlichen Anspruchs geltend machen; hingegen sei die Gewährung, wenn sie erfolge, eine korrekte Verwirklichung des in der UN-Charta enthaltenen Gleichheitsprinzips[121].

---

mer, S. 2; vgl. auch *Scheuner*, Die Rolle der Handelsverträge, S. 874 ff.; *Keltsch*, S. 47 - 49.

[117] Zum Rechtsmißbrauch im Völkerrecht vgl. *Leibholz*, Das Verbot der Willkür und des Ermessensmißbrauchs im völkerrechtlichen Verkehr der Staaten, ZaöRV Bd. 1 (1929 I), S. 77 ff.; *Dahm*, Völkerrecht, Bd. 1 (Stuttgart 1958), S. 194 ff.

[118] *Jaenicke*, Der Begriff der Diskriminierung, S. 12; *Kipp*, S. 141 und insbes. S. 161; *Steinberger*, S. 2; *Zimmer*, S. 3. Extrem harte Maßnahmen mit dem Ziel wirtschaftlicher Zerschlagung (Boykott, Embargo, Blockade durch Unterbrechung aller Versorgungslinien) können wohl auch gegen das Gewaltverbot der UN-Charta (Art. 2 [4]) verstoßen; hierzu vgl. *Dahm*, Bd. 2, S. 357; *Steinberger*, a.a.O.; *Zimmer*, a.a.O.

[119] *Jaenicke*, Der Begriff der Diskriminierung, S. 14 ff., 19 ff.; ebenso *Kipp*, S. 139. Die Tatsache, daß der Diskriminierungsbegriff in völkerrechtlichen Verträgen häufig von Attributen wie „unjust" oder „arbitrary" begleitet wird — vgl. etwa Art. XX:1 des GATT —, ist hierfür ein weiteres Indiz (ähnlich *Zimmer*, S. 2, unter Berufung auf *Kipp*, S. 140).

[120] Principles of International Trade Relations and Trade Policy (Letter from the Delegations of Czechoslovakia, Poland and the U.S.S.R.), UN Doc. (UNCTAD) E/CONF. 46/49, Ziff. 1 - 3, 13 (= Proceedings of UNCTAD Bd. 6, S. 12 f.); *Genkin*, Der Außenhandel und seine rechtliche Regulierung in der UdSSR (Berlin 1963), S. 42.

[121] Vgl. *Hazard*, Commercial Dicrimination in International Law, AJIL Bd. 52 (1958), S. 496. Ähnliche Formulierungen („un *prolongement* du principe politique de l'égalité souveraine", „These agreements *underline* the equality of trading partners") finden sich in UN Doc. (UNCTAD) TD/B/128/Add.3, Les échanges entre les pays socialistes et les pays développés à économie de marché (21. 7. 1967), Ziff. 61 und TD/18, Review of trade relations among countries

Die grundsätzliche souveräne Gleichheit der Staaten[122] ist ein aus der politischen Ideologie der Gegenwart nicht mehr wegzudenkendes Prinzip geworden. Das Völkerrecht ist von diesem Gedanken entscheidend geprägt. Das bekannteste Beispiel solcher egalitären Behandlung stellt die Verteilung der Stimmen in der Generalversammlung der Vereinten Nationen dar.

Zwischen diesem Grundsatz und dem der Gleichbehandlung in handelspolitischen Fragen besteht indes kein Zusammenhang im Sinne von Grundprinzip und Konsequenz. Die „Gleichheit der Staaten" im technischen Sinne, eines der sog. Grundrechte der Staaten[123], beinhaltet einen gleichen Status *gewohnheitsrechtlicher* Positionen, nicht aber eine egalitäre Gewährung *vertraglich* zugestandener Vorteile an alle Staaten[124]. Allen Staaten in gleicher Weise steht etwa das Recht auf individuelle und kollektive Selbstverteidigung (Selbsterhaltungsrecht) zu, desgleichen das Recht auf Unabhängigkeit und formale Gleichachtung[125]. Auch eine grundsätzliche Berechtigung auf freie Ausübung von Handel und Schifffahrt dürfte sich aus dem Grundsatz der Gleichheit und Unabhängigkeit der Völker herleiten lassen[126]. Eine andere Frage ist es jedoch, ob im konkreten Falle andere Nationen etwa dem Selbstverteidigung übenden Staate aktiv beistehen oder ob sie — um zum hier behandelten Thema zurückzukommen — einem handeltreibenden Staat konkret ebenso günstige Bedingungen zugestehen wie irgendeinem anderen. Die Respektierung einer Person wie eines Staates als vollwertig und eigenständig leidet nicht darunter, daß man es vorzieht, die wirtschaftlichen Bande mit einem anderen enger zu knüpfen. Das allgemeine Gleichheitsprinzip impliziert nicht tatsächlich identische Vergünstigungen, sondern lediglich die gleiche Fähigkeit oder Möglichkeit, solche zu erwerben[127].

---

having different economic and social systems including problems of East-West trade, Report by the UNCTAD secretariat (3. 11. 1967), Ziff. 72.

[122] Art. 2 (1) der UN-Charta; vgl. auch General Principle One der UNCTAD 1964, Proceedings of UNCTAD Bd. 1, S. 10 und 18: "Economic relations between countries, including trade relations, shall be based on respect for the principle of sovereign equality of States, self-determination of peoples, and non-interference in the internal affairs of other countries." Die Gleichheit der Staaten ergibt sich unmittelbar aus der vom Völkerrecht vorausgesetzten Souveränität; *Dahm*, Bd. 1, S. 164; *Leibholz*, Gleichheit der Staaten, WB Bd. 1, S. 694; vgl. auch *Schaumann*, S. 85 f.

[123] *Scupin*, Grundrechte und Grundpflichten der Staaten, WB Bd. 1, S. 723 ff.

[124] *Hyder*, S. 17 f.

[125] *Leibholz*, WB Bd. 1, S. 694 ff.

[126] General Principle Three der UNCTAD, Proceedings of UNCTAD Bd. 1, S. 10 und 18: "Every country has the sovereign right freely to trade with other countries, and freely to dispose of its natural resources in the interest of the economic development and well-being of its own people." Angenommen mit 94 Stimmen gegen 4 (Australien, Kanada, Vereinigtes Königreich, USA) bei 18 Enthaltungen (darunter Österreich, Belgien, die BRD, Frankreich, Italien, Japan und die Schweiz).

[127] *Hyder*, S. 17.

Der Grundgedanke der Meistbegünstigung stammt wohl aus einem anderen Bereich als dem der Gleichheit im Sinne eines „(weitgehend rechtssatzmäßig gesicherten) Strukturprinzips des Völkerrechts“[128]. Er hängt zusammen mit einer bestimmten Wirtschaftstheorie. Die Meistbegünstigung geht nicht so sehr auf die politische Gleichbehandlung der verschiedenen Handelspartner zurück als auf die Idee einer echten und fairen Konkurrenz zur Erleichterung der internationalen Handelsbeziehungen. Insofern besteht dogmatisch und ideologisch ein erheblicher Unterschied zwischen beiden Prinzipien.

Ein gewisser Zusammenhang soll dennoch nicht verkannt werden. Die Vereinbarung der Meistbegünstigung charakterisiert gelegentlich auch solche handelspolitischen Beziehungen, die sich weder mengenmäßig hervortun noch sonstwie eine besondere Note enthalten. Es besteht hier weder ein Anlaß zur Privilegierung noch zur Benachteiligung. Die Einigung auf der Grundlage der gegenseitigen Meistbegünstigung stellt alsdann die geeignete Mittellösung — wenn man so will: eine „Verlegenheitslösung“ — dar. Der gleiche Gesichtspunkt läßt sich zur Begründung des völkerrechtlichen Grundsatzes der Gleichheit der Staaten anführen: "The theoretical equality of independent states naturally follows from their recognition as analogous to free persons, who must have full and equal rights in the absence of any definite reason for unequality[129]." Die Gewährung der Meistbegünstigung wird in der Staatenpraxis mehr und mehr als das Normale angesehen; zu ihrer Verweigerung sucht man jeweils rechtfertigende Gründe vorzubringen. So kann man eine möglichst weitgehende Meistbegünstigung durchaus als ein „Postulat der handelspolitischen Moral“ oder als einen wünschenswerten „Standard“[130] bezeichnen. Hiermit scheint es jedoch vorerst sein Bewenden zu haben, und es ist noch nicht abzusehen, ob die Klausel sich jemals zum allgemeinen Rechtsgrundsatz entwickeln wird.

Am Bestehen einer dahingegehenden Tendenz[131] sind aus verschiedenen Gründen Zweifel angebracht. Die internationalen Handelsbeziehungen werden durch folgende neben dem Gleichbehandlungsgrundsatz stehenden und diesem zum Teil zuwiderlaufenden Phänomene charakterisiert:

(a) die Kombination der Meistbegünstigung mit dem Äquivalenzprinzip im Rahmen des GATT,

---

[128] *Leibholz,* WB Bd. 1, S. 696.

[129] *Pollok,* in: A. I. *Maine,* Ancient Law, Note 4, S. 121, zit. bei *Bonhoeffer,* S. 62, Anm. 1.

[130] Vgl. *Schwarzenberger,* BYIL 1945, S. 104; *ders.,* International Law Quarterly 1948, S. 411 f.

[131] Behauptet von *Zieger,* Die rechtliche Bedeutung der Meistbegünstigungsklausel im Ost-West-Handel, Europa-Archiv Bd. 13 (1958), Teil I, S. 10468.

(b) die außerordentliche Bedeutung regionaler Wirtschaftszusammenschlüsse,

(c) die Bestrebungen im Sinne einer Zulassung von Präferenzen zugunsten der Entwicklungsländer,

(d) die Entwicklung eines Systems quantitativer Festlegungen in den Warenaustauschabkommen der sozialistischen Länder und sonstiger Nationen mit weitgehend staatlich kontrolliertem Außenhandel.

II. Staatshandel und Außenhandelsmonopol

1. Staatshandel in Marktwirtschaftsländern

In fast allen Ländern sind gewisse wichtige Zweige der Daseinsvorsorge, wie Wasser, Gas, Elektrizität, Eisenbahnverkehr u. ä. in der Hand des Staates oder öffentlicher Unternehmungen konzentriert. Darüber hinaus betätigt sich vielerorts der Staat auch auf dem Gebiet des Warenhandels. Ist nun dem Staat oder einer von ihm kontrollierten öffentlichen Institution durch Gesetz das alleinige Recht des Vertriebs einer bestimmten Warengruppe übertragen, so spricht man von einem Staatsmonopol. Eine solche Zentralisierung kann verschiedene Gründe haben; vielfach sind es solche gesundheitspolizeilicher oder — noch häufiger — fiskalischer Art. Als Beispiele seien hier genannt die Monopole für Benzin, Tabak und Spirituosen in Frankreich, und in Deutschland das Branntwein- und das Zündholzmonopol. Daneben gibt es durch Sozialisierung entstandene öffentliche Monopole im Bereich der Schwerindustrie und des Bergbaus. Zahlreich sind insbesondere die zum Schutz der inländischen Landwirtschaft gegründeten staatlichen monopolartigen Einkaufs- und Verkaufsorganisationen für Agrarprodukte[1].

Die Rolle dieser Monopole im Außenhandel stellt in Theorie und Praxis eine Reihe von Problemen. Um deren Lösung bemühen sich die Art. 29 - 32 der Charta von La Havana und der dem Art. 29 der Charta nachgebildete Art. XVII des GATT. Diese Bestimmungen verlangen von den betreffenden Mitgliedern eine nichtdiskriminatorische Handhabung ihrer Import- und Exportmonopole, ohne daß jedoch detaillierte Einzelvorschriften eine strikte Kontrolle der Staatshandelspraktiken erlaubten.

Von Einzelheiten, von den verschiedenen Konzeptionen und rechtlichen Konstruktionen der Staatsmonopole in den jeweiligen Ländern sei hier abgesehen. Diese Arbeit soll sich vorwiegend mit dem System jener Staaten befassen, deren Außenhandel in vollem Umfang monopolisiert ist. Was Meistbegünstigung und Diskriminierung im Außenhandel an-

---

[1] Vgl. zum Ganzen etwa *CEPES*, Die Befreiung des Welthandels von nichttarifären Handelshemmnissen (Frankfurt/M. 1967), S. 30; ferner *Keltsch*, S. 11 m. Nachw.

geht, ergeben sich im übrigen bei Bestehen einzelner Warenmonopole keine Probleme, die nicht bei komplettem Staatshandelt a fortiori bestünden.

2. Das staatliche Außenhandelsmonopol (Definition)

Ein staatliches Außenhandelsmonopol liegt vor, wenn ein Staat mittels eigener Organe oder mittels von ihm abhängiger, seiner Weisung unterworfener öffentlicher Unternehmungen unmittelbar den gesamten Umfang des Import- und Exporthandels bestimmt. Historisch gesehen, handelt es sich hierbei im wesentlichen um den sowjetischen Typ[2] der Organisation des Außenhandels, wie er sich zuerst — auf der Grundlage einer Verordnung vom 22. April 1918[3] — in der UdSSR entwickelt hat[4].

---

[2] Vgl. zum Gebrauch dieses Terminus *Berman*, Le cadre juridique des relations commerciales entre pays d'économie planifiée et pays d'économie libre: l'example americano-soviétique (Rapport général der AISJ/UNESCO-Tagung über Ost-West-Handel in Rom 1958), in: Aspects juridiques ..., S. 14. Im Gegensatz zu *Berman* wird hier jedoch auch vom „sozialistischen System" und von „sozialistischen Staaten" gesprochen werden, wie sich dies auch im Sprachgebrauch der Vereinten Nationen durchgesetzt hat. Eine Verwechslung mit Ländern von der politischen und wirtschaftlichen Struktur etwa Schwedens, wie sie *Berman*, a.a.O., zu befürchten scheint, dürfte dem Zusammenhang nach ausgeschlossen sein.

[3] Dekret des Rats der Volkskommissare der Russischen Republik vom 22. 4. 1918 „Über die Nationalisierung des Außenhandels". Dort heißt es in Ziffer I: „Der gesamte Außenhandel wird nationalisiert. Handelsverträge mit ausländischen Staaten und einzelnen Handelsunternehmen im Ausland über den Kauf und Verkauf von Erzeugnissen aller Art ... werden im Namen der Russischen Republik von speziell dafür bevollmächtigten Organen ausgeführt. Handelsverträge aller Art mit dem Ausland über die Einfuhr und Ausfuhr sind ohne Wissen dieser Organe verboten ..."

Die genannte Verordnung erlangte durch ein weiteres Dekret vom 23. 7. 1923 Geltung für die gesamte — inzwischen gegründete — Sowjetunion. Vgl. dazu *Genkin*, Der Außenhandel, S. 12 f.

Heute finden sich Hinweise auf das AH-Monopol der SU u. a. in der Verfassung der UdSSR (Art. 14 lit. h), wo die Kompetenz der Union auf dem Gebiet des AH festgelegt wird (ähnlich Art. 7 der Verfassung der VR Polen, Art. 6 der Verfassung Ungarns und — in der Form einer Bestimmung über die staatliche Planung der gesamten Volkswirtschaft — Art. 7 der tschechoslowakischen Verfassung), ferner im Zivilgesetzbuch (Art. 17), das ein grundsätzliches Verbot aller nicht vom Staat geführten oder genehmigten AH-Geschäfte ausspricht, und im Strafgesetzbuch der UdSSR, das in Art. 59 II Verstöße gegen dieses Verbot als „besonders gefährliche Verbrechen gegen die verwaltungsmäßige Ordnung" mit Freiheitsstrafe von 3 - 10 Jahren und Einzug eines Teils oder der Gesamtheit des Vermögens ahndet. Die genannten Bestimmungen sind z. T. im Wortlaut wiedergegeben bei *Berman*, Rapport général, S. 15 f. (Anm. 3), S. 24; *Bütow*, Das gegenwärtige innerstaatlich geregelte Außenhandelsrecht der UdSSR unter Berücksichtigung der geschlossenen Verträge (hektographiert, Frankfurt, Göttingen 1956), Bd. 2, Anhang (Texte), S. 1 f.; *Kawan*, La nouvelle orientation du commerce extérieur soviétique (Bruxelles 1958), S. 106.

[4] Eine Charakterisierung des staatlichen AH-Monopols enthält die Resolution des ZK der KP vom 5. 10. 1925: „Sein Wesen besteht darin, daß der Staat selbst die Leitung des Außenhandels durch ein speziell dafür geschaffenes

Der Extremfall eines Staatshandelsmonopols ist der, daß sowohl Gesamtplanung als auch Kauf- oder Verkaufsentscheid und praktische Ausführung insgesamt in Händen staatlicher Organe vereinigt sind. Stattdessen kann auch die letzte oder können die beiden letzten Stufen bei rechtlich selbständigen, aber vom Staat kontrollierten öffentlichen Organisationen liegen.

Vernachlässigt werden kann hier ein weiterer Fall, nämlich der, daß ein nominell privates Unternehmen nach Weisung des Staates seine Operationen tätigt. Derartige Erscheinungen sind charakteristisch bestenfalls für eine Übergangs- oder Krisenzeit. So wurden etwa in den ersten Jahren nach Errichtung des Außenhandelsmonopols in der UdSSR „die Verträge über Ein- und Ausfuhr ... sowohl vom Staat selbst — in Gestalt der entsprechenden Organe — als auch von einzelnen staatlichen, genossenschaftlichen, gemischten staatlich-kapitalistischen *und privaten* Unternehmen unter der Kontrolle eines staatlichen Verwaltungsorgans unmittelbar abgeschlossen"[5]. Später traten an die Stelle der privaten Unternehmen jedoch sei es staatliche Organe oder aber staatliche Gesellschaften bzw. Allunions-Außenhandelsvereinigungen.

Eine Zwischenstellung dieser Art nahm auch das System der Staatskontrolle über den Außenhandel im faschistischen Italien und im nationalsozialistischen Deutschland während des Krieges ein. In jener Zeit mischte sich der Staat in so starkem Maße unmittelbar in die Außen-

---

Organ (das Volkskommissariat für den Außenhandel) verwirklicht; er legt fest, welche Organisationen in welchen Branchen und in welchem Umfang unmittelbar Außenhandelsoperationen durchführen können; ausgehend von der Aufgabe der Weiterentwicklung der Wirtschaft und des sozialistischen Aufbaus, legt der Staat mit Hilfe des Export- und Importplanes fest, was und in welchen Mengen aus dem Lande ausgeführt und was eingeführt werden kann. Durch ein System von Lizenzierungen und Kontingentierungen regelt er die Ein- und Ausfuhr und die Operationen der Außenhandelsorganisationen unmittelbar."

Ergänzend sind — im Anschluß an *Genkin*, Der Außenhandel, S. 14 f. — folgende Anmerkungen zu machen:

(1) Das AH-Monopol umfaßt auch den Dienstleistungsverkehr, insbes. i. R. der technischen Hilfe (Entwurfsarbeiten, Montage u. a.), und die Vergabe von Lizenzen im Patentwesen.

(2) Desgleichen wird die Monopolisierung der Währungs-, Transport- und Versicherungsoperationen in der Hand des Staates als Teil des staatlichen AH-Monopols betrachtet.

(3) Demgemäß bezieht sich auch die staatliche Planung auf alle diese Gebiete.

(4) Die Ziele des AH sind nicht mehr nur die Entwicklung der sowjetischen Volkswirtschaft, sondern u. a. auch die Zusammenarbeit mit den übrigen sozialistischen Ländern und mit den Entwicklungsländern.

(5) Aufgabe des Staates ist insbes. die Koordinierung der Tätigkeiten der verschiedenen im AH auftretenden Organismen.

(6) Die Leitung des AH wird nicht mehr allein durch das Ministerium für AH vorgenommen, sondern z. T. auch durch die Gesamtregierung oder durch Spezialorgane. Vgl. hierzu unten Abschnitt 4 a.

[5] *Genkin*, Der Außenhandel, S. 12 f. (Hervorhebung nicht im Original); vgl. ferner *Berman*, Rapport général, S. 16 (Anm. 3).

handelsoperationen ein, daß mit Recht von einem „bloß äußerlichen Anschein privaten Unternehmertums“[6] gesprochen werden konnte. Dagegen wird man das wirtschaftliche System dieser beiden Staaten vor dem Krieg, das sich in den Mitteln nicht sehr von dem anderer Länder unterschied, klar vom eigentlichen Staatshandelssystem absetzen können.

Nicht unter den Begriff Staatshandel gefaßt werden soll nämlich eine Form staatlicher Intervention, die mit den „klassischen“ Mitteln quasiprohibitiver Zölle, Kontingentierungen, Devisenkontrollen einerseits, Krediten, Prämien und Subventionen andererseits den Fluß des Außenhandels weitgehend im Sinne der von der Regierung verfolgten Ziele lenkt. Entscheidend für diese Ausklammerung ist nicht so sehr die Tatsache, daß dem einzelnen Unternehmer immer noch ein Rest von Freiheit verbleibt, sondern vielmehr die definitive, nicht nur organisatorische Trennung der regulativen von der operativen Funktion im Außenhandel. Nur bei einer solchen Trennung nämlich bleibt der Unterschied zwischen dem Bereich des Handels, beherrscht von den Gesetzen des Marktes, und dem der Politik, der anderen Regeln folgt, ein reeller[7]. Vor allem lassen sich Versuche der Vermengung der beiden genannten Bereiche und die Einhaltung handelspolitischer Verpflichtungen besser kontrollieren: Bestimmungen über den Außenhandel müssen veröffentlicht werden; sie ergehen nicht als interne Weisungen, sondern dringen notwendig „nach außen“. Die direkte Lenkung des Handelsaustauschs durch Befehle und Weisungen als Hauptmerkmal eines Außenhandelsmonopols wird für diese Untersuchung von besonderer Bedeutung sein.

Das staatliche Außenhandelsmonopol hat somit, zusammenfassend gesprochen, drei Komponenten[8]:

(1) eine wirtschaftliche: Sie besagt, daß Zweck und Inhalt der Außenhandelsaktivitäten durch die staatliche Wirtschaftspolitik festgelegt werden;

(2) eine rechtliche: Der Staat hat das ausschließliche Recht, die Organisationen zu bestimmen, die Außenhandelsoperationen durchführen dürfen;

(3) eine organisatorische: Sie implizierte einst obligatorisch die Monopolstellung der Außenhandelsvereinigungen und deren Trennung von den Produktionsunternehmen. Dieses Prinzip gilt indes inzwischen nicht mehr ohne Ausnahmen[9].

---

[6] *Heilperin*, The Trade of Nations, 2. Aufl. (New York 1952), S. 106.

[7] *Berman*, Rapport général, S. 13.

[8] *Pleva*, Monopoly and Central Management, SEEFT Bd. 4 (1968), No. 2, S. 75 f. (Übersetzung aus: Hospodářské noviny 1966, No. 50).

[9] Hierzu unten Abschnitt 4 d.

Den Kern des Systems bildet dabei das unter (1) genannte wirtschaftliche Element[10]. Freilich könnte man insofern von einem Staatsmonopol in allen Bereichen des Handels und der Produktion sprechen. Die Kennzeichnung speziell des Außenhandelssystems durch diesen Begriff läßt sich in der Tat nur historisch erklären: Die Bezeichnung geht auf die Jahre zwischen 1920 und 1930, die Zeit der „Neuen Ökonomischen Politik“ (NEP) in der Sowjetunion, zurück, da noch in erheblichem Umfang unabhängiger privater (Binnen-)Handel und unabhängige private Produktion möglich waren, der Außenhandel hingegen unter strikter Staatskontrolle stand[11]. Heutzutage scheint der Begriff des Außenhandelsmonopols immerhin noch die Tatsache zu charakterisieren, daß im Bereich des Außenhandels eine noch straffere Leitung besteht als in den übrigen Bereichen der Volkswirtschaft.

Die grundsätzliche Zusammenfassung der Außenhandelsoperationen bei besonderen Außenhandels-Monopolvereinigungen ist nur ein Mittel zur Ermöglichung einer solchen Lenkung, ohne daß an ihr wie an einem Dogma festgehalten wird.

Charakteristisch für eine Wirtschaft mit verstaatlichtem Außenhandel ist weiterhin die Planung auf nationaler Ebene. In den sozialistischen Ländern Osteuropas gibt es gegenwärtig ein bestimmtes System von Plänen, die in folgendem Verhältnis zueinander stehen: Für Importe und Exporte werden jeweils ein jährlicher Plan aufgestellt; beide sind in den einheitlichen Volkswirtschaftsplan integriert, der sich wiederum an den langfristig in einem Fünf- oder Siebenjahresplan gesetzten Zielen ausrichtet[12].

3. Ursachen und Motive der Monopolisierung des Außenhandels

Die Vergesellschaftung des Außenhandels ist für einen sozialistischen Staat zunächst einmal die Frage der Prinzipientreue. Wenn Produktion und Handel grundsätzlich in der Hand des Staates konzentriert werden sollen, dann wäre es unlogisch oder sogar unmöglich, einen so bedeutsamen Zweig der Volkswirtschaft wie den Außenhandel von diesem Grundsatz auszunehmen[13].

---

[10] *Pleva*, a.a.O.; dementsprechend auch die Definition bei *Pozdniakov*, The State Monopoly of Foreign Trade in the USSR, in: Soviet law and government Bd. 6, No. 3 (Winter 1967 - 68), S. 38.

[11] *Berman*, Rapport général, S. 16 (Anm. 4).

[12] Darüber hinaus existieren für noch längere Perioden (10, 15 oder 20 Jahre) die sehr viel weniger detaillierten „Perspektivpläne“. Vgl. Trade Problems between countries having different economic and social systems, UN-Doc. (UNCTAD) E/CONF. 46/34, Ziff. 49 (Proceedings of UNCTAD Bd. 6, S. 113 ff.).

[13] Vgl. *Pozdniakov*, S. 33; *Heilperin*, S. 106; in ähnlichem Sinne *Viner*, in: Relations commerciales entre les économies à marché libre et les économies

In der Verneinung privaten Eigentums an den Außenhandelsunternehmen erschöpft sich indessen, wie oben gezeigt, das Wesen des Staatsmonopols für den auswärtigen Handel nicht. Hinzu kommt die zentrale Lenkung der Import- und Exportoperationen. Sie stellt im Rahmen einer Planwirtschaft eine innere Notwendigkeit dar. Die staatliche Außenhandelsadministration hat die Aufgabe, die Einheitlichkeit der auswärtigen und der inneren Wirtschaftspolitik zu gewährleisten[14]. Sie hat insbesondere zu sichern, daß die zur Erfüllung der verschiedenen Wirtschaftspläne notwendigen Importe durchgeführt werden[15]. Da ein sich an Nachfrage, Angebot und Preisen ausrichtender Markt fehlt, muß der Staat sich ihrer annehmen. Von theoretisch sekundärer Bedeutung, aber dennoch unentbehrlich sind die Exportgeschäfte. Sie dienen der Beschaffung von Devisen oder Guthaben, um die notwendigen Einfuhren zu ermöglichen[16].

Die Vorteile einer solchen Konzentration des Außenhandels sind zahlreich: Auf der einen Seite stellt schon die Ballung wirtschaftlicher Macht als solche einen Faktor zugunsten des handeltreibenden Staates dar, der sich hinsichtlich der Preisgestaltung bei Ein- und Verkäufen im Ausland für ihn positiv auswirkt. So wird der Staat vor allem bei Einkäufen wegen des Umfangs seiner Aufträge meist die Preise besonders niedrig gestalten können.

Die außerordentliche wirtschaftliche Leistungsfähigkeit eines Staatsmonopols kann aber auch in umgekehrter Richtung wirken. Der Außenhandelsmonopolist sieht sich im Bedarfsfall in der Lage, auf dem Weltmarkt auch bei Preisstürzen andere Konkurrenten zu unterbieten oder eventuell bei Knappheit einer Ware als Käufer höhere Bezahlung zu bieten als die übrigen Aspiranten.

Auf einen weiteren Punkt legen vor allem die Staatshandelsländer selbst eine besondere Betonung: die Unabhängigkeit des Inlands vom Weltmarkt mit seinen Unsicherheitsfaktoren. In der Tat erreicht eine

---

contrôlées, LoN Publ. 1943.II.A.4, S. 16; vgl. auch etwa GATT Doc. L/1949, Add.6, State-trading enterprises — Notifications pursuant to Article XVII:4(a), Czechoslovakia (1. 3. 1963), S. 3.

[14] Über eine noch weitergehende Aufgabe vgl. *Kawan*, S. 100: "C'est par le monopole du commerce extérieur que se trouve réalisée l'unité entre la politique économique et la politique intérieure et extérieure."

[15] Vgl. etwa *Pleva*, Monopoly and Central Management, S. 74; *ders.*, Some Economic and Legag Aspects of Foreign Trade in Czechoslovakia, SEEFT Bd. 3 (1967), No. 3, S. 4; GATT Doc. L/1949/Add.6, S. 3; L/2593/Add.4, State-trading enterprises ... (7 .4. 1966), Ziff. II.

[16] Über diese Vorrangigkeit der Importplanung vor der Exportplanung siehe UN Doc. E/CONF. 46/34, Ziff. 55; Economic Bulletin for Europe, Bd. 16, No. 2 (Nov. 1964), S. 41; *Berman*, Rapport général, S. 30; *Heuss*, Wirtschaftssysteme und internationaler Handel (Zürich, St. Gallen 1955), S. 200 ff.; *Standke*, Der Handel mit dem Osten (Baden-Baden 1968), S. 23; *Stokke*, Soviet and Eastern European Trade and Aid in Africa (New York 1967), S. 31.

direkte Lenkung der Außenhandelsoperationen bei Bedarf einen einfacheren und effektiveren Schutz der inländischen Industrie als er durch protektionistische Zölle zu bewirken wäre. Die monopolisierte Außenhandelsorganisation kann durch die autoritative Festlegung der Inlandspreise das eigene Land vor Schwankungen der Weltmarktpreise und somit in gewissem Maße von Krisenerscheinungen abschirmen[17].

Die hier aufgezeigten positiven Momente verstehen sich *aus der Sicht der Staatshandelsländer*. Daneben sollten nicht gewisse Nachteile vergessen werden, die sich für den ausländischen Partner wie auch für den Staatsmonopolisten selbst einstellen können. Zu nennen wäre die vielfach zu beobachtende Immobilität jener komplizierten Behördenapparate. Faktisch führt auch die stärker import- als exportorientierte Außenwirtschaftspolitik nur selten zu kontinuierlichen Lieferbeziehungen mit dem erforderlichen Auslands-Service.

4. Grundzüge des Außenhandelssystems in Staatshandelsländern

Zum besseren Verständnis der Ausführungen im zweiten Teil dieser Arbeit erscheint es unentbehrlich, an dieser Stelle zunächst in Kürze das Funktionieren eines monopolisierten Außenhandels zusammenhängend zu beschreiben. Der Akzent liegt hierbei auf Erscheinungen, die im Rahmen dieser Untersuchung erheblich sein werden. Andere Aspekte, wie etwa das Problem der Immunität staatlicher Außenhandelsorgane[18] sowie zivil- und prozeßrechtliche Fragen (Schiedsgerichtsklauseln[19] u. ä.) können dagegen beiseitegelassen werden.

---

[17] Vgl. *Kawan*, S. 100 f.; *Pleva*, Some Economic and Legal Aspects, S. 4. Dieser Abschirmungseffekt soll indessen nach neueren Auffassungen im planwirtschaftlichen Lager mehr in den Hintergrund treten: "... to the extent to which the socialist state trades wiht capitalists, it cannot prevent the overall impact of this trade on its economy"; *Černiansky/Pleva*, On Theoretical Questions of Foreign Trade Management, SEEFT Bd. 2 (1966), No. 1, S. 39 (Übersetzung aus Hospodářské noviny 1966, No. 35); *Svoboda*, On Problems of the Foreign Exchange Monopoly of the CSSR, ebd., S. 34 (Übers. aus Zahraniční obchod 1966, No. 9).

[18] Zu unterscheiden sind bei dieser Frage jeweils die eigentlichen Staatsorgane, wie etwa die Handelsvertretung, für die die Immunität stets in Anspruch genommen wird (vgl. *Genkin*, Der Außenhandel, S. 21 ff.; *Joetze*, Völkerrechtliche Probleme des Ost-West-Handels, Recht in Ost und West, Jg. 6 [1962], S. 141), und die autonomen Außenhandelsvereinigungen, die eine eigene Rechtspersönlichkeit besitzen; hier wird eine Immunität im Zusammenhang mit Handelstransaktionen i. d. R. nicht behauptet; vgl. *Berman*, Les aspects juridiques du commerce entre pays d'économie planifiée et pays d'économie libre (Rapport final der AISJ/UNESCO-Tagung ...), in: Aspects juridiques ..., S. 8 (auch wiedergegeben in Doc. UNESCO/SS/Inter/1, Annex III); *ders.*, Rapport général, a.a.O., S. 22; *Scheuner*, Die völkerrechtlichen Grundlagen der Weltwirtschaft in der Gegenwart, Verhandlungen des 40. DJT 1954, Bd. 2, S. A 24 f.; siehe auch *Schmitthoff*, L'Immunité de juridiction des Etats souverains et le commerce international, in: Aspects juridiques ..., S. 189 ff.

[19] Hierzu etwa *Joetze*, S. 144; *Pisar*, Le traitement de l'arbitrage communiste

a) Organisationsformen

Das Außenhandelsmonopol, wie in Abschnitt 2 definiert, ist ein Charakteristikum der sozialistischen Länder. In der organisatorischen Struktur weist der dort praktizierte Staatshandel starke Ähnlichkeiten auf. Vorbild war jeweils das System der Sowjetunion[20]. Die folgenden Darlegungen nehmen daher in besonderer Weise auf die Praxis in der UdSSR Rücksicht[21].

Die oberste Leitung des Außenhandels liegt auf Regierungs- und ministerieller Ebene. Zu unterscheiden sind hierbei die Funktionen der Regierung, des kompetenten Ministeriums und eventueller Sonderorgane.

Die Regierung — in der UdSSR: Ministerrat, früher Rat der Volkskommisare — fällt die grundsätzlichsten Entscheidungen sowohl über Organisation und Planung (Binnenbeziehungen) als auch hinsichtlich der Beziehungen mit dem Ausland (Außenbeziehungen). Dieses oberste Verwaltungsorgan ist folglich die Instanz, die auf der Grundlage des Volkswirtschaftsplans die Außenhandelspläne endgültig festlegt (bestätigt). Ferner bestimmt die Regierung darüber, welche Organisationen unmittel-

---

du commerce extérieur devant les Cours occidentales, in: Aspects juridiques ..., S. 163 ff.; *van Reepinghen*, L'arbitrage dans les différends commerciaux entre organisations de pays à économie planifiée et contractants de pays à économie libre, ebd., S. 215 ff.; *Standke*, S. 81 ff.

[20] *PEP*, The GATT, ECE and East-West-Trade (London 1965), S. 116, 118; *Adler-Karlsson*, Problems of East-West Trade — A General Survey, Economics of Planning, Bd. 7 (1967), S. 126; *Pfuhl*, Rechtsformen der Außenwirtschaftsbeziehungen der UdSSR zu den Volksdemokratien, Osteuropa-Recht Bd. 1 (1955), S. 13 ff.; *Pryor*, The Communist Foreign Trade System (London 1963), S. 54.

[21] Hierzu insbesondere *Genkin*, S. 12 ff. Im übrigen geben über Organisation und Techniken der Staatshandelsländer folgende Dokumente der ECE eine Übersicht:

TRADE/SM/ 7:	Ungarn
TRADE/SM/13:	Polen
TRADE/SM/14:	UdSSR
TRADE/SM/18:	Bulgarien
TRADE/SM/21:	Rumänien.

Über Jugoslawien siehe TRADE/SM/5. Außerdem vgl. über die CSSR-Staatshandelsorganisation *Beneš*, L'organisation du commerce extérieur et le régime douanier de la république socialiste tchécoslovaque, in: La Chambre de Commerce de Tchécoslovaquie (Prag 1966), S. 70 ff.; „Facts on Czechoslovak Foreign Trade", hrsg. von *Rapid* (Prag 1964), S. 184 ff.; über die DDR siehe *Drobnig/Waehler*, Legal Aspects of Foreign Trade in East Germany, J.W.T.L. Bd. 2 (1968), S. 28 ff.; über den polnischen AH *Trammer*, L'organisation juridique du commerce extérieur polonais, in: Aspects juridiques ..., S. 197 ff. Allgemein Viktor *Knapp*, The Function, Organization and Activities of Foreign Trade Corporations in the European Socialist Countries, in: The Sources of the Law of International Trade, hrsg. von C. M. *Schmitthoff* (London 1964), S. 52 - 69; *Mikesell/Wells*, State Trade in the Sino-Soviet Bloc, L.C.P. Bd. 24, No. 3 (Summer 1959), S. 435 ff.; *Spulber*, The Soviet-Bloc Foreign Trade System, ebd., S. 420 ff.; *Pryor*, S. 52 ff.

bar Außenhandelsoperationen vornehmen können. Durch Einzel- oder Normativakte regelt sie die Beziehungen der Außenhandelsorganisation zu den diversen Behörden und zu den mit ihnen kooperierenden Unternehmungen. In den Außenbeziehungen ist sie, die Regierung, Subjekt der zwischenstaatlichen Verträge und Abkommen über den Warenaustausch.

Das Ministerium für Außenhandel — meist, wie in der UdSSR, ein eigenes Ministerium unter dieser Bezeichnung — hat einerseits die Aufgabe der Vorbereitung der Entscheidungen der Regierung und ist andererseits das oberste Kontrollorgan im Rahmen der Außenhandelsorganisation. Es erarbeitet Planvorschläge für Import und Export, führt mit ausländischen Staaten Verhandlungen über den Abschluß von Handelsverträgen und Regierungsabkommen und legt der Regierung entsprechende Entwürfe vor. Im Verhältnis zu den ihm unterstellten Organisationen kontrolliert es deren gesamte Import- und Exporttätigkeit[22].

Hierneben findet man gelegentlich Sonderorgane für spezielle Aufgaben, so in den Unionsrepubliken der UdSSR die Bevollmächtigten des Ministeriums für Außenhandel oder, ebenfalls in der UdSSR, das Staatliche Komitee für ökonomische Beziehungen mit dem Ausland beim Ministerrat der UdSSR. Das SKÖB, das übrigens nicht dem Außenhandelsministerium, sondern direkt dem Ministerrat untersteht, befaßt sich mit Fragen der wirtschaftlichen Koordination im Rahmen des RGW, der Lieferung kompletter Industrieausrüstungen und der technischen Hilfe an Entwicklungsländer.

Ein allen Staatshandelsländern gemeinsamer Zug ist wiederum die Existenz und die Funktion der Handelsvertretungen im Ausland, welche zumeist Teile der diplomatischen Vertretung sind[23]. Diese Staatsorgane (ohne eigene Rechtspersönlichkeit) im Ausland befassen sich insbesondere mit der Kontrolle der dort tätigen Handelsorganisationen des eigenen Landes, der Erteilung von Einfuhr- und Transitgenehmigungen, der Ausstellung von Ursprungszeugnissen und anderer Dokumente, aber auch mit der Erforschung des Marktes und gegebenenfalls dem unmittelbaren Abschluß von Verträgen im Namen des von ihnen repräsentierten Staates[24].

Die unmittelbare Handelstätigkeit, die sog. operative Funktion, wird in den Staatshandelsländern heutzutage hauptsächlich durch spezielle

---

[22] Im einzelnen vgl. *Genkin*, Der Außenhandel, S. 17 f., 31 ff.; *Kawan*, S. 106 ff.; V. *Knapp*, S. 54; *Pozdniakov*, S. 36; siehe auch *Berman*, Rapport général, S. 18 f.

[23] Für die UdSSR: *Akademie der Wissenschaften der UdSSR*, Völkerrecht (Berlin 1960), S. 306; *Berman*, Rapport général, S. 19; V. *Knapp*, S. 55; *Joetze*, S. 141.

[24] V. *Knapp*, S. 55.

Organismen wahrgenommen, die eine selbständige Rechtspersönlichkeit besitzen[25]. Diese Außenhandelsgesellschaften[26], deren Kompetenzen teils nach geographischen, teils nach sachlichen Gesichtspunkten aufgeteilt sind, besitzen in ihrem Zuständigkeitsbereich grundsätzlich das Monopol für Import- und/oder Exportgeschäfte, das jedoch mehr oder weniger stark von Ausnahmen durchbrochen ist. So können beispielsweise, wie schon erwähnt, Transaktionen mit dem Ausland auch durch eine Handelsvertretung abgeschlossen werden; hier allerdings kommt der Monopolcharakter der zuständigen Vereinigung immer noch dadurch zum Ausdruck, daß sie die Geschäftsabwicklung innerhalb des eigenen Landes (Weiterleitung der Ware, Zahlungsabwicklung) gestaltet. Daneben finden sich echte Ausnahmen vom Monopol dieser Außenhandelsorganisationen, namentlich zugunsten genossenschaftlicher Zusammenschlüsse[27], zugunsten der Handelskammern und schließlich, im Gefolge neuerer Dezentralisierungsbestrebungen, auch zugunsten einzelner größerer Betriebe[28].

In der Sowjetunion war der Außenhandel in einem ersten Stadium vorwiegend — unter allmählicher Verdrängung noch bestehender privater Unternehmungen — von staatlichen Export- und Importhandelskontoren (Gostorgi) in die Hand genommen worden. Seit den Jahren 1925/26 oblagen diese Aufgaben mehr und mehr den neuerlich ausgebauten Import- und Exportaktiengesellschaften. An deren Stelle traten dann im Zuge der Reform von 1930 die noch heute bestehenden „Monopol-

---

[25] *Beneš*, S. 70; V. *Knapp*, S. 61, 64 ff.; GATT Doc. L/1949/Add.6, S. 3. (Einschränkend *Joetze*, S. 141, insbes. Fußn. 7, der meint, die AH-Vereinigungen der kommunistischen Staaten seien „nach westlichem Rechtsdenken nicht als völlig selbständige juristische Personen anzusehen“, sondern eher etwa der Deutschen Bundesbahn, einem verselbständigten Sondervermögen des Staates, vergleichbar.) Demnach haftet auch nur das Vermögen dieser Gesellschaften; *Beneš*, a.a.O.; *Knapp*, S. 56, 62 f. Einzelheiten bei *Kawan*, S. 111 ff. Vgl. auch etwa UN Doc. E/CONF. 46/34, Ziff. 57, 58.

[26] Ihre Zahl betrug bis vor kurzem in den einzelnen Ländern durchschnittlich je 20. *Stokke*, S. 66, Anm. 6, gibt für Juli 1967 eine Zahl von 31 in der UdSSR, 20 in Bulgarien, 18 in der CSSR, 21 in der DDR, 18 in Ungarn, 24 in Polen und 11 in Rumänien an. Vgl. auch E/CONF.46/34, Ziff. 57. Die Zahlen wurden jedoch im Zuge der eingeleiteten Wirtschaftsreform erheblich angehoben; so gab es etwa in Ungarn im Herbst 1968 67 Organisationen mit dem Recht, AH-Transaktionen durchzuführen, davon 29 spezielle AH-Vereinigungen und 38 Industriekonzerne, landwirtschaftliche Staatsbetriebe, Genossenschaften und inländische Handelsunternehmen; Economic Bulletin for Europe Bd. 20, No. 1 (Nov. 1968), S. 46.

[27] In der UdSSR: Zentrosojus, der Zentralverband der Konsumgenossenschaften; *Genkin*, Der Außenhandel, S. 47; in der CSSR: Unicoop; GATT Doc. L/2593/Add.4, Ziff. III.

[28] Diese Lockerung stellt das staatliche AH-Modell als solches nicht in Frage; vgl. V. *Knapp*, S. 54. Die Betriebe, ihrerseits staatliche Organismen, stehen ebenfalls unter zentraler Lenkung; so selbst im Hinblick auf Jugoslawien FAZ vom 8. 12. 1965, „Belgrads Mitgift für das GATT“. Allgemein zu der größeren Bedeutung dieses wirtschaftlichen Elements der direkten Lenkung gegenüber dem organisatorischen Element siehe oben Abschnitt 2.

Export- und Importvereinigungen" oder Allunions-Außenhandelsvereinigungen[29].

b) Die Struktur der Handelsverträge

Die Abstimmung der Außenhandelspläne auf die allgemeine Planung der volkswirtschaftlichen Entwicklung bringt es mit sich, daß die Staatshandelsländer Wert darauf legen, die Export- und Importoperationen möglichst in großem Umfang und auf lange Zeit im voraus festzulegen. Sie begnügen sich folglich nicht mit Handelsverträgen der klassischen Art, die vorwiegend die Vereinbarung der Meistbegünstigung und gewisser Zollzugeständnisse zum Inhalt haben. Sie suchen vielmehr Abkommen abzuschließen, die unmittelbar den Umfang des Warenaustauschs festlegen[30]. Im Rahmen des RGW, im Verhältnis der sozialistischen Staaten untereinander also, erfolgt mit diesem Ziel eine Abstimmung der nationalen Volkswirtschaftspläne aufeinander[31], um in der Folge langfristige Abkommen oder jährlich zu erneuernde Protokolle[32] über gegenseitige Lieferung abschließen zu können[33]. Diese Abkommen

---

[29] Zu dieser Entwicklung vgl. etwa *Kapp*, Planwirtschaft und Außenhandel (Diss. Genève 1936), S. 71, 74, 76. Die unmittelbar staatlichen Organismen, die — außer den Handelsvertretungen — zur Ausführung von AH-Operationen ermächtigt sind, sind demgegenüber sehr selten; in der UdSSR handelt es sich etwa um Sovekspортfilm (Ein- und Ausfuhr von kinematographischen Filmen und Filmgeräten) und Skotoimport (Import von Vieh); vgl. *Berman*, Rapport général, S. 21; *Genkin*, Der Außenhandel, S. 47. Die Tschechoslowakei läßt — im Gegensatz zur UdSSR — auch ihre Handelsvertretungen kaum jemals unmittelbar operativ tätig werden; *Pleva*, Some Economic and Legal Aspects, S. 10.

[30] Hierzu etwa *Scheuner*, Die Rolle der Handelsverträge, S. 891 f., 896 ff. Terminologisch scheint sich für den ersteren Typ die Bezeichnung Handelsvertrag (commercial treaty, traité de commerce), für den zweiten die Bezeichnung Handelsabkommen (commercial agreement, accord commercial) durchgesetzt zu haben; vgl. *Giuliano*, S. 126 ff.; *Kruse*, Außenwirtschaft, 2. Aufl. (Berlin 1965), S. 330 f.; *Kopelmanas/Tunc*, Technique des traités de commerce entre les pays à prédominance d'économie privée et les pays à économie planifiée, in: Aspects juridique . . ., S. 133 f.

[31] Dazu *Agoston*, S. 101 ff.; *Kunz*, S. 16 ff.; *Pryor*, S. 200 ff.

[32] Gewöhnlich bestehen beide Arten von Abkommen nebeneinander in der Weise, daß das jährliche Protokoll als Präzisierung des langfristigen Rahmenabkommens dient; vgl. etwa *Papanicolaou*, S. 252. Die Grundabkommen sind dabei sehr häufig ergänzt durch entsprechende Zahlungsabkommen.

[33] Die Planungen reichen gegenwärtig bis 1980; *Standke*, S. 111. Bemerkenswert ist die Tatsache einer gewissen Multilateralisierung des COMECON-Handels durch Einführung eines transferablen Rubels (transferabel = konvertibel unter Beschränkung auf ein gewisses Territorium; *Zukal*, Currency Convertibility and External Economic Relations, SEEFT Bd. 4 — 1968 —, S. 71, Anm. 1) und die Gründung der Internationalen Bank für wirtschaftliche Zusammenarbeit mit Wirkung vom 1. 1. 1964. Hierzu vgl. La croissance économique et le commerce extérieur des pays socialistes, UN Doc. (UNCTAD) TD/B/128/Add.1, Ziff. 72 f.; *Agoston*, S. 257 - 265; *Bednarik*, The Moscow Bank: The International Bank for Economic Cooperation, SEEFT Bd. 2 (1966), S. 3, und „Agreement concerning Multilateral Settlements in Transferable Rubles and

oder Protokolle sind so abgefaßt, daß die auszutauschenden Waren in dem Hauptvertrag beizufügenden Listen aufgeführt werden. Sie enthalten nicht nur die Nomenklatur und Quantität der zu liefernden Waren, sondern auch die Verpflichtung der Regierungen, die entsprechenden Lieferungen zu gewährleisten[34].

Die Erfüllung dieser Zusagen geht in der Regel in folgender Weise vor sich: Die Regierungen der Partnerländer sorgen zunächst dafür, daß die protokollmäßig festgelegten Waren in die Import- und Exportpläne der zuständigen Außenhandelsgesellschaften[35] aufgenommen werden. Dadurch verpflichten sie diese Organisationen verwaltungsrechtlich, die vorgesehenen Lieferverträge abzuschließen. Die zivilrechtlichen Verbindlichkeiten entstehen dann ausschließlich zwischen den unmittelbar am Geschäftsabschluß beteiligten Außenhandelsorganisationen[36].

Derartige Zusagen können die Staaten der „westlichen" Welt nicht ohne weiteres geben. Die Regierung eines privatwirtschaftlich organisierten Landes wird in der Regel für bestimmte Lieferungen oder Einkäufe privater Firmen nicht einstehen wollen. Dennoch werden im Ost-West-Handel neben den üblichen Meistbegünstigungsverträgen ebenfalls Protokolle über den Warenaustausch vereinbart[37]. Die Staaten des freien Handelssystems übernehmen aus praktischen Gründen den Vertragstyp, der bei den Ländern mit Zentralverwaltungswirtschaft vorherrscht[38].

Die Funktion dieser Übereinkommen ist die, daß die Regierungen sich verpflichten, nach Maßgabe der beiderseitigen Warenlisten Export- und Importlizenzen zu erteilen[39]. Die entsprechenden Vertragsklauseln unter-

---

Organization of the International Bank for Economic Cooperation", ebd., S. 9 ff.; *Faddejew*, S. 62 ff.; *Grzybowski*, S. 106 ff.; *Standke*, S. 65 ff.

[34] *Genkin*, Der Außenhandel, S. 27; *Standke*, S. 96, 113. Aus den Vertragsklauseln selbst wird dieser Sachverhalt freilich nicht immer deutlich. Dort heißt es meist nur, daß die Regierungen sich verpflichten, die nötigen Lizenzen zu erteilen und die Ein- und Ausfuhren verwaltungsmäßig zu erleichtern. Vgl. etwa Handelsabkommen Cuba—Albanien vom 16. 1. 1961, UNTS Bd. 448, S. 67, sowie — als Beispiel für den Gebrauch ähnlicher Klauseln im Verhältnis zur „Dritten Welt" — Handelsobkommen Rumänien—Irak vom 24. 12. 1958, UNTS Bd. 405, S. 243, Art. 2.

[35] Diese Pläne sind nicht zu verwechseln mit den nationalen (gesamtwirtschaftlichen) Import- und Exportplänen eines jeden Staatshandelslandes. Die ersteren entstehen durch Spezifizierung der letzteren für die einzelnen Unternehmen. V. *Knapp*, S. 67.

[36] Vgl. zum Ganzen *Genkin*, Der Außenhandel, S. 26 f.

[37] In der Bundesrepublik bedürfen die ersteren der Zustimmung des Parlaments gemäß Art. 59 II 1 GG, da sie sich auf Gegenstände der Bundesgesetzgebung (Zölle, Ausländerrecht u. a.) beziehen; die letzteren hingegen sind reine Regierungsabkommen.

[38] *Scheuner*, Die Rolle der Handelsverträge, S. 900.

[39] *Kopelmanas/Tunc*, S. 134. Vgl. dazu z. B. das Abkommen über den Handelsaustausch Polen—Schweden vom 18. 3. 1947, UNTS Bd. 12, S. 295 (erneuert und ergänzt am 22. 4. 1948, UNTS Bd. 26, S. 400): Die Regierungen „sind bereit", Importe und Exporte gemäß den beigefügten Warenlisten zu genehmigen;

scheiden sich — überraschenderweise — im wesentlichen nicht von denen, die unter Staatshandelsländern üblich sind[40].

Das Mißliche bei derartigen Abmachungen scheint folglich die Tatsache zu sein, daß ein Land mit staatlich gelenkter Wirtschaft der Lieferung oder der Abnahme der aufgeführten Waren kaum entgehen kann, ohne sich dem Vorwurf illoyalen Verhaltens auszusetzen[41], während ein privatwirtschaftlich organisiertes Land sich immer darauf berufen kann, es hätten sich keine (privaten) Interessenten gefunden.

Es darf jedoch nicht verkannt werden, daß — trotz der Ähnlichkeit der Vertragsklauseln — nicht nur die Verpflichtung des Marktwirtschafts-, sondern auch die des Staatshandelslandes in diesen Abkommen eine andere Bedeutung hat als in Abkommen zwischen zwei Ländern mit Zentralverwaltungswirtschaft. Anders als manchmal angenommen wird, entstehen hier keine Verpflichtungen der planwirtschaftlichen Staaten, selbst für die Lieferungen zu sorgen[42]. Zunächst einmal würde es den Gesetzen politischer Psychologie widersprechen, daß ein Staatshandelsland einseitig derart weitgehende Garantien übernimmt[43]. Ferner ist die Erfüllung der Kauf- oder Verkaufsverpflichtungen schwer vorstellbar für den Fall, daß sich in dem marktwirtschaftlichen Partnerland kein Verkäufer oder Abnehmer findet. Schließlich bestehen Ungewißheiten nicht nur in bezug auf die Verfügbarkeit der betreffenden Waren (Mißernten, Produktionsverzögerungen usw.), sondern auch beispielsweise über das

---

ähnlich das Warenaustauschabkommen Polen—Norwegen vom 4. 2. 1948, UNTS Bd. 30, S. 205.

[40] Vgl. die in der vorhergehenden Anmerkung genannten Abkommen und ferner — etwas weitergehend — Handels- und Zahlungsabkommen Norwegen—UdSSR vom 27. 12. 1946, UNTS Bd. 17, S. 283: Die Regierungen „ergreifen alle ihnen möglichen Maßnahmen, um die exakte und rigorose Erfüllung des Abkommens zu gewährleisten." Die Formulierung dieser Klausel dürfte aus den tiefgreifenden Eingriffsmöglichkeiten der Nachkriegswirtschaft auch im nichtkommunistischen Bereich zu erklären sein.

[41] *Standke*, S. 96 f., vertritt die — irrige — Meinung, die aufgeführten Warenkontingente stellten auf der Seite des „Ostens" Liefer- oder Abnahmeverpflichtungen („Muß-Kontingente") dar, die sich von denen im „Intrablockhandel" (d. h. innerhalb des RGW) nicht unterschieden.

[42] UN Doc. TRADE/140, Ziff. 11 a. E.: "Ces contingents ou estimations quantitatives ne constituent pas de part ou d'autre des engagements d'acheter . . ."; *Fitz*, Möglichkeiten und Grenzen des Ost-West-Handels, Europa-Archiv Bd. 21 (1966), S. 512 f.; V. *Knapp*, S. 69; *Papanicolaou*, S. 253. Auch die Klausel, die Durchführung des Abkommens sei von den Regierungen nach Möglichkeit zu erleichtern oder zu fördern, enthält keinerlei Kauf- oder Lieferungsverpflichtungen, und zwar „quel que soit le type d'économie"; *Kopelmanas/Tunc*, S. 137. Die Staaten dürften demnach gehalten sein, entsprechende Hinweise an Unternehmen bezüglich noch nicht ausgeschöpfter Kontingente zu geben und grundsätzlich auch zu gewissen Unterstüzungsmaßnahmen bereit zu sein; Zwangsmaßnahmen können aber aufgrund dieser Klausel von keinem Staat verlangt werden.

[43] Hierzu und zum folgenden *Kopelmanas/Tunc*, S. 135 f.

Vorhandensein von Devisen, die bei schlechtem Exportgeschäft knapp sein können. Weiterhin liegen so grundsätzliche Daten wie Preis[44], Qualität und sonstige Einzelbestimmungen bei Abschluß des Abkommens noch nicht fest. Die Staatshandelsländer fühlen sich denn auch in keiner Weise verpflichtet, unter allen Umständen für die Erfüllung der bilateralen Handelsabkommen Sorge zu tragen, insbesondere nicht dazu, in dem betreffenden marktwirtschaftlichen Partnerland notfalls zu ungünstigeren Bedingungen einzukaufen oder zu verkaufen als anderswo[45].

Wegen der Unsicherheit der Erfüllung der Warenaustauschabkommen erstreben die Staatshandelsländer neben diesen auch den Abschluß von Handelsverträgen der „klassischen" Art mit Festlegung einer möglichst weitgehenden Meistbegünstigung, um so jedenfalls auf den ausländischen Märkten in freier Konkurrenz als Käufer und Verkäufer auftreten zu können[46]. Dem stehen jedoch gewisse Hindernisse entgegen. Insbesondere vertreten die Marktwirtschaftsländer den Standpunkt, da in den sozialistischen Ländern der Außenhandel unter Staatskontrolle stehe, erbrächten sie eine einseitige Vorleistung, wenn sie ihrerseits den Handel mit diesen Staaten zollmäßig begünstigten und „liberalisierten", d. h. von mengenmäßigen Beschränkungen befreiten. Die so gekennzeichneten Schwierigkeiten stellen den Hauptgegenstand dieser Arbeit dar.

---

[44] Nur wenn auch dieser festliegt, kann von festen Abnahmeverpflichtungen gesprochen werden; vgl. *Papanicolaou*, S. 253. Der COMECON-Handel kennt in der Tat ein System von vertraglich aufgrund gemeinsamer Planung fixierten Preisen; *Akademie der Wissenschaften der UdSSR*, Politische Ökonomie (Berlin 1960), S. 797; *Agoston*, S. 224 - 233; *Ausch/Bartha*, Theoretical problems relating to Prices in Trade between the Comecon Countries, SEEFT Bd. 4 (1968), No. 2, S. 36 (Übersetzung aus Közgazdasági Szemle — Budapest — 1967, No. 3); *Csikós-Nagy*, Preise im Außenhandel der RGW-Länder, Osteuropa-Wirtschaft Bd. 11 (1966), S. 1 - 10; *Pryor*, S. 131 - 162; *Standke*, S. 100. Diese Regelung soll aber durch ein flexibleres System (Preisvereinbarungen hauptsächlich durch die beteiligten Export- und Importfirmen) ersetzt werden; *Ausch/Bartha*, a.a.O. Festgelegt sind i. R. des RGW z. B. auch Allgemeine Warenlieferungsbedingungen durch eine im Herbst 1957 in Moskau geschlossene Vereinbarung; siehe V. *Knapp*, S. 67 f.

[45] *Standke*, S. 44. Zwar werden auch die vorgesehenen Lieferungen an und Käufe von Marktwirtschaftsländern in die AH-Pläne inkorporiert. Es wird den StH-Ländern jedoch implizit zugestanden, daß Umstände der oben genannten Art eine Revision der Pläne erforderlich machen können. Vgl. *Papanicolaou*, S. 253.

[46] Über das Nebeneinander dieser Vertragstypen (Grundvertrag über allgemeine Fragen des Handels und der Schiffahrt, langfristiges Waren- und Zahlungsabkommen und jährlich zu erneuerndes Protokoll mit detaillierten Warenlisten) auch im Ost-West-Handel vgl. — am Beispiel des deutsch-sowjetischen Vertrages v. 25. 4. 1958 — *Mertens*, Handelsmethodische Spielregeln zwischen Ost und West, Volkswirt Bd. 13 (1959), S. 318. Vertragsbeziehungen dieser „gemischten Art" finden sich häufig auch im Verhältnis zu Entwicklungsländern; vgl. unten Kap. II, Abschn. 4, und *Scheuner*, Die Rolle der Handelsverträge, S. 892, 899 ff.

c) Das Zollsystem

Neben der direkten Kontrolle ihres Außenhandels durch die staatliche Monopolorganisation unterhalten einige der Staatshandelsländer auch eine Zollverwaltung. Es sei hier vorerst nur auf die bloße Existenz von Zolltarifen hingewiesen; ihre Funktion im einzelnen soll an späterer Stelle erörtert werden.

Das System der Zollerhebung ist weitgehend dem der Marktwirtschaftsländer nachgebildet; insbesondere werden nach traditioneller Manier doppelte Zolltarife festgesetzt[47], wovon die Minimaltarife für die Nationen Anwendung finden, die ihrerseits die Meistbegünstigung gewähren, die Maximaltarife dagegen denen gegenüber, die nach Ansicht der Regierung eine diskriminatorische Handelspolitik betreiben. Daneben finden sich neuerdings Präferenzzölle zugunsten der Entwicklungsländer[48]. Die verschiedenen Zollgesetze enthalten darüber hinaus Bestimmungen, wer den Zoll zu entrichten hat, der ausländische Exporteur oder die Importgesellschaft, ferner darüber, ob die letztere gegebenenfalls die durch den Zoll eingetretene Preiserhöhung auf ihre Abnehmer abwälzen darf[49]. Inwieweit diese Vorschriften praktische Auswirkungen haben, bedarf ebenfalls der Untersuchung.

Bezeichnend scheint es jedenfalls zu sein, daß einige der Länder mit Außenhandelsmonopol auf Zölle nahezu ganz verzichten. Hierzu gehört insbesondere Polen, ein Staat, der seit dem 18. 10. 1967[50] Vollmitglied des GATT ist. Polen besitzt ein Zollsystem lediglich für den privaten Post- und Reiseverkehr, nicht aber für den gesamten Warenhandel[51]; hinsichtlich des Warenverkehrs erfolgt die Regulierung also allein durch das staatliche Außenhandelsmonopol. Hierbei sei allerdings bemerkt, daß es sich im Falle Polen um ein Land handelt, das in den allgemein im kommunistischen Bereich zu beobachtenden Dezentralisierungsbemühungen relativ wenig weit fortgeschritten ist[52].

---

[47] So im Hinblick auf die CSSR, Ungarn, die UdSSR und Jugoslawien UN Doc. (UNCTAD) E/CONF. 46/PC/15 (10. 5. 1963): Trade between Developing Countries and Centrally Planned Economies, Ziff. 34.

[48] Vgl. NZZ vom 20. 2. 1968, Die Wirtschaftsreform in Ungarn, S. 5 f.; AHD vom 29. 5. 1969 (No. 22), Der ungarische Zolltarif für Handelswaren, S. 529; AHD vom 22. 5. 1969 (No. 21), Neues Zollsystem für Bulgarien, S. 506.

[49] Hierzu siehe UN Doc. TRADE/140, Ziff. 10.

[50] Press Release GATT/1001.

[51] Vgl. etwa Report of Working Party on Accession of Poland (26. 6. 1967), BISD 15th suppl., S. 118. Ähnliches wie für Polen gilt für Rumänien und die DDR; zu letzterer vgl. *Drobnig/Waehler*, S. 40; *Nykryn/Herman/Stepán/Heiduschat*, Organisation und Technik des Außenhandels (Berlin 1956), S. 205; über Rumänien (das am 22. 7. 1968 um Aufnahme ins GATT nachgesucht hat, vgl. GATT Doc. L/3050) s. GATT Doc. L/3211, Ziff. 4. Cuba hat im Jahre 1962, praktisch unmittelbar nach seinem Übergang zum kommunistischen System, für kommerzielle Transaktionen seiner Staatshandelsorganismen die Zollerhebung abgeschafft; vgl. DHA 1962, 2. Juliheft, S. 1621.

[52] Vgl. Economic Bulletin for Europe Bd. 20, No. 1, S. 47.

Länder, die im Gegensatz dazu ein Zollsystem praktizieren, sind die UdSSR (seit Einleitung der NEP im Jahre 1921/22)[53], Bulgarien, die Tschechoslowakei und Ungarn.

d) Dezentralisierungsbestrebungen

Die Tätigkeit der Wirtschaft des kommunistischen Osteuropa ist traditionell abgestimmt auf die Erzeugung vorgeschriebener (Soll-)Quantitäten. Erstes Ziel der Unternehmen hat die Erfüllung oder, wenn möglich, Übererfüllung des jeweiligen Plans zu sein. Diese allzu stark mengenmäßige Ausrichtung der Produktion[54] und eine gewisse Vernachlässigung der Verbraucherwünsche haben bislang vielfach Überschüsse in einigen Industriezweigen und Mangelerscheinungen in anderen bewirkt. Derartige Fehlleistungen pflegen in einer Marktwirtschaft in relativ kurzer Zeit durch Preisanpassungen reguliert zu werden. Nicht so in einer zentralgeleiteten Volkswirtschaft[55], in der die Preise auf Jahre hinaus festgesetzt sind. Hier liegt es dann jeweils bei den staatlichen Planungsbehörden, eine Lösung durch anderweitigen Absatz, Umgestaltung oder sonstige Maßnahmen zu finden.

Durch zentrale Verwaltungsentscheidung erfolgt in einer Planwirtschaft auch die Verteilung von Rohstoffen, Halbfabrikaten und Maschinen. Ein solches System hat etwas Statisches an sich. Umstellungen auf eine möglicherweise rationellere Produktion werden eher gehemmt, da sie eine Abänderung der geplanten Lieferungen bedingen. Auch fehlt es an einem Stimulans für die einzelnen Betriebe, neue Technologien zu erproben[56], wenn sie einerseits nach überkommener Manier den an sie gestellten Anforderungen vollauf und zumal ohne Risiko gerecht werden und ihnen andererseits Einsparungen an Arbeits- und Materialaufwand nichts einbringen. Entsprechendes gilt für Qualitätsverbesserungen, Erweiterung der Warensortimente, rationellere Verpackung und ähnliches[57]. Dieser Zustand hat in den Volksdemokratien mit der Zeit erhebliche Rückstände gegenüber westlichen Industrien entstehen lassen.

---

[53] *Gerschenkron,* Russia and the International Trade Organization, Am. Ec. Rev. Bd. 37 I (1947), S. 625; *Kapp,* S. 87. Der heute gültige Zolltarif wurde eingeführt mit Wirkung vom 1. 10. 1961; vgl. Economic Bulletin for Europe Bd. 14, No. 1 (Sept. 1962), The new tariffs in the Soviet Union and Hungary, S. 52 ff.

[54] Dazu *Nove/Donnelly,* Trade with Communist Countries (London 1960), S. 19 ff.; *Pleva,* Some Economic and Legal Aspects, S. 6; vgl. auch *Černiansky/Pleva,* S. 37.

[55] *Selucký,* The Impact of the Economic Reforms on the Foreign Economic Relations of the Socialist Countries, SEEFT Bd. 4 (1968), No. 3, S. 73 (Übersetzung aus: Mezizárodní vztahi — Prag — 1968, No. 1).

[56] *Pleva,* a.a.O., S. 7.

[57] Vgl. zum Ganzen UN Doc. TD/B/128/Add.1, Ziff. 225.

In den letzten Jahren nahmen folglich sämtliche sozialistischen Länder Osteuropas außer Albanien[58] eine Neuordnung ihrer Wirtschaftsplanung und -lenkung in Angriff. Die Grundsätze dieser Reformen heißen: Berücksichtigung weniger des bloßen Wirtschaftswachstums als der Kriterien von Angebot und Nachfrage, Entwicklung einer stärker auf die Produktionskosten gestützten Rentabilitätsrechnung und Einführung des Profits als Maßstab der Produktivität eines Unternehmens[59]. Hieraus ergibt sich eine neue Konzeption der Preisbildung und eine Erweiterung der wirtschaftlichen Freiheit der Betriebe[60].

Eine größere Selbständigkeit der Betriebe erscheint deswegen erforderlich, weil der Profit (ein Zentralbegriff der Reformdiskussion schon bei Prof. Liberman in der UdSSR)[61] als Kriterium nur brauchbar ist, wenn für den Produzenten sowohl auf der Versorgungs- (Nachfrage-) wie auf der Absatz- (Angebots-)Seite ein gewisser Entscheidungsspielraum besteht. Andernfalls würde es sich jeweils um zudiktierte bzw. künstlich verweigerte Gewinne handeln[62]. Die Neugestaltung der Preise hat zum Ziel, durch diese eine bessere Basis für die Kosten- und Produktivitätsrechnung zu erlangen, wobei die Preise zugleich die Angebots- und Nachfragesituation widerspiegeln sollen[63].

---

[58] Jugoslawien nimmt eine Sonderstellung unter den sozialistischen Ländern ein. Vgl. dazu unten Anm. 85.

[59] *Kaser*, The East European Economic Reforms and Foreign Trade, The World today Bd. 23 (1967), S. 513 ff.; *Adler-Karlsson*, S. 142 ff.; vgl. auch die Richtlinien des ungarischen ZK: „Wir wollen dem Preissystem und seinen charakteristischen Zügen: Markt, Währung, Kredit, Kosten und Profit eine führende Rolle einräumen"; zit. bei *Nyerges*, Effective Tariff Policy in the New Economic Mechanism, SEEFT Bd. 3 (1967), No. 4, S. 41 (Übersetzung aus: Külkereskedelem [Außenhandel] 1966, No. 7). Siehe ferner *Wilczynski*, Multilateralization of East-West-Trade, Economia Internazionale Bd. 21 (1968), S. 308 ff. Eine ausgezeichnete Übersicht über die neuen Bestrebungen gibt Economic Bulletin for Europe Bd. 20, No. 1, S. 43 ff.: Note on institutional developments in the foreign trade of the Soviet Union and eastern European countries.

[60] UN Doc. TD/B/128/Add.1, Ziff. 210.

[61] Vgl. *Sharpe* (Hrsg.), Planning, Profit and Incentives in the USSR, Bd. I — The Liberman Diskussion: A New Phase in Soviet Economic Thought (White Plains, N. Y., 1966).

[62] Dies wäre für die Unternehmen in der Tat „eine schizophrene Position", wie *Selucký*, S. 77, formuliert.

[63] Economic Bulletin for Europe Bd. 20, No. 1, S. 47; TD/B/128/Add.1, Ziff. 217. Es gibt in der Tschechoslowakei, in Ungarn und in Bulgarien nunmehr ein System von 3 Preisklassen: Festpreise, limitierte oder Margenpreise und freie Preise. Offenbar geht man neuerdings immer mehr zu der zweiten Gruppe von Preisen über, welche nur ein Maximum und ein Minimum festsetzen. So machten etwa in der Tschechoslowakei im Jahre 1967 die Festpreise 14 % aus (früher 64 %), die Margenpreise 81 % (29 %), und die freien Preise 5 % (7 %); *Maly*, Preisreform mit Hindernissen, Wirtschaftsdienst Bd. 49 (1969), S. 223. In Ungarn sollen die freien Preise bereits einen Prozentsatz von 30 % erreicht haben; so NZZ vom 20. 2. 1968, a.a.O.

Die Anwendung der Reformgrundsätze auf den Außenhandel bietet zusätzliche Probleme. Nichtsdestoweniger haben sich auch dort die Gesichtspunkte der produktions- und verbrauchernäheren Entscheidung durchzusetzen begonnen, und es findet allmählich eine Verlagerung der Befugnisse nach unten hin statt[64]. Konnte um das Jahr 1960 herum noch gesagt werden, daß von einer Dezentralisierung des Außenhandels nicht die Rede sei[65], so ist heute die Einbeziehung auch des auswärtigen Handels in die Reformbestrebungen eine Selbstverständlichkeit.

Das eine Motiv dafür liegt in der Erkenntnis, daß eine rationellere Produktion auf zahlenmäßig breiterer Basis erfolgen muß und daher auf einen ausgeweiteten und auf Effizienz bedachten Außenhandel angewiesen ist. Die sozialistischen Länder wollen bewußt an der internationalen Spezialisierung teilnehmen und ihre Ein- und Ausfuhren nicht mehr auf das Unentbehrliche beschränken[66]. Dabei wird auch eine Reformierung der Preisstrukturen notwendig, nämlich eine Anpassung an die Weltmarktpreise[67].

Die hierin liegende Aufgabe stellt eine der komplexesten und schwierigsten der eingeleiteten Wirtschaftsreformen dar[68]. Nach bisheriger Übung werden die Inlandspreise unabhängig von den auf dem Weltmarkt herrschenden Tendenzen nach Grundsätzen der internen Wirtschafts- und Sozialpolitik festgesetzt. Importwaren richten sich preismäßig grundsätzlich nach den entsprechenden einheimischen Waren[69] oder — mangels solcher — nach möglichen Substituten inländischer Herkunft. Preisvergleiche zwischen den ausländischen Angebotspreisen und denen für entsprechende Waren inländischen Ursprungs sind erschwert durch das Fehlen einer brauchbaren Währungsrelation. Die Währungen der Staatshandelsländer sind nicht konvertibel, und die offiziellen Wechselkurse, die von fiskalischen und auch von Prestigeerwägungen mitbestimmt sein mögen, geben gegenwärtig in keinem Fall ein echtes Wertverhältnis wieder. Für die Außenhandelsgesellschaften gelten nun zwar besondere Umrechnungskurse (Devisenmultiplikatoren). Auch bei diesen ist es je-

---

[64] *Pleva,* Some Economic and Legal Aspects, S. 15; *ders.*, Monopoly and Central Management, S. 78.

[65] *Berman,* Rapport final, S. 8; *ders.*, Rapport général, S. 66 (Anm. 128).

[66] Economic Bulletin for Europe Bd. 20, No. 1, S. 43; TD/B/128/Add.1, Ziff. 236.

[67] TD/B/128/Add.1, Ziff. 226 ff.; TRADE/188, Ziff. 29.

[68] *Černiansky/Pleva,* S. 49. Vgl. zur Bedeutung und Problematik der Preisreform schon *von Platen,* Problems and Possibilities in East-West-European Trade, Skandinaviska Banken Bd. 39 (1958), S. 83.

[69] GATT Doc. L/1949/Add.6, S. 4; L/2593/Add.4, Ziff. III (betr. die CSSR); L/3211, Ziff. 54, 58 (betr. Rumänien). Nicht ganz korrekt daher *Berman,* Rapport général, S. 32 f., der meint, der Inlandspreis ergebe sich grundsätzlich aus dem AH-Preis zuzüglich eines Zollsatzes.

doch zweifelhaft, ob sie eine realistische Kaufkraftrelation repräsentieren. Die sich aus diesem Umstand ergebenden Verluste wurden bisher zumeist aus dem Staatshaushalt ausgeglichen[70].

Das konsequenteste Konzept einer Reform der Währungs- und Preisrelationen ist in der Tschechoslowakei entwickelt worden[71]. Es sieht zu Beginn die Einführung eines realistischen Wechselkurses und in der letzten Stufe — womöglich schon in den frühen siebziger Jahren — die volle Konvertibilität der tschechoslowakischen Krone vor. Die Durchführung dieses Programms ist allerdings nach den Ereignissen des August 1968 in Frage gestellt worden und kann wohl in absehbarer Zeit nicht erwartet werden.

Bei der Reform des Außenhandels wird — wie überhaupt in den Wirtschaftsreformen — nicht etwa eine Umformung des bestehenden *Systems* und/oder eine Änderung der bisher praktizierten Wirtschafts- und Handels*politik*, sondern lediglich eine Neuordnung des *wirtschaftlichen Mechanismus* angestrebt[72]. Das heißt, daß die zentrale Leitung und Planung durch das staatliche Außenhandelsmonopol auch weiterhin aufrechterhalten bleibt[73]. Nur die Leitungs- und Planungsmethoden sollen sich ändern.

Das bedeutet im einzelnen:

---

[70] NZZ vom 20. 2. 1968, a.a.O. (betr. Ungarn).

[71] Economic Bulletin for Europe Bd. 20, No. 1, S. 48; SZ vom 15. 4. 1969, S. 16, „Prag reformiert das tschechische Bankwesen — Realistischer Wechselkurs als Voraussetzung für spätere Konvertierbarkeit"; *Zukal*, Currency Convertibility and External Economic Relations, SEEFT Bd. 4 (1968), No. 3, S. 58 ff. (Übersetzung aus Plánované hospodářství — Prag —, 1968, No. 6). Die Frage, ob Planwirtschaft im kommunistischen Sinn und Konvertibilität der Währung einander ausschließen, scheint innerhalb der Gruppe der Staaten des RGW streitig zu sein. Interessanterweise haben Repräsentanten der Tschechoslowakei schon vor längerer Zeit „im Prinzip" eine Konvertibilität der Währungen der StH-Länder für möglich gehalten; vgl. *Berman*, Rapport final, S. 7; dagegen jedoch ein Vertreter Bulgariens; *Berman*, a.a.O., und *Vassilev*, Régime juridique des paiements internationaux par clearing dans le commerce international entre pays à structure économique différente, in: Aspects juridiques ..., S. 236 ff.

[72] Die pauschale Schlußfolgerung, es handle sich bei den Wirtschaftsreformen der osteuropäischen Staaten um eine Angleichung an das marktwirtschaftliche System und um eine Bestätigung der Theorie von der Konvergenz der Wirtsaftssysteme, könnte sich daher als voreilig erweisen. Vgl. die Äußerung des ungarischen ZK-Sekretärs *Nyers* anläßlich der Hundertjahrfeier des ungarischen Statistischen Dienstes auf der Akademie der Wissenschaften am 17. 5. 1967: „Wir Kommunisten sind nicht und werden niemals Bewunderer des Marktmechanismus sein. Wir glauben nicht an dessen Allmacht. Wir sind für die zentrale Planung. Wir sind bestrebt, diese zu stärken und weiter zu entwickeln." Zit. in NZZ vom 20. 2. 1968, a.a.O.

[73] *Pleva*, Some Economic and Legal Aspects, S. 15; *Svoboda*, S. 32; siehe auch TD/B/128/Add.1, Ziff. 228.

(1) Die Pläne stellen weniger starre Vorschriften auf (beispielsweise durch weniger detaillierte Beschreibung der Ein- und Ausfuhrgüter[74], bloße Wert- statt Mengenangaben[75]), und sie lassen Raum für zusätzliche Importe, wenn der Devisenbedarf durch Exporte gedeckt wird.

(2) Anstelle eines strengen Dirigismus, der vorwiegend mit Weisungen, Verboten und verbindlichen Kennziffern arbeitet, tritt ein System wirtschaftlicher Lenkungsmittel[76]. Als solche gelten im Außenhandel neuerdings in sehr viel stärkerem Maße als früher die Zölle, ferner die Kreditpolitik, die Preisregulierung, der Devisenmultiplikator, die Gewinnabführung — ein Teil der Gewinne verbleibt bei den Produktions- oder Handelsunternehmen —, die Ein- und Ausfuhrgenehmigungen und ein System von Prämien, die nicht nur an die Direktoren der Unternehmen, sondern an eine größere Gruppe von leitenden Angestellten ausgeschüttet werden können[77].

(3) Im operativen Bereich wird die Monopolstellung der staatlichen Außenhandelsgesellschaften grundsätzlich beibehalten[78]. Auflockerungen ergeben sich jedoch dadurch, daß Außenhandelsgesellschaften auf Initiative einzelner Produktionsunternehmen als deren Kommissionäre auftreten können. Weiterhin wird die Schaffung von Außenhandelskorporationen erwogen, die jeweils als selbständige Einheit in die Verwaltung eines bestimmten Produktionszweiges eingegliedert werden sollen. Diese wären dann organisatorisch sowohl dem für die entsprechende Produktion zuständigen Minister als auch dem Außenhandelsministerium unterstellt[79]. Schließlich erhalten einige große Betriebe oder Unternehmensgruppierungen[80] das Recht, direkt Außenhandelsgeschäfte zu tätigen[81].

---

[74] „The foreign trade plans ... tend to avoid an exceedingly detailed specification"; TD/18, Ziff. 131. Der AH-Plan sei demnach nur „un large programme cadre déterminant l'orientation générale et le volume des activités de ces organismes" (sc. der AH-Stellen); TRADE/188, Ziff. 22, ähnl. Ziff. 29.

[75] TD/B/128/Add.1, Ziff. 238, 241; TRADE/188, Ziff. 30.

[76] NZZ vom 20. 2. 1968, a.a.O.; *Pleva,* Some Economic and Legal Aspects, S. 13, 16; *ders.,* Monopoly and Central Management, S. 78; *Redei,* Die Reform der Wirtschaftslenkung in Ungarn und der Außenhandel, Osteuropa-Wirtschaft Bd. 12 (1967), S. 4 f.

[77] Dazu *Erdös,* Some Experience of the First Year of an Experiment in Material Incentive, SEEFT Bd. 3 (1967), No. 4, S. 33 ff. (Übers. aus Külkereskedelem 1966, No. 6).

[78] *Černiansky/Pleva,* S. 38, lassen erkennen, daß der Begriff des staatlichen AH-Monopols grundsätzlich („generally speaking") die Ausführung der Importe und Exporte durch spezialisierte AH-Gesellschaften impliziere. Jedoch, so heißt es weiter (S. 39 f.), komme es nicht in erster Linie auf die organisatorische Trennung von Produktions- und Handelseinheiten an, sondern auf die Lenkbarkeit durch eine zentrale Stelle.

[79] *Černiansky/Pleva,* S. 52.

[80] Als Beispiel seien die sog. Industriezentralen in Rumänien genannt, denen eine Anzahl von gleich oder ähnlich strukturierten Produktionsunternehmen nebst Hilfsbetrieben angehören und denen versuchsweise eine gewisse Autonomie zugestanden wird. Vgl. hierzu etwa GATT Doc. L/3211, Ziff. 27.

[81] Hierzu etwa TD/B/128/Add.1, Ziff. 248 - 250; *Černiansky/Pleva,* S. 40.

Als erstes der Länder des sozialistischen Bereichs hat die DDR[82] wirtschaftliche Reformen eingeleitet, und zwar durch Entscheidung des Zentralkomitees der SED vom 24./25. Juni 1963, als letztes Rumänien durch Erarbeitung neuer Direktiven über die Wirtschaftslenkung vom 5./6. Oktober 1967. Die UdSSR kündigte Reformen am 27./29. September 1965 an, die Tschechoslowakei im Januar 1965, Ungarn Ende 1965; Polen unternahm erste Schritte 1964, Bulgarien 1965[83]. Obwohl die Reformen generell in eine einheitliche Richtung tendieren, bestehen doch erhebliche Unterschiede gradueller Art zwischen den einzelnen Ländern. Am weitesten gehen die Pläne in Ungarn und (ehedem) in der Tschechoslowakei, von denen ein tschechoslowakischer Autor gesagt hat, sie strebten das Modell einer „sozialistischen Marktwirtschaft" an[84]. Unter dieser Bezeichnung präsentiert sich derzeit bereits Jugoslawiens Volkswirtschaft. Jugoslawien, das schon 1946/47, früher als irgendein anderer Staat, das sowjetische Wirtschaftssystem übernommen hatte (die heute dem „Ostblock" zugerechneten Staaten um 1948 - 1950), ging schon 1950 - 1952 zu Reformen über und entfernte sich seitdem immer mehr von dem ursprünglichen Leitbild. Heute besitzt es eine vergleichsweise wenig zentral gelenkte Wettbewerbswirtschaft, in der allerdings die Produktionsmittel vergesellschaftet sind[85].

[82] Die Reformen werden, wie besonders zu betonen ist, in den betreffenden Ländern nicht als ideologisches Problem aufgefaßt. Ein Politikum stellen sie allerdings insofern dar, als durch die Aufwertung der Fachleute den Parteikadern ein Teil ihres Einflusses zu entgleiten droht.

[83] *Kaser*, S. 512; TD/B/128/Add.1, Ziff. 207.

[84] *Selucký*, S. 74.

[85] Jugoslawien läßt sich, so wie es sein Wirtschaftssystem entwickelt hat, weder in die Kategorie der StH-Länder noch in die der Marktwirtschaftsländer einordnen; *Berman*, Rapport final, S. 3. In Dokumenten der Vereinten Nationen wird es gelegentlich als Entwicklungsland eingeordnet (z. B. TD/B/128/Add.2, Ziff. 35 - 40, 57), gelegentlich zur Kategorie der „westeuropäischen Länder" gezählt (so in TRADE/188, Ziff. 24; Economic Bulletin for Europe Bd. 20, No. 1, S. 39 f.).

Zweiter Teil

Meistbegünstigung seitens der Staatshandelsländer

I. Die Problemstellung

1. Die formal-rechtliche Durchführbarkeit

Als Ausgangspunkt der folgenden Untersuchung sei zunächst folgendes festgehalten: Auch in einem Staatshandelssystem stellt die Meistbegünstigung eine sinnvolle Rechtsfigur dar. Angesichts der tiefgreifenden Änderungen, die die Verstaatlichung der gesamten Wirtschaft gegenüber früheren Wirtschaftsformen mit sich gebracht hat, bedeutet dies immerhin keine Selbstverständlichkeit. Schließlich stammt die Meistbegünstigung moderner Prägung aus einer Blütezeit liberaler Handelspolitik.

Die Verwendbarkeit der Meistbegünstigungsformel sei anhand der Schemata überprüft, die im ersten Teil dieser Abhandlung[1] aufgestellt worden sind. Dabei ergeben sich auf einigen Gebieten insoweit keinerlei besondere Probleme. Dies ist etwa der Fall für das sogenannte Fremdenrecht (mit gewissen Einschränkungen für das Gebiet der Steuererhebung)[2]. Eine gleiche Behandlung aller Ausländer und ausländischen juristischen Personen im Hinblick auf Aufenthalt und Niederlassung, Gewerbeausübung, Eigentumserwerb, Rechtsschutz etc. läßt sich auch in einem sozialistischen Staat legislativ und administrativ garantieren. Das gleiche gilt auch hinsichtlich des oben unter (c) aufgeführten Sachbereichs: der Formalitäten für Ein- und Ausfuhr und der Gewährung von Transportmöglichkeiten.

Einen Tatbestand eigener Art stellt lediglich die Praktizierung der Meistbegünstigung auf dem Gebiet der Zoll- und Abgabenerhebung sowie im Hinblick auf Kontingentierungen und Verbote dar. Führt eine staatliche Organisation zollpflichtige Waren, ein, so wird bei Überführung der Güter über die Grenze im Grunde der Staat dazu angehalten, an sich selbst eine Zollzahlung zu leisten. Ähnlich legt durch mengenmäßige Beschränkungen im Außenhandel der Staat sich selbst Verpflichtungen auf.

[1] Kap. I, Abschn. 4.
[2] Im zweiten Schema, a.a.O., die Punkte (d) und (e).

Es stellt sich hier die Frage der Möglichkeit eines Zoll-, Steuer- und Kontingentierungssystems in einer voll verstaatlichten Wirtschaft. Rechtlich und organisatorisch läßt sich ein solches ohne weiteres durchführen. Das mit der Regulierung betraute Staatsorgan und der Regelungsadressat mögen zwar wirtschaftlich zu derselben Einheit gehören; juristisch bleiben sie unterscheidbar. Auf der einen Seite werden, wie bereits dargelegt, die praktischen Transaktionen häufig von rechtlich selbständigen Außenhandelsgesellschaften durchgeführt; auf der anderen Seite sind auch staatliche Behörden, die sich mit Außenhandelsoperationen unmittelbar befassen, nicht identisch mit der Regierung oder dem Ministerium für Außenhandel. Es handelt sich vielmehr um besondere Außenhandelskontore oder um eine Handelsvertretung, Stellen mit einer gewissen organisatorischen Eigenständigkeit und einem eigenen Budget. Daß aber einer staatlichen Behörde Pflichten gegenüber einer anderen obliegen, ist eine durchaus gängige Erscheinung. Die Meistbegünstigung eines anderen Staates besteht in einem solchen Fall darin, daß in bezug auf die aus seinem Gebiet stammenden oder zur Ausfuhr dorthin bestimmten Waren die Verpflichtungen der handeltreibenden Behörden bzw. die ihnen auferlegten Beschränkungen nicht erheblicher sind als im Handel mit irgendeinem dritten Staat.

2. Die reale wirtschaftliche Bedeutung

Die Konzentrierung praktisch des gesamten Binnen- und Außenhandels bei staatlichen oder quasi-staatlichen Stellen läßt die Einräumung der Meistbegünstigung seitens eines Staatshandelslandes in einem anderen Lichte erscheinen als ihre Gewährung durch ein marktwirtschaftlich organisiertes Land. Es ergeben sich Eigentümlichkeiten sowohl in bezug auf das Warenverkehrsrecht als auch in bezug auf das sog. Fremdenrecht.

Auf dem Gebiet des Warenhandels können sich Einschränkungen der Effektivität des Meistbegünstigungsprinzips aus folgenden charakteristischen Tatsachen ergeben:

a) Hinsichtlich der einzelnen Außenhandelsoperationen besteht eine (administrative) Direktionsbefugnis staatlicher Zentralbehörden. Unter diesen Umständen wird die Existenz mengenmäßiger Beschränkungen und gegebenenfalls ihre Motivierung besonders schwer erkennbar.

b) Die unmittelbar ausführende Funktion wird von staatlichen oder quasi-staatlichen Stellen wahrgenommen. Diese Tatsache beschränkt notwendig die wirtschaftliche Bedeutung des Systems der Zölle und der sonstigen Abgaben.

c) Der Außenhandel wickelt sich im Rahmen einer auf längere Zeit hin konzipierten Planung ab. Der expansiven Dynamik des Meistbegünstigungsprinzips wird hierdurch möglicherweise Abbruch getan.

Die Verstaatlichung der gesamten Wirtschaftstätigkeit hat noch einen vierten Aspekt, der — unter dem Blickwinkel der Meistbegünstigung — mehr den Bereich des Ausländerrechts betrifft:

d) Private Handelstätigkeit ist auf dem Gebiete eines sozialistischen Landes grundsätzlich ausgeschlossen.

Die genannten Phänomene mögen nur verschiedene Gesichtspunkte eines und desselben Tatbestandes sein. In ihren Auswirkungen auf das Funktionieren der Meistbegünstigungsklausel unterscheiden sie sich jedoch. Sie sollen daher im folgenden getrennt voneinander behandelt werden.

a) „Administrative Handelsschranken" und politisch bestimmter Handel

Meistbegünstigende Behandlung seitens eines Staates bedeutet nicht notwendig eine faktische Gleichstellung des berechtigten Staates auf dem Felde der praktischen Handelsoperationen. Abgesehen von Hindernissen wie Entfernung oder besonderen Transportproblemen können auch traditionelle Handelsverbindungen des Importhandels oder Geschmackspräferenzen der Verbraucher dazu führen, daß der eine oder andere Staat die ihm durch die Meistbegünstigung eingeräumte Stellung nicht voll ausnutzen kann. Anders ausgedrückt: Der verpflichtete Staat garantiert die Beseitigung von diskriminierenden gesetz- und verordnungsmäßigen Restriktionen; die die Außenhandelsgeschäfte unmittelbar tätigenden Stellen bleiben jedoch frei.

Hier liegt das eigentliche Grundproblem der Anwendung des Meistbegünstigungsprinzips durch ein Staatshandelsland: Dieses hat die Möglichkeit, durch zentrale administrative Weisungen an die einzelnen Außenhandelsorgane die im regulativen Bereich gewährten Vorteile im operativen Bereich illusorisch zu machen. Derselbe Staat, der auf dem Gebiet der mengenmäßigen Beschränkungen eine optimale Behandlung zugesagt hat oder gar die Existenz derartiger Restriktionen überhaupt in Abrede stellt[3], kann in der Praxis auf einen Handel mit dem von ihm

---

[3] So etwa Ungarn und die CSSR: UN Doc. TRADE/188, Ziff. 21; ferner für die CSSR: *Ryska*, Towards a New Concept of International Economic Relations, in: Czechoslovakia and the U.N.C.T.A.D., hrsg. v. *Rapid* (Prag 1964), S. 140 f.; für Rumänien: GATT Doc. L/3211, Ziff. 51; vgl. aber dagegen UN Doc. E/CONF. 46/PC/15, Ziff. 30: „Quantitative regulation of foreign trade is ... usually implied by the process of central economic planning." Vgl. aber zum Vergleich des Staatshandelsmonopols mit den Systemen der Verbote und Kontingentierungen *Keltsch*, S. 10 - 15.

formal begünstigten Land ganz oder weitgehend verzichten[4]. Ein Staatshandelsland hat also mit einer nichtdiskriminatorischen Handhabung offiziell veröffentlichter Kontingente noch keine, was die Einflußnahme des Staates angeht, definitive Regelung getroffen[5]. Hierin liegt der entscheidende Unterschied im Verhältnis zu den Staaten mit marktwirtschaftlicher Struktur.

Diese quantitative Kontrolle durch staatliche Zentralstellen birgt eine bestimmte Gefahr in sich: Sie läßt eine willkürlich ungleiche Behandlung formell gleichgestellter Handelspartner zu. Dabei ist es jeweils besonders schwierig, wenn nicht unmöglich, derartige Tendenzen als solche und in ihrer Motivierung aufzudecken[6]. Drosselungen des Handels, die in dieser Weise erfolgen, können verschiedene Gründe haben. Einige davon sind etwa Schwierigkeiten in der Zahlungsbilanz oder der Wunsch nach Schutz der einheimischen Industrie. Ein Gesichtspunkt hat jedoch in der handelspolitischen Diskussion besonderes Gewicht erlangt, nämlich die naheliegende Vermutung, daß bei staatlichen Stellen häufig allgemeinpolitische statt wirtschaftlicher Gesichtspunkte die Kauf- und Verkaufsentscheidungen bestimmen[7].

Eine derartige Berücksichtigung politischer Faktoren durch die Staatshandelsorganisationen der sozialistischen Länder entspricht einer allgemeinen Erfahrung[8] und wird auch von deren eigenen Experten nicht ganz in Abrede gestellt: „Aus der Existenz eines staatlichen Außenhandelsmonopols in der Sowjetunion, dessen Ausübung dem Ministerium für Außenhandel übertragen ist, muß der Schluß gezogen werden, daß dieses das Recht hat, bestimmten sowjetischen Organismen zu verbieten, mit gewissen Firmen Geschäfte abzuschließen, die eine unkorrekte Haltung gegenüber der Sowjetunion und ihren Organismen einnehmen — daß es ebenfalls bereits vorher erteilte Lizenzen für die Durchführung solcher Geschäfte zurückziehen kann — und schließlich, daß es das Recht hat,

---

4 *Gupta*, Study of GATT, S. 139, 144. Dabei handelt es sich dann formal nicht um Verletzungen eingegangener handelspolitischer Verpflichtungen. Die Regeln des internationalen Handels wenden sich grundsätzlich an den Staat als Hoheitsträger; *Giuliano*, S. 66 f. Die Transaktionen der Außenhandelsvereinigungen dagegen liegen außerhalb der Sphäre des „imperium" im Bereich des „dominium".

5 Ein sehr wesentliches Faktum ist in diesem Rahmen auch der Mangel an Information über den Entscheidungsprozeß in den Außenhandelsadministrationen der sozialistischen Länder. Über Art, Subjekte und Gründe der Entscheidungen erfahren im „Westen" weder Politiker noch Geschäftsleute Genaueres. So auch *Adler-Karlsson*, S. 127; *Berman*, Rapport général, S. 36 f.

6 Vgl. etwa E/CONF. 46/PC/15, Ziff. 37.

7 Vgl. z. B. *Allen*, State Trading and Economic Warfare, Law and Contemporary Problems Bd. 24, No. 2 (Spring 1959), S. 259 ff.; *Wilcox*, S. 97.

8 *Berman*, Rapport final, S. 5; *Heilperin*, S. 113, 117; *Mainz*, Die Auswirkungen des Außenhandelsmonopols der UdSSR auf die deutsch-sowjetischen Wirtschaftsbeziehungen (Berlin 1930), S. 70; *Muhammad*, S. 231 f.; *Viner*, in LoN Publ. 1943.II.A.4, S. 72; vgl. auch *Kapp*, S. 89.

Geschäfte, die einen offensichtlichen Schaden *wirtschaftlicher oder sonstiger* Art für den sowjetischen Staat mit sich bringen, zu annullieren[9]."

Bei der Durchsicht der Berichte über politisch motivierte Eingriffe in den Ablauf des Außenhandels durch Regierungsstellen sozialistischer Länder fallen zwei spektakuläre Maßnahmen besonders auf. Die eine ist das totale Embargo, das im Jahre 1948 auf Betreiben der Sowjetunion gegen Jugoslawien verhängt wurde. Es war als Antwort auf den Bruch Jugoslawiens mit dem Kominform gedacht und wurde von allen übrigen Mitgliedern des Kominform befolgt[10]. Die zweite Maßnahme datiert aus dem Jahre 1956 und war gegen Israel gerichtet: Die sowjetische Regierung annullierte aus Anlaß des israelischen Angriffs auf Ägypten die langfristigen Vereinbarungen, die zwischen der sowjetischen Außenhandelsvereinigung „Sojusneftexport" und der israelischen Firma Jordan Investment Ltd. über die Lieferung von Rohöl, Heizöl und Industrieöl abgeschlossen worden waren, und verweigerte dementsprechend die Erteilung der erforderlichen Lizenzen[11].

Man kann nicht sagen, daß derartige Fälle überaus häufig seien[12]. Sonstige Beispiele, die außer den beiden soeben genannten als Beweis für die politische Ausrichtung des sowjetischen Außenhandels angeführt werden, betreffen meist Situationen, in denen ein entsprechendes Ver-

---

[9] *Pozdniakov*, Pravovye Voprosy Gosudarstvennoj Monopolii Vnešnej Torgovli v SSSR (Rechtsfragen des staatlichen Außenhandelsmonopols in der UdSSR), S. 16 f., zit. bei *Berman*, Rapport général, S. 39 (Hervorhebungen nicht im Original). Vgl. auch die Bezugnahme auf die Annullierung der Lieferverträge über sowjetisches Öl gegenüber Israel aus Anlaß des Suez-Konflikts 1956 bei *Genkin*, Der Außenhandel, S. 18.

[10] Die Tragweite dieser Maßnahme wird klar, wenn man sich vergegenwärtigt, daß 50,7 % der Exporte und 95,7 % der Importe Jugoslawiens in den Monaten des Jahres 1948 bis zum Zeitpunkt des Abbruchs der Beziehungen mit diesen Ländern abgewickelt wurden; vgl. N.Y.T. vom 28. 12. 1948, S. 1, Sp. 7. Im Jahre 1955 erließ die Sowjetunion Jugoslawien als pauschale Wiedergutmachung für die durch das Embargo erlittenen Schäden eine Schuld in Höhe von 90 Mill. Dollar; N.Y.T. vom 28. 7. 1955, S. 6, Sp. 2.

[11] *Berman*, Rapport général, S. 41 (Fußn. 59 a. E.); *Genkin*, Der Außenhandel, S. 18; *Joetze*, S. 142. Die Folge war ein Schiedsverfahren vor der AH-Schiedskommission in Moskau, in dem gerade auch der Gesichtspunkt der faktischen (materiellen) Identität von Genehmigungsstelle und Genehmigungsempfänger zur Sprache kam. Die israelische Gesellschaft argumentierte — im Ergebnis ohne Erfolg —, die beklagte AH-Vereinigung sei dem sowjetischen Staat gleichzustellen; die Versagung der Exportgenehmigung stelle daher in Wahrheit eine rechtswidrige Erfüllungsverweigerung (nicht etwa „höhere Gewalt") dar.

[12] Was die Vertragstreue der AH-Unternehmen der StH-Länder im allgemeinen angeht, so darf wohl gesagt werden, daß sie um eine korrekte Erfüllung ihrer Verpflichtungen peinlich bemüht zu sein pflegen. Es handelt sich nach Meinung westlicher Autoren um eine bewußte „Image-Pflege". Gewännen die Handelspartner nämlich den Eindruck eines irgendwie unzuverlässigen Gebarens dieser Organismen, so würde daraus eine unabschätzbare und diesen Ländern selbst unerwünschte Beeinträchtigung der Handelsbeziehungen resultieren. So *Standke*, S. 81; vgl. auch *Adler-Karlsson*, S. 136 f. Hierin mag ein Grund dafür liegen, warum bisher die offenen politisch begründeten Vertragsbrüche selten waren.

halten eines Marktwirtschaftslandes ebenfalls denkbar gewesen wäre. Es handelt sich, sei es um wirtschaftspolitisch motivierte Vergeltungsmaßnahmen[13], sei es um die Beteiligung an Maßnahmen der organisierten Völkergemeinschaft[14] oder um die positive Aufnahme von Handelsverbindungen zur Unterstützung der allgemeinen Außenpolitik[15].

Sogar die zuerst angeführten rein politisch begründeten Eingriffe (Jugoslawien und Israel) stellen in der internationalen Handelspolitik nichts grundsätzlich Neues dar[16]. Die „westlichen“ Länder, genauer gesagt die NATO-Mitgliedstaaten (außer Island)[17] und Japan, betreiben gegen sämtliche kommunistisch regierten Staaten (außer Jugoslawien) eine straff organisierte, in ihrer Schärfe je nach der politischen Situation variierende Embargopolitik, deren Zweck es ist, solche Exporte in jene Staaten zu verhindern, die deren militärisches Potential verstärken könnten[18].

---

[13] Als infolge der Weltwirtschaftskrise in den dreißiger Jahren viele Länder zu mengenmäßigen Beschränkungen im AH und Devisenkontrolle übergingen, ergriff die UdSSR entsprechende Retorsionsmaßnahmen, weil sie ihren Handel gefährdet sah. Dazu etwa *Berman*, Rapport général, S. 38 f.

[14] Hier wären zu nennen die gemäß Entscheidung des Völkerbundes im Jahre 1935 gegen Italien wegen des Angriffs auf Abessinien verhängten wirtschaftlichen Sanktionen; vgl. *Genkin*, Der Außenhandel, S. 18.

[15] Dazu gehören als bekanntestes Beispiel die wiederholten umfangreichen Käufe von Baumwolle in Ägypten durch die UdSSR. Weitere Fälle bei *Berman*, Rapport général, S. 40 (Anm. 59). An entsprechenden Maßnahmen der USA sei die Sonderbehandlung Jugoslawiens und (seit 1957) Polens genannt. Vgl. *Berman*, a.a.O., S. 59 f., 63. Diese beiden Länder sind gegenwärtig die einzigen des kommunistischen Bereichs, denen die USA die MB gewähren. Polen genießt diese Behandlung, weil es nach einer Interpretation des US State Department aus dem Jahre 1957 als nicht mehr „von der ausländischen Regierung oder Organisation, die die kommunistische Weltbewegung leitet, beherrscht oder kontrolliert“ angesehen wird und dadurch die Voraussetzung für die obligatorische Vorenthaltung der MB nicht mehr erfüllt. Vgl. *Standke*, S. 229. Im Hinblick auf die amerikanischen *Export*kontrollen nimmt neuerdings auch Rumänien eine Sonderstellung ein; *Standke*, S. 227. Zur Frage der Meistbegünstigung gegenüber Rumänien vgl. jedoch unten Kap. III, Abschn. 3, Anhang (a. E.).

[16] "To an unbiased mind the Soviet cut of oil deliveries to Israel in 1956 and the American cut in the Cuban quota of American sugar import in July 1960 may seem to be equally much politically motivated actions." *Adler-Karlsson*, S. 129.

[17] Belgien, Dänemark, BRD, Frankreich, Griechenland, Großbritannien, Italien, Kanada, Luxemburg, Niederlande, Norwegen, Portugal, Türkei, USA.

[18] Die genannten Länder sind in einem 1949 in Paris auf Betreiben der USA begründeten besonderen Konsultationsrat (Consultative Group) mit einem Koordinierungsausschuß für den Handel mit dem „Ostblock“ ((Coordinating Committee, COCOM — früher CHINCOM und COCOM) vertreten. Dieser Ausschuß führt Listen von Waren, deren Export in kommunistisch beherrschte Länder sei es prinzipiell verboten, sei es nur in beschränkten Mengen aufgrund besonderer Lizenzen zulässig sein soll. Die Schärfe der Embargopolitik ist seit dem Jahre 1951, als die politischen Spannungen zwischen Ost und West infolge des Koreakonflikts einen Höhepunkt erreichten, ständig abgemildert worden. Über das Embargo und seine technische Handhabung vgl. *PEP*, East-West Trade, S. 126 f.; *Adler-Karlsson*, S. 132 ff.; *Berman*, Rapport général, S. 54 ff.; *Nowak*, Economic and Political Premises of East West Trade, Polish Western Affairs Bd. 8 (1967), S. 16 ff.; *Standke*, S. 103 ff. Über die besonders

Einem breiteren Publikum bekannt wurde diese Politik im Sommer 1963 durch das sog. Röhrenembargo, durch das drei westdeutsche Stahlfirmen daran gehindert wurden, gemäß bereits bestehender Verträge Großrohre an die Sowjetunion zu liefern[19].

Das Besondere eines staatsmonopolistischen gegenüber einem privatwirtschaftlichen Außenhandelssystem liegt nun darin, daß über Maßnahmen der bisher aufgezeigten Art hinaus, die allgemein bekannt werden, bereits beim Fällen einer jeden geschäftlichen Entscheidung der Staat, unbemerkt von Außenstehenden, seine politischen Erwägungen zur Geltung bringen kann[20]. Eine solche Möglichkeit gewissermaßen präventiver geheimbleibender Eingriffe fehlt bei Staatsbehörden eines Landes mit privatem Handel. Jegliches Verbot bedarf hier einer Rechtfertigung durch veröffentlichte allgemeine Vorschriften, die wiederum auf ihre Vereinbarkeit mit einer eventuellen vertraglichen Gleichbehandlungspflicht zu überprüfen sind[21].

---

strenge Praxis der USA auf Grund der „Export Control Act“ von 1949 und der „Mutual Defense Assistance Control Act“ von 1951 siehe *Berman*, a.a.O., S. 50 ff.; *Standke*, S. 226 ff. sowie Battle Act Report 1965 (Department of State, Washington, 1966). Der Handel mit der VR China, Nordkorea, Nordvietnam und Cuba wird in den USA durch ein uneingeschränktes Embargo gänzlich unterbunden; *Adler-Karlsson*, S. 125.

[19] Das Röhrenembargo wurde 1966 wieder aufgehoben, und gerade in den Tagen, da diese Zeilen niedergeschrieben werden, erscheinen Berichte in der Presse über Vorhaben, die den seinerzeit unterbundenen weitgehend entsprechen: Am 28. 4. 1969 hat die Thyssen Röhrenwerke AG mit der Sowjetunion einen Vertrag über die gemeinsame Entwicklung und Errichtung von Fabrikationsanlagen zur Herstellung von Großröhren mit einem Durchmesser bis zu 2,5 m geschlossen; vgl. AHD vom 1. 5. 1969 (No. 18), S. 425. Über das neueste deutsch-sowjetische Geschäft über Lieferung von Erdgas durch die UdSSR und von Großröhren durch Firmen der BRD vgl. AHD vom 29. 1. 1970 (No. 5), S. 109, und vom 5. 2. 1970 (No. 6), S. 125; hierbei sind auf deutscher Seite beteiligt die Firmen Mannesmann und Ruhrgas AG, auf sowjetischer Seite für den Erdgaslieferungsvertrag die Allunionsvereinigung Sojusneftexport, für das Röhrenabkommen die AH-Organisation Promsyrioimport.

[20] *Berman*, a.a.O., S. 38, vermutet, die AH-Vereinigungen der UdSSR nähmen mit einem Land, das bereits einmal nach Meinung der sowjetischen Regierung den Interessen der Sowjetunion zuwidergehandelt habe, nur nach vorheriger Rückfrage beim AH-Ministerium und positiver Bescheidung von dort Geschäftsverbindungen auf.

[21] Es wird dabei nicht verkannt, daß auch nicht vom Staat ausgehende Maßnahmen, wie z. B. Verleumdungen der mit dem „Feind“ Handel treibenden Unternehmen, private Boykottaufrufe u. a., ein erhebliches Hindernis für den Handel bilden können. Vgl. dazu die Beispiele aus den USA bei *Standke*, S. 231 ff.; *Wieckowski*, Doctrine and Trade, SEEFT Bd. 2 (1966), No. 6, S. 27 (Übers. aus Handel zagraniczny 1966, No. 3 - 4). Die Pflicht einer loyal zu dem Vertrag stehenden Regierung wäre es unter diesen Umständen, derartigen Tendenzen entgegenzutreten, was die US-Regierung nach längerem Zögern — vgl. a.a.O. — in diversen Fällen auch getan hat. Auch die potentiellen privaten Geschäftspartner selbst können von politischen Aversionen bestimmt sein. Hier wird man jedoch sagen können, daß im allgemeinen das geschäftliche Interesse vorherrscht. Gegenteilige Beispiele bei *Domdey*, Aktuelle Probleme der friedlichen Koexistenz und der gleichberechtigten ökonomischen Zusammenarbeit zwischen der DDR und den Ländern des kapitalistischen Wirtschaftsgebietes, in: Gegen-

Einige der Fälle, in denen durch politisch bestimmte Weisungen zentraler staatlicher Stellen an die Außenhandelsorganisationen der UdSSR bereits die Aufnahme handelsmäßiger Kontakte unterbunden wurde, sind an die Öffentlichkeit gedrungen, da die maßgebenden sowjetischen Stellen selbst aus ihrer Reaktion kein Geheimnis machten. Im Jahre 1923 wies die sowjetische Regierung ihre Handelsunternehmen an, jegliche Einkäufe in der Schweiz zu unterlassen, nachdem auf der Lausanner Konferen ihr Repräsentant ermordet und der Täter nicht bestraft wurde[22]. Desgleichen wurde im Gefolge des Abbruchs der diplomatischen Beziehungen zwischen der UdSSR und Uruguay auch ein Verbot weiterer Einkäufe in diesem Land erlassen[23]. In letzter Zeit sind Weisungen dieser Art — abgesehen von dem Fall Jugoslawien — kaum mehr an die Öffentlichkeit gedrungen, aber bei dem Anhalten politischer Spannungen zwischen Ost und West kann nicht damit gerechnet werden, daß Derartiges ganz unterblieben ist[24].

Das Außenhandelsmonopol ist also in der Tat, wenn der Wille zum Umgehen der eingegangenen Verpflichtungen durch politisch motivierte Diskriminierung besteht — und diese Gefahr ist immer gegeben, ob es sich um eine kommunistische Regierung handelt oder nicht — ein besonders wirksames und zugleich flexibles Instrument[25].

Man hat aus dieser Sachlage den Schluß gezogen, eine Nichtdiskriminierungsverpflichtung seitens eines Staatshandelslandes sei praktisch wirkungslos[26]; sie stelle nicht mehr als ein „potemkinsches Dorf" dar[27]. Demgegenüber steht die Feststellung, daß die sowjetischen und sonstigen sozialistischen Außenhandelsorganisationen laut gesetzlicher Vorschrift nach wirtschaftlichen Gesichtspunkten zu arbeiten haben[28]. Auf diese Zusicherung wird man sich in verstärktem Maße verlassen können, wenn die Außenhandelsstellen unabhängiger von staatlichen Direktiven arbei-

---

wartsprobleme der internationalen Wirtschaftsbeziehungen, S. 13. Im übrigen besteht — anders als in Staatshandelsländern — immer noch die Möglichkeit, mit einem Konkurrenten zu verhandeln.

[22] *Domke/Hazard*, in: Aspects juridiques . . . , S. 99.

[23] *Domke/Hazard*, a.a.O.; *Berman*, a.a.O., S. 38, zitiert ein Dekret des Rates der Volkskommissare aus dem Jahre 1927 (Dekret über Maßnahmen zur Sicherung der normalen Abwicklung der Außenhandelsoperationen, Sobranie Zakanov SSSR [Gesetzblatt der UdSSR], No. 28, Art. 294), das das Volkskommissariat für den AH u. a. anweist, dafür zu sorgen, daß AH-Operationen durch die Handelsvertretungen und die zuständigen AH-Vereinigungen „im allgemeinen" nur mit den Ländern durchgeführt würden, mit denen die UdSSR normale diplomatische Beziehungen unterhalte.

[24] *Domke/Hazard*, a.a.O.

[25] So schon *Viner* in LoN Publ. 1943.II.A.4, S. 73; *Mainz*, S. 26.

[26] *Gupta*, GATT and state trading, Economia Internazionale Bd. 20, No. 1, S. 59.

[27] *Mainz*, S. 27 f.

[28] UN Doc. TRADE/140, Ziff. 10, 21.

ten als bisher. Es verbleiben dann — bei stärkerer Transparenz des Entscheidungsprozesses — unter unmittelbarer staatlicher Einflußnahme voraussichtlich nur die politisch besonders „brisanten" Transaktionen.

b) Zölle und Abgaben — bloße Scheininstitute?

Die Rolle der Zölle ist unterschiedlich, je nachdem, ob sie in einem marktwirtschaftlich oder in einem planwirtschaftlich organisierten Land zur Anwendung kommen[29]. In beiden Systemen sind sie zwar nur ein Mittel neben anderen zur Regulierung des Außenhandels. Immerhin aber stellt die Zollfestsetzung in den Marktwirtschaftsländern heutzutage das Haupt-Lenkungsinstrument dar, wie dies der Grundkonzeption des GATT entspricht[30]. Eine derartige primäre Bedeutung hat der Zoll in den Staatshandelsländern nicht. Im Vordergrund steht hier vielmehr die direkte Steuerung durch das staatliche Außenhandelsmonopol[31]. Ein Staatshandelsland kann in der Tat auf ein Zollsystem verzichten[32]. Verschiedene Staaten des kommunistischen Bereichs demonstrieren dies in der Praxis.

Es wird daher vielfach die Ansicht vertreten, die Zölle eines Staatshandelslandes blieben gänzlich oder im wesentlichen ohne Einfluß auf dessen Importvolumen[33]. Der Grund für diese Stellungnahmen liegt in den folgenden Umständen:

aa) Der Inlandspreis für eine Importware setzt sich unter marktwirtschaftlichen Gegebenheiten zusammen aus dem Importpreis (d. h. dem Verkaufspreis des ausländischen Lieferanten) zuzüglich des Zolls, der Steuern und sonstiger Abgaben, der Kosten für Transport und Vertrieb und einer nach Marktgesetzen sich einpendelnden Gewinnspanne.

Eine monopolistische Außenhandelsorganisation hingegen ist schon aufgrund ihres Monopolcharakters in der Preisgestaltung weitgehend frei. Der Staat kann bei Bedarf die importierten Waren zu besonders

---

[29] Vgl. zum Ganzen TRADE/140, Ziff. 9 f.

[30] a.a.O., Ziff. 11.

[31] *Dell*, S. 228; *Mainz*, S. 172 f.

[32] So schon *Mainz*, S. 26.

[33] *Baykov*, Soviet Foreign Trade (Princeton 1946), S. 10; *Cairncross*, Trade between countries with different economic and social systems, International Social Science Journal (UNESCO) Bd. 12 (1960), S. 253; *Chevalier*, Le GATT et les pays de l'Est, Journal de Genève vom 20. 7. 1964; *Condoide*, Russian-American Trade, 2. Aufl. (Columbus, Ohio, 1947), S. 55; *Dell*, S. 228 f.; *Domke/Hazard*, a.a.O., S. 55 ff.; *Fawcett*, State Trading and International Organization, L.C.P. Bd. 24, No. 2, S. 341 f.; *Graf*, Der Außenhandel zwischen marktwirtschaftlich organisierten und zentralgeleiteten Volkswirtschaften (Zürich, St. Gallen 1951), S. 152; *Gupta*, Study of GATT, S. 143; *Kellner*, Die Meistbegünstigungsklausel und ihre Stellung in der Handelspolitik der Gegenwart (Diss. Erlangen 1932), S. 108 ff.; *Mainz*, S. 172 f.; *Robinson* in Doc. UNESCO/SS/Coop/Inter/1, Annex 6, S. 11; *Stokke*, S. 31.

hohen Preisen anbieten. Auf diese Weise kann der mit der Gewinnspanne zu vergleichende Preisaufschlag die Funktion eines zusätzlichen Protektionsinstruments übernehmen[34]. Der Effekt einer dermaßen überhöhten Handelsspanne kommt dem eines Zolls gleich[35]. Mittels zu hoch angesetzter Verkaufspreise wird auch durch Staatsmonopole in grundsätzlich privatwirtschaftlich organisierten Ländern die zollpolitische Meistbegünstigung gelegentlich illusorisch gemacht.

In der Praxis sind solche Umgehungen der Meistbegünstigung schwer festzustellen. Zwischen dem, was einem normalen Profit (und einer Berücksichtigung der anfallenden Kosten) und dem, was einer zusätzlichen Protektion entspricht, läßt sich in concreto kaum unterscheiden[36].

Die hier angestellten Überlegungen gelten für den Fall einer Freiheit der Inlandspreise. Der Idee nach soll alsdann zwar der Zoll direkt die Preisbildung beeinflussen[37]. Dies ist auch sicherlich ein Ziel der Wirtschaftsreformen, die neuerdings freie Preise in vermehrtem Umfang zulassen[38]. Ein anders orientiertes Verhalten der Monopolorganisationen läßt sich jedoch nicht ausschließen.

Sind, was noch häufig vorkommt, die Inlandspreise von der Regierung festgesetzt, so ergibt sich eine neue, völlig andersgeartete Problematik: Importgüter werden dann — wie schon erwähnt — zu den Preisen verkauft, die für die entsprechenden inländischen Waren gelten[39]; mangels solcher werden die Preise ausgerichtet an den Preisen für mögliche Substitute[40] (so etwa in der Sowjetunion der Kaffeepreis in Anlehnung an den Teepreis). Die Höhe des Zolls beeinflußt bei dieser Sachlage nicht unmittelbar die Preisgestaltung. Der Zolltarif wird nach Aussagen von Experten der Planwirtschaftsländer „lediglich in seiner Gesamtheit berücksichtigt, [das heißt] bei der Festlegung jenes Festpreises, der dann derselbe bleibt für die verschiedenen Lieferungen, ob der Einkaufspreis (einschließlich des Zolls) nun höher ist oder niedriger“[41].

Da die Außenhandelspreise variieren, kann man nicht davon sprechen, es sei ein bestimmter Importaufschlag festgelegt[42]. Die Preisspanne bei Importen wechselt je nach der Entwicklung der Auslandspreise. Dieses variable Preiskorrektiv enthält ein nichtdiskriminatorisches und ein diskriminatorisches Element[43]. Ersteres ist ihm deswegen eigen, weil es den

---

[34] Vgl. z. B. *Curzon*, S. 291.
[35] *Humphrey*, The Economic Consequences of State Trading, L.C.P. Bd. 24, No. 2, S. 276.
[36] UN Doc. E/3389, Ziff. 22.
[37] *Beneš*, S. 71.
[38] a.a.O. (Anm. 35).
[39] Vgl. oben erster Teil, Kap. II, Abschn. 4 d, Anm. 69.
[40] GATT Doc. L/3211, Ziff. 54, 58 (betr. Rumänien).
[41] *Beneš*, a.a.O.
[42] So auch GATT Doc. oben erster Teil, Kap. II, Abschn. 4 d, Anm. 69.
[43] E/3389, Ziff. 22.

Verkaufspreis für alle gleichartigen ausländischen Waren auf ein einheitliches Niveau bringt, letzteres deswegen, weil eine günstigere Preisgestaltung ausländischer Anbieter sich auf dem inländischen Markt nicht bemerkbar macht (insofern wird gegen den leistungsfähigsten Anbieter diskriminiert).

bb) Der Zollsatz kann sich demnach bei festen Preisen unmittelbar überhaupt nicht und bei einem System von sog. „limitierten" oder „Margen"-Preisen nur in beschränktem Umfang für den Endverbraucher bemerkbar machen. Hingegen beeinflußt er sehr wohl die Geschäftslage der Außenhandelsunternehmen. Diese Tatsache könnte an sich dem Zoll eine reelle regulative Funktion zukommen lassen. Dennoch sind an der Effektivität des Zolls Zweifel angebracht, und zwar aus folgendem Grunde:

Wenn die Außenhandelsorganisationen staatliche oder quasi-staatliche Stellen sind, dann ist die Zollzahlung lediglich eine Überführung bestimmter Beträge aus einer öffentlichen Kasse (die der Außenhandelsvereinigung) in eine andere (die der Finanzverwaltung). Man hat diesen Tatbestand verschiedentlich umschrieben als „einen bloßen Akt der Buchführung"[44].

Es handelt sich bei der genannten Formulierung sicherlich um eine Überspitzung: Im allgemeinen bleibt es in der Verwaltungspraxis nicht völlig gleichgültig, ob eine Einnahme oder Ausgabe der Kasse eines verselbständigten Verwaltungsträgers (beispielsweise einer öffentlichen Körperschaft oder Anstalt) oder der des Zentralstaats zufließt bzw. entnommen wird. Die Bedeutung der Frage wird vom Grad der Selbständigkeit der betreffenden untergeordneten Organismen abhängen. Die Höhe der Zolltarife beeinflußt aber in einer Wirtschaft mit staatlichem Außenhandelsmonopol jedenfalls die Entscheidung für oder gegen einen in Erwägung gezogenen Import nicht in gleicher Weise wie in einer privaten Wirtschaft.

Inwieweit sie sich im einzelnen auswirkt, läßt sich mangels detaillierter Informationen über Funktion und organisatorische Zusammenhänge der Außenhandelssysteme der sozialistischen Staaten nicht genau sagen[45]. Abzustellen wäre auf die entscheidungsmäßige Unabhängigkeit der Unternehmen und auf die effektive Trennung der Kassen.

Die vorgesetzten Behörden können dem Sinn der Zollerhebung zuwiderhandeln, indem sie Weisungen erteilen, die die Höhe der Zollsätze außer acht lassen. Derartiges ist in der Tat leicht möglich. Von Regie-

---

[44] *Berman,* Rapport final, S. 4; ähnlich *Seidl-Hohenveldern,* S. 161.

[45] "It is not entirely clear how the differential tariff exerts its impact upon the purchasing policies of the State trading agencies concerned, but it would appear that some incentive to take account of the difference in tariff rates has been introduced." UN Doc. E/CONF. 46/PC/15, Ziff. 34.

rungsebene aus betrachtet, bewirken nämlich solche Anordnungen lediglich eine Übertragung von Mitteln des Außenhandelsressorts an das Finanzressort, die durch andere Maßnahmen wieder ausgeglichen werden kann. Der Einfluß des Zolls auf die Außenhandelsoperationen wird ferner dann praktisch inexistent, wenn die Gewinne der Außenhandelsvereinigungen voll und ganz an den Staat abgeführt[46] und ihre Verluste von ihm ausgeglichen werden[47]. Er wächst hingegen in dem Maße, in dem die direkten Eingriffe zurückgehen.

Von seiten der Staatshandelsländer wird vorgebracht, der Zoll habe als zusätzliches Regulierungsmittel neben der unmittelbaren Lenkung durch Plan und Außenhandelsmonopol durchaus eine wesentliche Bedeutung[48]. Der von ihnen angewandte doppelte Zolltarif diene insbesondere dazu, Einfuhren aus Marktwirtschaftsländern, die ihrerseits nicht die Meistbegünstigung anwenden, abzuwehren oder zu erschweren. Ein erhöhter Zollsatz vermindere bei ihnen — ähnlich wie in einer Marktwirtschaft — die Gewinne der an den Außenhandelstransaktionen beteiligten Geschäftspartner.

Die einschlägigen Zollregelungen sehen folgendes vor: In der Tschechoslowakei[49] beispielsweise hat die Importgesellschaft die Differenz zwischen dem Minimal- und dem Maximalzoll zu entrichten, was sich in ungünstiger Weise auf die Bilanz dieser Gesellschaft auswirkt[50]. Nach

---

[46] *Berman,* Rapport général, S. 22: „... le bénéfice annuel net du groupement est versé à l'Etat dont il constitue un revenu" — unter Berufung auf *Genkin,* Pravovoe Položenie Vsesojuznych Vnešne-torgovych Ob'edinenij (Der rechtliche Status der Außenhandelsvereinigungen der Sowjetunion), in: *Genkin* (Hrsg.), Pravovye Voprosy Gosudarstvennoj Monopolii Vnešnej Torgovli SSSR Evropejskimi Stranami Narodnoj Demokratii (Rechtfragen des staatlichen Monopols des Außenhandels der UdSSR mit den europäischen volksdemokratischen Ländern) (Moskau 1955), S. 53, 71.

[47] *Seidl-Hohenveldern,* S. 161, sieht in derartigen Praktiken ein venire contra factum proprium. Er zieht eine Parallele zum Fall Oskar Chinn (Urt. des StIGH vom 12. 12. 1934, StIGHE Bd. 11, S. 83 ff.), in dem eine Subventionierung eines belgischen Staatsunternehmens im Kongo in Frage stand. In jenem Fall war indes nur die Differenzierung nach nationalen und ausländischen, nicht die nach staatlich kontrollierten und anderen Unternehmen als rechtswidrig bezeichnet worden. Es ist auch zweifelhaft, ob man Gleichbehandlungsklauseln in verschiedenartigen Verträgen (hier: die Bestimmung des Art. 1 der Konvention von St.-Germain-en-Laye und die MB-Klausel) miteinander auf eine Stufe stellen kann. Kritisch gegen eine Verallgemeinerung der Stellungnahmen des StIGH zur Diskriminierungsfrage auch (unter ausdrücklicher Bezugnahme auf den Oskar-Chinn-Fall) *Jaenicke,* WB Bd. 1, S. 391.

[48] *ECE,* TRADE/140, Ziff. 10; vgl. auch *Condoide,* S. 55. Siehe aber *Nyerges,* S. 43: „Unter dem alten Wirtschaftsmechanismus [d. h. vor Einleitung der Reformen; d. Verf] hatten unsere Zölle nur eine beschränkte Bedeutung und einen beschränkten Einfluß." Das gleiche wird wohl weiterhin gelten für die Rolle der Zölle im Handel innerhalb der Gruppe der StH-Länder.

[49] Die Tschechoslowakei hat das vor Einführung des Staatshandelsmonopols bestehende Zollsystem beibehalten. Dieses hat jedoch „in Anbetracht [vor allem] des gegenwärtig geltenden Preissystems seine Funktion weitgehend geändert". *Beneš,* S. 70.

[50] Vgl. auch *Beneš,* S. 71.

den neuen Zollvorschriften Ungarns[51] kann die Außenhandelsvereinigung diese Differenz entweder selbst bezahlen oder aber durch eine entsprechende Preisgestaltung an ihren Abnehmer weitergeben; in letzterem Fall tritt eine entsprechende Verminderung der Gewinne des inländischen Zwischenhändlers oder Produktionsunternehmens ein. Besonders eigentümlich ist die Regelung in der UdSSR: Nach der Konzeption der Zolltarifverordnung vom Oktober 1961 hat der ausländische Exporteur den Zoll zu zahlen[52] und soll ausschließlich er die Konsequenzen des erhöhten Zollsatzes tragen. Nach der Erklärung sowjetischer Experten ist dies eine Folge der Tatsache, daß das Außenhandelsunternehmen nicht berechtigt sei, den erhöhten Zollsatz auf den inländischen Käufer abzuwälzen. Wenn der Exporteur seine Ware dennoch an die Importgesellschaft verkaufen wolle, müsse er folglich seinen Preis entsprechend anpassen, d. h. reduzieren.

Im Grunde dürfte zwischen der Regelung in der Sowjetunion und etwa der der Tschechoslowakei kein Unterschied bestehen[53]. Es bleibt im wirtschaftlichen Ergebnis immer dabei, daß eine staatliche Organisation an die staatliche Zollverwaltung bestimmte Beträge abzuführen hat.

cc) Man kann sich nun fragen, aus welchem Grunde manche Staatshandelsländer überhaupt ein Zollsystem unterhalten.

Die Tatsache, daß auch von privater Seite in gewissem Umfang Waren über die Grenze geschafft werden können (Paket- und Touristenverkehr)[54], war sicher nicht ausschlaggebend. Dieser Umstand nötigt nicht dazu, einen allgemein, d. h. auch für die kommerziellen Transaktionen der Staatsunternehmen, geltenden Zolltarif einzuführen. Man könnte sich, so wie etwa in Polen und Rumänien, in allen sozialistischen Staaten auf eine Zollerhebung im privaten Post- und Reiseverkehr beschränken.

---

[51] Regierungsverordnungen vom 19. 11. und 23. 12. 1967; vgl. NZZ vom 20. 2. 1968, S. 6.

[52] Diese Regelung besteht im übrigen noch in einigen anderen osteuropäischen Staaten. Vgl. UN Doc. TD/B/128/Add.2, Ziff. 65 (Fußnote).

[53] Die sowjetische Argumentation geht offenbar stillschweigend davon aus, daß unter allen Umständen von der AH-Vereinigung bei Geltung des Maximalzolls ein besonders niedriger Preis und bei Anwendung des MB-Tarifs ein entsprechend höherer Preis gezahlt wird; nur unter dieser Voraussetzung trifft nämlich der Zollnachteil immer die Verkäuferseite im Ausland. In Wirklichkeit wird indes die staatliche Einkaufsorganisation in jedem Fall, d. h. auch bei Bestehen eines niedrigen Zollsatzes, den für sie günstigsten Preis auszuhandeln suchen. Der Zollaufschlag ist dann ein Rechnungsposten, der sich auch in ihren Büchern niederschlägt.

[54] Insoweit kommt den Zöllen — und somit auch der zollpolitischen MB — die gleiche Wirkung zu, die sie auch im Verkehr zwischen Marktwirtschaftsländern haben. So auch *Bütow*, S. 136; *Condoide*, S. 55; *Graf*, S. 62; *Kapp*, S. 86; *Schwartz*, Russia's Soviet Economy (New York 1951), S. 503; *Stoupnitzky*, Statut International de l'U.R.S.S. Etat Commerçant (Paris 1936), S. 130 f.

Es ist die Meinung vertreten worden, der Staat verschaffe sich durch Zölle eine zusätzliche Einnahmequelle[55]. Nach dem bisher Gesagten trifft dies jedoch in dieser generellen Form nicht zu. Die Zollerhebung im Handelsverkehr hat nur einen Abfluß von Mitteln der Außenhandelsorganisationen an die Finanzbehörden zur Folge.

Dagegen dürfte ein anderer Grund bei der Einführung oder Beibehaltung von Zöllen eine erhebliche Rolle gespielt haben: Im Verkehr mit Marktwirtschaftsländern haben die Staatshandelsländer hier einen Verhandlungsgegenstand inne. Man hofft, durch Vergünstigungen auf dem Zollsektor von der Gegenseite (praktisch wertvollere) Konzessionen auf dem gleichen Gebiet zu erkaufen[56]. Diese Hoffnung mag im allgemeinen recht gering sein. Immerhin kann es in gewissen Fällen, vor allem bei Vorliegen einer wirtschaftlichen und politischen Übermacht des Staatshandelslandes, zur Vereinbarung einer schematisch gleichen uneingeschränkten gegenseitigen Meistbegünstigung kommen. Dies setzt eben voraus, daß auch das Staatshandelsland ein Zollsystem besitzt. Der Vorteil für den einen wie für den anderen Partner liegt dann darin, daß die materielle Ungleichheit der Form nach kaschiert wird. Darüber hinaus kann in der wirtschaftspolitischen Argumentation diese Vertragsgestaltung als die Idealform einer nichtdiskriminierenden Handelspraxis präsentiert werden.

dd) Es wäre jedoch ungerechtfertigt, die genannten prestigemäßigen Motivationen überzubetonen. Sie mögen für die Sowjetunion in der Zwischen- und Nachkriegszeit eine erhebliche Rolle gespielt haben; für die übrigen sozialistischen Staaten Osteuropas ist dies nicht annähernd in gleichem Maße der Fall[57].

Stellt man nun weniger auf die Vergangenheit ab als auf die Tendenzen der Gegenwart, so ist insbesondere auf die voraussichtlich wachsende Bedeutung des Zolls in einer stärker dezentralisierten Wirtschaft zu verweisen. In der wirtschaftlichen Diskussion der osteuropäischen Länder wird ihm sehr viel mehr Aufmerksamkeit zugewandt als zuvor[58]. Ungarn (mit Wirkung vom 1. 1. 1968) und Bulgarien haben kürzlich ihr Zollsystem reformiert, und in Polen werden seit Jahren Überlegungen angestellt, ob die Einführung von Zöllen im Handelsverkehr zweckmäßig sei.

---

[55] *Kapp*, S. 86.

[56] UN Doc. E/CONF. 46/PC/15, Ziff. 34; *Kapp*, S. 87; *Mainz*, S. 172 f.; *Standke*, S. 92 f.

[57] Die Motive für eine Beibehaltung des Zollsystems in den Staatshandelsländern waren unterschiedlich. Zum Teil handelte es sich wohl einfach um eine Nachahmung der Praxis der UdSSR. Im Falle der Tschechoslowakei kam noch hinzu, daß die Abschaffung der Zölle Verwicklungen hinsichtlich ihrer Mitgliedschaft im GATT mit sich gebracht hätte.

[58] Vgl. *Horský*, S. 29; ferner *Nyerges*, S. 46: „... die Zollpolitik wird gegenwärtig zu einem immer allgemeiner akzeptierten Mittel der gegenseitigen Abstimmung der internationalen Handelspolitik."

Die neu eingeführten Zolltarife vor allem in Ungarn, aber auch in Bulgarien, sollen effektiv als Lenkungsinstrumente eingesetzt werden, und es wird ausdrücklich geäußert, das Argument westlicher Industriestaaten, ihnen werde für eventuelle Zugeständnisse in Zollfragen keine entsprechende Gegenleistung geboten, sei damit hinfällig[59]. Im Rahmen der Kennedy-Runde des GATT nahm die Tschechoslowakei aktiv an den Zollsenkungsverhandlungen teil, ein Zeichen dafür, daß man auch seitens der marktwirtschaftlich organisierten Partner eventuellen Tarifkonzessionen der CSSR eine gewisse Bedeutung beimaß. In der Tat erlegte sich dieses Staatshandelsland hier vertragliche Bindungen auf, die gerade auch für den Fall einer Umformung der Planungs- und Leitungsmethoden wirksam bleiben und dann ihren eigentlichen wirtschaftlichen Sinn entfalten sollten[60].

Diesbezügliche Erwartungen gründen sich auf folgende Umstände:

(1) Wenn die Angaben im Außenhandelsplan weniger detailliert sind und auf diese Weise die Außenhandelsstellen die Wahl zwischen unterschiedlichen, aber gleich brauchbaren Artikeln oder zwischen gleichen Produkten verschiedenen Ursprungs haben, besteht eine gewisse Wahrscheinlichkeit, daß sie bei ihrer Auswahl auch den jeweiligen Zollsatz mitberücksichtigen[61].

(2) Ein solches Verhalten der im Außenhandel operativ tätigen Organisationen setzt freilich voraus, daß sie nicht entgegengesetzte Anordnungen von seiten der oberen Behörden erhalten und daß sie an einer in jeder Hinsicht „sparsamen" Wirtschaftsgebarung interessiert werden. Gerade diese Erfordernisse sollen nun durch die wirtschaftlichen Reformen verwirklicht werden: Wie bereits dargelegt, wird eine größere Selbständigkeit der unteren Stellen und eine weitgehende Freiheit von direkten Weisungen angestrebt. Die Profite, neue Kriterien der wirtschaftlichen Effektivität, sind von den Unternehmen in eigener Verantwortung unter weitgehendem Verzicht auf Subventionen, Ausgleichszahlungen oder Rückerstattungen zu erzielen. Die Höhe der Zollsätze

---

[59] Der ungarische Zolltarif für Handelswaren, AHD vom 29. 5. 1969 (No. 22), S. 529; siehe auch — betr. Bulgarien — AHD vom 22. 5. 1969 (No. 21); vgl. ferner UN Doc. TD/B/128/Add.1, Ziff. 227, 242.

[60] Vgl. zur Bindung der tschechischen Zölle gemäß GATT *Horský*, S. 29: „Es ist daher nicht möglich, sie anzuwenden in der Überzeugung, sie garantierten einen absoluten Schutz vor ausländischen Einflüssen in einer Form, die lediglich gegenüber der derzeitigen wirtschaftlichen Trennung von Produktion und Außenhandel leicht abgewandelt ist."

[61] *Graf*, S. 62; *Kapp*, S. 85. Dies gilt jedenfalls „ceteris paribus", d. h. wenn die sonstigen Bedingungen (Preis, Lieferzeit usw.) im wesentlichen gleich sind; *Papanicolaou*, S. 264. Fraglich bleibt es jedoch, ob auch „ceteris imparibus" der Zollsatz den Ausschlag geben kann, d. h. etwa dann, wenn der Preis eines Konkurrenten an sich etwas höher liegt als der eines anderen und sich erst bei Berücksichtigung der unterschiedlichen Zollsätze etwas günstiger gestaltet.

geht unter diesen Umständen natürlicherweise in die Rentabilitätsrechnungen der Außenhandelsorganisationen mit ein.

Sieht man die Frage der Zölle von einer anderen Warte, nämlich der der staatlichen Planungsorgane aus, so ist es nur folgerichtig, daß bei Nachlassen der direkten Kontrolle auf dieses „klassische" Mittel der Außenhandelsregulierung zurückgegriffen wird. Vernünftiger Erwartung nach braucht man daher nicht damit zu rechnen, daß die Zölle wie in einer streng dirigistischen Staatswirtschaft weiterhin eine Art Scheindasein führen werden. Andererseits wird dem Zollsystem in absehbarer Zeit auch nicht eine Rolle zukommen wie in einer liberalen Marktwirtschaft. Das Direktionsrecht staatlicher Stellen ist eben nur gelockert, nicht aufgehoben, und die Wirkung der Zolltarife wird dadurch eingeschränkt, daß sie sich bei fixierten Preisen für den Endverbraucher praktisch nicht bemerkbar machen.

(3) Eine bedeutsame Rolle dürfte den Zolltarifen vor allem dann zukommen, wenn Betriebe unmittelbar in Kontakt mit ausländischen Unternehmungen treten und selbst — im Wege des Kaufs oder des Tauschs — Waren einführen[62].

ee) Analoge Überlegungen wie für die Zölle gelten für sämtliche Abgaben, wie z. B. Umsatz- und sonstige Steuern oder Transport- und Hafengebühren. Auch bei ihnen wirken sich Vergünstigungen nur in dem beschränkten Sinn aus wie Zollermäßigungen. Die Parallelität der Sachlagen sei beispielhaft anhand der Hafengebühren demonstriert.

Es gilt zu bedenken, daß auch die Hafengebühren in öffentliche Kassen fließen. Angenommen zunächst, die (Import-)Ware wird im Ausland abgenommen und durch die Importgesellschaft eingeführt. Hier hat die Gesellschaft die Gebühren unmittelbar an die ebenfalls staatliche Hafenverwaltung zu entrichten. Nicht wesentlich anders stellt sich die Situation dar, wenn die Ware durch den ausländischen Exporteur ins Land gebracht wird. Hier zahlt die Einfuhrstelle die Gebühren, die der ausländische Schiffer seinerseits im Hafen entrichtet, indirekt in Form eines Preisaufschlags. Es ist nun wiederum möglich, daß die Höhe von Hafengebühren für die einzelne Importgesellschaft wegen ihrer Pflicht zu kommerzieller Geschäftsführung von Bedeutung ist. Für die Zentrale liegt hier jedoch eine bloße Umschichtung aus einer öffentlichen Kasse in die andere vor. Es kommt also auch insoweit auf den Grad der Entscheidungsfreiheit und finanziellen Selbständigkeit der Außenhandelsunternehmen an.

c) Die staatliche Planung — Hemmnis eines expansiven Außenhandels?

Der Sinn der Meistbegünstigung, wie sie heute verstanden wird, ist die Verbesserung der internationalen Arbeitsteilung durch Expansion des

---

[62] Vgl. *Condoide*, S. 55.

Handels[63]. Einer solchen Entwicklung kann eine strikt imperative Vorausplanung der Importe und Exporte im nationalen Rahmen entgegenstehen. Starr festgelegte Planziffern können unter gewissen Umständen die Einführung der Meistbegünstigung für einen Handelspartner uninteressant erscheinen lassen[64].

Ob derartige „Bremswirkungen" entstehen, hängt von der Konzeption der staatlichen Planung ab. Insofern bedarf es wiederum einer Betrachtung der rechtlichen und der wirtschaftlichen Seite.

Was zunächst die Rechtsnatur des Plans im sozialistischen Staat angeht, so gilt es, ein mögliches Mißverständnis auszuräumen. Der jährliche Volkswirtschaftsplan und die Außenhandelspläne geben nicht etwa nur Leitlinien an, von denen bei Bedarf abgewichen werden kann. Sie sind auch nicht bloße Programme für die Regierung. Vielmehr stellen diese Jahrespläne zwingende Rechtsnormen dar[65], und sie sind, soweit sie Ziffern und sonstige Angaben enthalten, für jede beteiligte Stelle unmittelbar verbindlich.

In ihrer konkreten Struktur sind die Außenhandelspläne als strikte Detailregelungen denkbar wie auch als grundrißartige Programme, die den operativen Stellen reichlich Ermessensspielraum belassen. Inwieweit eher das eine oder das andere Modell verwirklicht ist, hängt von der jeweiligen Wirtschaftspolitik ab.

Man stelle sich vor, sämtliche Ein- und Ausfuhren würden für die Plandauer im einzelnen mengenmäßig und nach Ländern verteilt festgelegt. In diesem Fall wäre ein Einfluß irgendwelcher neu eingeräumter Begünstigungen zumindest auf kurze Sicht ausgeschlossen. Eine derart extrem dirigistische Ausgestaltung kommt jedoch in der Praxis nicht vor.

Was die „geographische Verteilung" der Importe und Exporte angeht, so wird diese grundsätzlich durch die innerstaatliche Planung nicht vorgeschrieben[66]. Die staatlichen Außenhandelsstellen „wählen frei ihre Vertragspartner unter denen, die die vorteilhaftesten Bedingungen bieten"[67]. Es besteht also prinzipiell die Möglichkeit, daß bessere Voraus-

[63] Vgl. *Berman*, Rapport final, S. 4 (der von einer Ausweitung der Exporte als Ziel der MB spricht); *Domke/Hazard*, in: Aspects juridiques..., S. 77 f. Allerdings besagt die MB als solche noch nichts über den Umfang des Handels zwischen den beteiligten Staaten; vgl. *Friedmann*, The Changing Structure of International Law (London 1964), S. 353; *Genkin*, Princip naibol'šego blagoprijatsvovanija v torgovych dogovorach gosudarstv (Das Meistbegünstigungsprinzip in zwischenstaatlichen Handelsverträgen), in: Sovetskoe gosudarstvo i pravo (Sowjetstaat und Sowjetrecht) 1958, No. 9, S. 25.

[64] Vgl. *Bütow*, S. 138; *Gerschenkron*, Economic Relations with the URSS (New York 1945), S. 21 f.; *de Lacharrière*, Aspects récents de la Clause de la nation la plus favorisée, Annuaire Français de Droit International Bd. 7 (1961), S. 115; *Schwartz*, S. 505.

[65] Vgl. *Pryor*, S. 59.

[66] Vgl. etwa (für Rumänien) GATT Doc. L/3211, Ziff. 20, 21.

[67] UN Doc. TRADE/188, Ziff. 22, siehe auch Ziff. 29; ferner GATT Doc. L/1949/ Add.6, S. 3 (betr. CSSR); *Beneš*, S. 70.

setzungen im Handelsverkehr aufgrund der Meistbegünstigung zu einer Steigerung des Import-(Export-)Anteils des begünstigten Landes führen.

Diese Feststellung gilt allerdings nur mit einer Einschränkung, welche sich aus dem System der bilateralen Handelsabkommen der Staatshandelsländer ergibt. Es liegt hier eine Art der (meist langfristigen) Planung vor[68], deren Daten völkerrechtliche und verwaltungsrechtliche Verbindlichkeit zukommt. Bei dem Umfang, den der vertraglich gebundene Warenaustausch intern im RGW-Bereich ausmacht (ca. 60 - 80 %), vermindern sich die Expansionsmöglichkeiten der Marktwirtschaftsländer ganz erheblich[69].

Die Frage ist daher berechtigt, ob nicht die bilateralen Vereinbarungen von Austauschmengen zu einem der Hauptziele des Meistbegünstigungsprinzips im Gegensatz stehen[70]. Dieses Problem, welches bereits ein Thema der Havana-Konferenz bildete[71], wurde neuerlich wieder im Rahmen des GATT anläßlich der Verhandlungen der Vertragsparteien mit Polen über dessen Aufnahme in die Organisation angeschnitten. Polen stellte sich verständlicherweise auf den Standpunkt, Lieferungsabkommen der oben bezeichneten Art behinderten nicht den Handel mit anderen Ländern und unterbänden auch nicht die Erfüllung der Verpflichtungen aus dem GATT durch Polen. Einerseits sei nämlich Polen zum Abschluß solcher Abkommen auch mit anderen Ländern bereit, und andererseits ließen bereits bestehende Abkommen immer noch Raum für zusätzliche Einfuhren aus dritten Ländern. Insbesondere auch am RGW bestünden keine Abmachungen mengenmäßiger oder sonstiger Art, die einen Einfluß auf Polens Handelsbeziehungen mit Drittstaaten hätten.

Man muß bei der Beurteilung eines streng bilateralen Systems von Handelsverträgen mehr sehen als den bloß formalen Gesichtspunkt der „Zweiseitigkeit". Wenn heute die Erscheinung des Bilateralismus in der handelspolitischen Diskussion kritisiert wird, so meint man einen anderen Aspekt: Einerseits vermindert das Prinzip des bilateralen Gleichgewichts von Ein- und Ausfuhren den gegenseitigen Warenaustausch auf lange Sicht immer insoweit, als ein Land weniger als das andere

---

[68] *Pfuhl*, S. 21.

[69] *Muhammad*, S. 236, stellt nicht zu Unrecht fest, hier entstehe praktisch ein Kontingentssystem.

[70] "Le bilatéralisme en effet annule le principe incorporé dans la clause." *Domke/Hazard*, in: Aspects juridiques ..., S. 96 unter Berufung auf ihren Mitarbeiter V. *Reinikainen*, Vizepräsident des Bundes der finnischen Industrie. Vgl. ferner *Papanicolaou*, S. 264 f., und UN Doc. E/ECE/270, Part I, lit. U, S. 58 (Stellungnahme Großbritanniens zum sowjetischen Vorschlag eines all-europäischen Abkommens mit allgemeiner MB-Klausel). Anders *Genkin*, Princip ..., S. 27: Das System der Austauschverträge schließe die MB nicht aus, sondern bestimme nur ihr Anwendungsgebiet. Die Gleichbehandlung, wie sie durch die MB gefordert werde, sei zu gewähren innerhalb der Grenzen der zugestandenen Kontingente.

[71] Vgl. *Brown*, S. 112.

exportieren kann[72]. Ferner führt ein solches System zu einer Festlegung der Anteile der einzelnen Länder unter Ausschaltung der freien Konkurrenz. „Das Wesen des Bilateralismus im modernen Sinn liegt, so könnte man vielleicht sagen, in [dieser] Aufteilung der Handels- und Zahlungsströme[73].“ Rein formal gesehen, steht also die interne und zwischenstaatliche Planung der Staatshandelsländer zu dem expansiven Zweck des Meistbegünstigungsgrundsatzes nicht in einem direkten Gegensatz; es ist aber nicht zu leugnen, daß ein solches System ihm weniger Raum läßt als eine Marktwirtschaft westlicher Prägung.

Vor allem geht die Ausweitung des Handels mit einem Staatshandelsland in der Regel auf Kosten dritter Staaten (die vielleicht ihrerseits auch die Meistbegünstigung genießen). Die im Importplan angegebene Gesamtmenge stellt nämlich im praktischen Ergebnis eine Maximalziffer dar[74]. Die sozialistischen Länder betonen demgegenüber zwar häufig, ihre Außenhandelspläne seien nicht restriktiver Natur. Sie gäben nur ein Minimum an notwendigen Ein- und Ausfuhren an. Die Begrenzung nach oben erfordert aber schon der chronische Devisenmangel dieser Staaten. Eine geplante stärkere Exportorientierung wird hier möglicherweise Änderungen bringen. Sofern sich auf der Exportseite Überbietungen der Planziffern einstellen, können auch die Importe über das Vorgesehene hinaus vermehrt werden[75]. Abweichungen vom Plan in diesem Sinne werden in neuerer Zeit in vermehrtem Umfang gestattet[76].

d) Die Monopolisierung der Binnenwirtschaft

Staatshandelsländer sind in erster Linie die Staaten des sowjetischen Typs. In diesen ist die gesamte Handels- und Produktionstätigkeit ver-

---

[72] *Papanicolaou*, S. 255 ff. In diesem Zusammenhang gilt es auch die charakteristische Verbindung der Austauschabkommen der sozialistischen Staaten mit besonderen Abreden über den Zahlungsverkehr zu sehen, welche teils in den Vertrag inkorporiert, teils in parallel abgeschlossenen Zahlungsabkommen enthalten sind (Beispiele vgl. unten S. 96 und 105; s. ferner *Scheuner*, Die Rolle der Handelsverträge, S. 898). Diese Vereinbarungen betreffen nicht nur die Modalitäten des Zahlungsverkehrs und die Preisgestaltung, sondern bezwekken zumeist auch eine Balancierung der Zahlungen und wirken dergestalt — abgesehen von Fällen einer Kreditgewährung — mittelbar im Sinne einer Beschränkung der Warenströme.

[73] *Metelius*, Le contrôle des changes et les accords commerciaux, in: Aspects juridiques ..., S. 153.

[74] Vgl. *Papanicolaou*, S. 263; ferner GATT Doc. L/2593/Add.4, State-trading enterprises ... Czechoslovakia, Ziff. III: "The overall figure for the whole of imports is a maximum figure but more favourable results of exports may create a possibility for a corresponding increase of the import plan."

[75] Vgl. GATT Doc. a.a.O. *Ryska*, S. 132, meint, eine Ausweitung der Exporte bedeute zugleich immer auch eine Ausweitung der Importe: "The socialist system produces a phenomenon which might be called implicit reciprocity."

[76] Dies gilt insbes. im Rahmen von Abkommen über technische und industrielle Zusammenarbeit; UN Doc. TD/18, Ziff. 48.

staatlicht oder vergesellschaftet. Ausnahmen bestehen lediglich für bestimmte kleine, unbedeutende Wirtschaftseinheiten. Es erscheint daher ausgeschlossen, daß ausländische Firmen Produktionsstätten gründen oder ein Vertriebsnetz aufbauen, das für die Verteilung bis zum Endverbraucher sorgt[77]. Auch die Meistbegünstigung im Bereich des Fremdenrechts steht somit wirtschaftlich unter erheblichen Beschränkungen[78].

Zwar tut es rechtlich der Klausel keinen Abbruch, wenn materiell relativ wenige Rechte gewährt werden. Tatsächliche Gleichwertigkeit der beiderseitigen Vorteile wird durch einen Meistbegünstigungsvertrag nicht impliziert. Die „Meist-Begünstigung" wird aber zur Karikatur, wenn in einem Land die Gleichbehandlung darin besteht, daß die allseits gewährten Rechte systembedingt auf dem Null-Niveau gehalten werden.

Wäre dies der Überlegungen letzter Schluß, so könnte die hier behandelte Frage in der Tat beiseite gelassen werden. Meistbegünstigung für die wirtschaftliche Betätigung ausländischer Firmen in einem sozialistischen Land wäre eine sinnlose Leerformel. Nun ist es in Wirklichkeit so, daß die Staatshandelsländer ihren Handelspartnern eine Reihe von Ersatzmöglichkeiten bieten, den Absatz ihrer Produkte (und/oder eventuelle Einkaufsverbindungen) zu fördern.

Als solche kommen in Frage internationale Messen, Ausstellungen bestimmter Industriezweige, Firmen oder Firmengruppen, nationale Industrie- oder ständige Verkaufsausstellungen in den Staatshandelsländern und ferner Tagungen, Seminare, Betriebsbesichtigungen und andere Kontakte mit Experten der betreffenden Branchen. Auf diese Weise lassen sich Verbindungen mit potentiellen Geschäftspartnern (Außenhandelsgesellschaften, Großbetrieben, Genossenschaften) und neuerdings auch mit gewissen Endverbrauchern (d. h. Betrieben, die nicht selbst das Recht zu Außenhandelstransaktionen haben[79]) herstellen.

In den Staatshandelsländern bestehen auch gewisse Unternehmen, die zur Vertretung ausländischer Firmen auf dem inländischen Markt autorisiert sind[80]. Auch die Reklame ausländischer Firmen erlangt eine zu-

---

[77] Vgl. *Akademie der Wissenschaften der UdSSR*, Völkerrecht, S. 162. Die Errichtung von Kontaktbüros ist jedoch immerhin einigen Firmen gestattet worden. So hat etwa die Firma Friedrich Krupp von 1963 - 1966 in Moskau mit Billigung der sowjetischen Behörden eine Art ständige Handelsvertretung unterhalten. Auch andere westliche Firmen haben in Staatshandelsländer Vertreter entsandt, die, mit einer Daueraufenthaltsgenehmigung versehen, als Verbindungsleute fungierten — wenn auch nur vom Hotelzimmer aus. Vgl. *Standke*, S. 50 (Anm. 55).

[78] So auch *John*, S. 85 f.; *Kapp*, S. 92; *Kellner*, S. 108 ff.

[79] UN Doc. TD/18, Ziff. 147; vgl. auch TRADE/188, Ziff. 31 und 231; *Standke*, S. 50, 53.

[80] Vgl. etwa *Standke*, S. 51; für die CSSR: Vertretung ausländischer Unternehmen in der CSSR, AHD vom 3. 4. 1969 (No. 14), S. 325; s. a. AHD vom 5. 2. 1970 (No. 6), S. 146 (wonach die Vertretungsbefugnis auf tschechoslowakische Handelsorganisationen beschränkt werden und bleiben soll).

nehmende Bedeutung. Die sozialistischen Länder haben besondere Organisationen gegründet, die außer der eigenen Werbung im Ausland auch die Werbung fremder Unternehmen im Inland fördern sollen[81]. Ein weiteres Feld für die Aushandlung echter Vorteile liegt auf dem Gebiet des Patent-, Firmen-, Marken- und Warenzeichenrechts. Gerade diese Bereiche erlangen, wie es scheint, im Ost-West-Handel zunehmend an Gewicht[82].

Für die Förderung der Handelsbeziehungen spielen die — auch seitens der Marktwirtschaftsländer in den Staatshandelsländern errichteten — Handelsmissionen eine wichtige Rolle. Sie knüpfen oft die ersten Verbindungen und haben in der Regel die Gelegenheit zu Marktforschungen und -analysen[83] aufgrund der Wirtschaftspläne.

Es bleibt freilich dabei, daß die Meistbegünstigung für den Bereich der Handelsausübung, von einem Staatshandelsland gewährt, etwas anderes darstellt als eine entsprechende Klausel im Vertrag mit einem marktwirtschaftlich orientierten Staat. Immerhin besteht auch hinsichtlich der verbleibenden effektiven Berechtigungen ein Interesse des Handels, mit den Konkurrenten aus dem Ausland zumindest gleichgestellt zu werden.

3. Thesen und Folgerungen

Die Würdigung der vorstehend beschriebenen Besonderheiten ist im Laufe der nun schon jahrzehntealten Diskussion um Meistbegünstigung und Staatshandel sehr unterschiedlich ausgefallen. Dabei ist nicht zu verkennen, daß vielfach eine parteiische Sicht und propagandistische Zwecke das Ergebnis bestimmt haben.

Die eine Seite möchte der Meistbegünstigung in einem Staatshandelsland die gleiche Bedeutung zusprechen wie in jedem anderen Staat. So schließt etwa Prof. Kaufmann, der seinerzeitige Leiter der Vertrags- und Rechtsabteilung des Handelskomissariats der Sowjetunion, eine Darstellung mit den Worten: „Die Meistbegünstigung erfüllt in der Politik des auswärtigen Handels der UdSSR die gleiche Funktion wie in den kapitalistischen Ländern[84].“

Diese These darf als durch die bisherigen Ausführungen widerlegt gelten. Es scheint auch, daß sie in dieser uneingeschränkten Form heute nicht mehr aufrecht erhalten wird. Anläßlich einer der wichtigsten und grundsätzlichsten Diskussionen über die Frage der Meistbegünstigung im

---

[81] TD/18, Ziff. 147; vgl. auch *Standke*, S. 51.

[82] TD/18, a.a.O.

[83] Hierzu können auch „östliche“ oder „westliche“ Marktforschungsinstitute eingeschaltet werden; *Standke*, S. 51.

[84] Wiedergegeben bei *Anders*, Der Handelsverkehr der UdSSR mit Deutschland — Statistische Materialien (Berlin 1928), S. 18; *Mainz*, S. 70.

Ost-West-Handel in letzter Zeit[85] haben sich die Experten der Planwirtschaftsländer wie folgt geäußert: Es bestehe „keine Schwierigkeit, die Meistbegünstigungsklausel in diesen Ländern anzuwenden, und es sei auch nicht schwierig nachzuprüfen, daß den Exporteuren der Marktwirtschaftsländer durch die Anwendung dieser Klausel *reelle Vorteile* gewährt würden ...[86]." Auf die angebliche *Gleichheit* der beiderseitigen Vergünstigungen wird nicht mehr eingegangen.

Von anderer Seite wird die radikale Gegenposition bezogen: "In commercial treaties with State-trading countries the most-favoured-nation clause cannot even fulfil the minimum of the functions usually associated with it, i. e., it cannot prevent discrimination[87]." Die Meistbegünstigungsklausel im deutsch-russischen Handelsvertrag von 1925 sei, so heißt es, „eine einseitige, und [sie] unterscheidet sich von derjenigen des Versailler Vertrages nur dadurch, daß die Einseitigkeit eine verborgene ist"[88]. Ein Autor bezeichnet in seiner Untersuchung jeglichen Abschluß eines Meistbegünstigungsabkommens mit dem Staatshandelsland UdSSR als „Versuch am untauglichen Objekt"[89], ohne irgendwelche Bedeutung, und nach einem anderen ist „eine Meistbegünstigung ... bei Bestehen eines Einfuhrmonopols überhaupt ausgeschlossen"[90]. Ein solcher Vertrag könne „begrifflich überhaupt nicht erfüllt werden"[91]. Die gegenseitige Meistbegünstigung figuriere in den Verträgen mit der Sowjetunion nur „par pure habitude de style"[92].

Auch diese Stellungnahmen gehen zu weit. Der Meistbegünstigung verbleibt, wie bisher schon deutlich gemacht wurde, immer noch ein Restbereich reeller Wirksamkeit. Die zutreffende Lösung liegt in Wirk-

---

85 Bericht hierüber in UN Doc. TRADE/140.

86 a.a.O., Ziff. 21; vgl. auch *Akademie der Wissenschaften der UdSSR*, Völkerrecht, S. 259: „Soweit die Anwendung des Prinzips der Meistbegünstigung in den von der Sowjetunion geschlossenen Verträgen vorgesehen ist, bringt sie beiden Handelspartnern Vorteile."

87 *Seidl-Hohenveldern*, S. 162.

88 *von Kaulbars*, Das Außenhandelssystem Sowjetrußlands (Diss. Königsberg 1926), S. 69; ähnlich *John*, S. 85 f.

89 *Mainz*, S. 27.

90 *Sonthofen*, S. 103.

91 *Ders.*, S. 104.

92 *Nolde*, RC 1932 I, S. 84, vgl. auch S. 24, 81, 83. Im gleichen Sinne wie die Vorgenannten *Eichhorn*, Die Handelsbeziehungen Deutschlands zu Sowjetrußland (Rostock 1930), S. 18; *Gerschenkron*, Am. Ec. Rev. Bd. 37 I (1947), S. 626; *Muhammad*, S. 235; *Roesner*, S. 83; *Schiavone*, S. 84. Ebenso *Haberler/Verosta*, S. 97. Letztere vertreten jedoch für bereits bestehende Handelsverträge mit StH-Ländern die Meinung, hier ergebe sich aus der MB-Zusage die Verpflichtung, bei ihren Einkäufen alle mb Länder zu berücksichtigen, und sie präzisieren: „Was über die von der Meistbegünstigung geforderte Art der Aufteilung des gesamten Einfuhrkontingents auf die einzelnen Länder gesagt wurde [d. h. die Notwendigkeit eines proportionalen Verteilungsmodus, d. Verf.], gilt Wort für Wort auch für die Einkäufe eines Einfuhrmonopols." Vgl. zu dieser Umdeutung des MB-Prinzips unten Kap. III, Abschn. 1 c. Gegen *Haberler/Verosta* *Sonthofen*, S. 104; auch *Kapp*, S. 89 f.

lichkeit irgendwo zwischen den beiden Extremen: Der Gewährung der Meistbegünstigung durch ein Staatshandelsland kommt eine gewisse beschränkte wirtschaftliche Bedeutung zu. Diese Aussage soll anhand der bisherigen Ergebnisse etwas präziser gefaßt und mit Hilfe des oben[93] aufgestellten Schemas nach Sachgebietsgruppen analysiert werden. Danach ergibt sich folgendes Bild:

(a) für das Anwendungsgebiet des Zoll-, Gebühren- und Steuerwesens:

Abgesehen von dem privaten Post- und Reiseverkehr, bleiben Vergünstigungen auf diesem Gebiet von recht geringem Gewicht, wenn die Wirtschaft stark dirigistisch gestaltet ist. Einen Einfluß kann die Höhe der Zolltarife dann jedoch immerhin noch auf die Auswahl des Lieferlandes und auf die Bestimmung der einzuführenden Waren haben, wenn die Importanweisung insoweit nicht genau spezifiziert ist. Bei Abschwächung der direkten Kontrolle kommt diesen indirekten Lenkungsmitteln und somit auch der auf sie bezogenen Meistbegünstigung wachsende Bedeutung zu.

(b) für die mengenmäßigen Beschränkungen:

Hier lassen sich durch administrative Weisungen kaum beweisbare Quasi-Kontingentierungen und willkürliche, vor allem politisch motivierte Ungleichbehandlungen einführen. Auch insofern kann man jedoch aufgrund der Dezentralisierungsbestrebungen in den sozialistischen Staaten mit einer Besserung rechnen. Eine vollwertige Meistbegünstigung wird, wie es scheint, gewährt im Hinblick auf Ein- und Ausfuhrverbote aus polizeilichen, insbesondere veterinärmedizinischen, oder aus kulturellen Gründen.

Im Zusammenhang mit den mengenmäßigen Beschränkungen spielt noch die Tatsache der zentralen Wirtschaftsplanung eine Rolle, die ein gewisses statisches Element in die Außenhandelsbeziehungen bringt. Ein besonderes Problem stellt das System des Bilateralismus in den Handelsbeziehungen dar. Die von den sozialistischen Staaten untereinander vereinbarten langfristigen zwischenstaatlichen Lieferabkommen beinhalten zwar de iure keine restriktiven Kontingentsvereinbarungen, beschränken aber de facto die Expansionsmöglichkeiten der anderen Handelspartner.

(c) für Fragen der Transportausübung, der Grenzabfertigung und der sonstigen Formalitäten:

Vergünstigungen in diesen Bereichen erleichtern die tatsächliche Abwicklung der Handelsgeschäfte. Hier besteht ein reelles Interesse, möglichst günstig und zumindest nicht schlechter als der meistbegünstigte

[93] Erster Teil, Kap. I, Abschn. 4.

Konkurrent gestellt zu werden[94]. Die Meistbegünstigungsklausel ist insoweit voll wirksam.

(d) für die Ausübung von Handel und Gewerbe:

Manche Rechte werden hier den ausländischen Unternehmen grundsätzlich vorenthalten. Soweit aber Möglichkeiten von Kundenkontakten geboten werden, bringt die Meistbegünstigung reelle Vorteile[95].

(e) für das Konsulats- und Gerichtswesen:

Auch in dieser Beziehung wirkt die Meistbegünstigung als echte Garantie wie in jedem anderen Staat auch.

Der wirtschaftliche Wert der Meistbegünstigung seitens eines Staatshandelslandes kann somit nicht pauschal beurteilt werden. Er hängt von der Wirtschaftspolitik des jeweiligen Landes ab. Im ungünstigsten Fall kann er nahezu gleich Null sein; im günstigsten Falle erreicht die Klausel annähernd die Wirkung, die sie unter Marktwirtschaftsländern besitzt. In den durch diese „Modellfälle" gesteckten Grenzen sind alle Zwischenstufen möglich.

Für die Handelsvertragspraxis zwischen Ost und West werden voraussichtlich die derzeitigen Dezentralisierungstendenzen eine erhebliche Bedeutung erlangen. Sie können, konsequent fortgeführt, den Staatshandelsländern eine wirtschaftliche Struktur aufprägen, die die bisherigen Einwände gegen eine gegenseitige Meistbegünstigung als überholt erscheinen läßt. Die Frage, ob ein Privater oder der Staat als Inhaber der Handelsorganismen figuriert, ist nämlich im letzten für das Funktionieren der Klausel nicht unbedingt entscheidend. Eine in ihren Einzelentscheidungen unabhängige staatliche oder quasi-staatliche Außenhandelsstelle kann sich geschäftlich ebenso verhalten wie eine von Privaten geleitete Handelsgesellschaft.

Dabei kommt es für die Einschätzung des Staatshandels als Handelsschranke allerdings nicht ausschließlich und wohl auch nicht in erster Linie auf rechtlich-organisatorische Verhältnisse an. Die Bedeutung des Außenhandelsmonopols ist vielmehr erst zu ermessen im Zusammenhang mit der Gesamt-Handelspolitik[96]. Es scheint nun in der Tat, daß die Wirtschaftsreformen der osteuropäischen Staaten gezielt auf eine nach außen hin offene Handelspolitik (stärkere Exportorientierung[97], Erhöhung der

---

[94] Vgl. *Kapp*, S. 88 f. *Domke/Hazard*, in: Aspects juridiques . . . , S. 90, meinen, „que la clause de la nation la plus favorisée a été acceptée très probablement par les économies libres dans leurs accords avec l'U.R.S.S. non point pour augmenter leur commerce mais pour éviter les discriminations de diverses sortes, sans excepter les vexations des agents de douanes et des gardes frontaliers appliquant des règles techniques sans rapport avec le niveau tarifaire".

[95] Vgl. *Domke/Hazard*, a.a.O.

[96] UN Doc. TD/18, Ziff. 125.

[97] a.a.O., Ziff. 131.

Importe[98], industrielle Zusammenarbeit[99] und Abbau des Schutzes der einheimischen Industrie[100]) ausgerichtet sind.

In einem Fall ist bisher eine dezentralisierte Staatswirtschaft von seiten der freien Volkswirtschaften gewissermaßen als „eine der ihren" akzeptiert worden: bei der Aufnahme Jugoslawiens ins GATT. Hierauf wird an späterer Stelle noch einzugehen sein. Jugoslawien hat bei dieser Gelegenheit im Endergebnis auch in bezug auf die Meistbegünstigung die gleichen Pflichten übernommen und Rechte erlangt wie jeder andere Mitgliedsstaat[101].

II. Historischer Überblick

1. Die ersten Handelsverträge der UdSSR

Der erste Staat, der in neuerer Zeit ein System gänzlicher Monopolisierung des Außenhandels entwickelte, war die Sowjetunion. Mit diesem im Jahre 1918 begonnenen Experiment blieb sie allerdings vorerst praktisch allein[1]. So kam es, daß in der Zeit zwischen den beiden Weltkriegen die allgemeine Problematik von Staatshandel und Außenhandelsmonopol sich mehr oder weniger deckte mit der konkreten der Handelsbeziehungen mit dem Sowjetstaat.

Nach der politischen und sozialen Umwälzung in Rußland wurden seitens der übrigen Länder die Handelsverbindungen nur recht mißtrauisch und behutsam wiederaufgenommen. Das Deutsche Reich, vor dem Krieg der bedeutendste Austauschpartner des russischen Staates, spielte hier eine besondere Rolle. Bereits dem Friedensvertrag von Brest-Litowsk vom 3. März 1918[2] war ein Wirtschaftsabkommen angefügt, das den Abschluß eines neuen Handelsvertrages vorsah. Diese erste Wirtschaftsvereinbarung mit dem neuen System hat allerdings wegen des Zusammenbruchs Deutschlands keine Bedeutung erlangt[3].

Die nächste Etappe stellte das Abkommen über die Heimschaffung von Kriegsgefangenen und Zivilinternierten vom 19. 4. 1920[4] und das Vorläufige Abkommen vom 6. 5. 1921 über die „Erweiterung des Tätigkeits-

---

98 Insbesondere von solchen aus den Entwicklungsländern; TD/18, Ziff. 36.

99 a.a.O., Ziff. 48.

100 a.a.O., Ziff. 43.

101 Beitrittsprotokoll in BISD 15th suppl., S. 56 ff.

1 Eine vergleichbare Maßnahme stellte die Errichtung eines staatlichen Handelsmonopols in Persien im Jahre 1931 (Gesetze vom 25. 2. und 11. 3. 1931) dar, ohne daß hier jedoch das monopolistische Prinzip ebenso konsequent durchgeführt worden wäre. Vgl. *Amini*, L'institution du monopole du commerce extérieur en Perse (Thèse Paris 1932), S. 117 ff.; *Kapp*, S. 99; *Sonthofen*, S. 103.

2 Friedensvertrag zwischen dem Deutschen Reich einerseits und der RSFSR und der UkrSSR andererseits, RGBl. 1918, S. 480 ff.

3 *Mainz*, S. 48.

4 RGBl. 1920, S. 1184; LNTS Bd. 2, S. 64.

gebiets der beiderseitigen Delegationen für Kriegsgefangenenfürsorge"[5] dar. Aufgrund der letzteren Übereinkunft sollten diese Delegationen als vorläufige offizielle Vertretungen ihrer Staaten die gesamten Interessen ihrer Bürger im anderen Land wahrnehmen und insbesondere — durch ihnen eigens angegliederte Handelsvertretungen — den Handelsverkehr zwischen beiden Nationen fördern. Ansonsten enthielt das Abkommen an wirtschaftspolitisch relevanten Bestimmungen lediglich einige Regelungen über die Schiffahrt, den Schutz russischen Staatseigentums in Deutschland sowie seine teilweise Unterwerfung unter die deutsche Gerichtsbarkeit und schließlich eine allgemeine Loyalitätsklausel. Das Ganze war „ein erster tastender Versuch"[6] eines Arrangements unter Verzicht auf Tarifvereinbarungen oder eine Meistbegünstigungsabrede.

Gerade auf die Erlangung der Meistbegünstigung legten jedoch die sowjetischen Regierungen in der Folgezeit besonderen Wert[7]. Die Gleichbehandlung, die anderen Staaten gewährt wurde, sollte ihnen schon aus Gründen internationalen Prestiges nicht vorenthalten bleiben[8]. Ihr nachdrückliches Drängen blieb nicht ohne Erfolg. Der, soweit ersichtlich, erste Vertrag mit allgemeiner Gleichbehandlungsklausel war der der RSFSR mit Großbritannien vom 16. 3. 1921[9]. Die Parteien vereinbarten hier eine Beseitigung aller Handelshindernisse und darüber hinaus den Verzicht auf jede Art von Diskriminierung zum Nachteil der einen von ihnen im Vergleich mit irgendeinem dritten Land. Die Abwesenheit einer der gewohnten Meistbegünstigungsformeln dürfte auf die Tatsache zurückzuführen sein, daß ein Zolltarifsystem derzeit im russischen Staat noch nicht existierte[10]. In zahlreichen späteren Handelsverträgen finden sich dann gegenseitige Meistbegünstigungszusagen in der klassischen Form[11].

---

[5] RGBl. 1921, S. 929 ff.

[6] *Mainz*, S. 49.

[7] Hierzu vgl. insbesondere *Korovin*, Soviet Treaties and International Law, AJIL Bd. 22 (1928), S. 754 ff.

[8] Vgl. *Zieger*, S. 10465.

[9] LNTS Bd. 4, S. 127; *Martens/Triepel*, Nouveau Recueil général de traités et d'autres actes relatifs aux rapports de droit international Bd. 18, S. 684. Beschränkte MB-Zusagen waren jedoch bereits enthalten in den Friedensverträgen der RSFSR mit Estland vom 2. 2. 1920 (LNTS Bd. 11, S. 51; *Martens/Triepel*, Bd. 11, S. 864), Litauen vom 12. 7. 1920 (*Martens/Triepel*, a.a.O., S. 877), Lettland vom 11. 8. 1920 (a.a.O., S. 888) und Finnland vom 14. 8. 1920 (LNTS Bd. 3, S. 5).

[10] Vgl. oben erster Teil, Kap. II, Abschn. 4 c.

[11] Schweden—UdSSR vom 15. 3. 1924, LNTS Bd. 25, S. 251: Art. 1 (MB in bezug auf Zölle und sonstige Restriktionen des Warenhandels), Art. 2 (Behandlung natürlicher und juristischer Personen), Art. 4 (Schiffahrt); Norwegen—UdSSR vom 15. 12. 1925, LNTS Bd. 47, S. 9: Art. 1 (Konsularwesen), Art. 3 (Niederlassung und Berufsausübung), Art. 5 (Behandlung juristischer Personen), Art. 6 (Besteuerung), Art. 11 (Gerichtsbarkeit), Art. 15 (Handelsbeziehungen im allgemeinen); Island—UdSSR, Handelsarrangement durch Notenaustausch vom 25. 5. 1927, LNTS Bd. 63, S. 105 (Warenhandel, Schiffahrt und Fremdenrecht); Est-

Es ist wohl nicht so, daß die Handelspartner der Sowjetunion sich der besonderen Problematik einer Meistbegünstigungsvereinbarung mit einem Staatshandelsland zunächst nicht bewußt gewesen wären[12]. Die Vereinigung der regulativen und der operativen Funktion des Außenhandels und, in einem allgemeineren Sinne, der politischen und der wirtschaftlichen Entscheidungsbefugnis in der Hand des Staates mußte notwendig die Meistbegünstigungsklausel in einem anderen Lichte als gewohnt erscheinen lassen. Richtig ist es allerdings, daß bis zur Entwicklung entsprechender Gegenmaßnahmen seitens der Marktwirtschaftsländer eine gewisse Zeit verstrich.

Ein Hinweis darauf, daß man sich über die Beeinträchtigung der Klausel durch das Bestehen eines Außenhandelsmonopols klar war, findet sich bereits im deutsch-russischen Vertrag von Rapallo vom 16. 4. 1922[13]. Dort wird in Art. IV für das Fremdenrecht sowie für die gesamten „beiderseitigen Handels- und Wirtschaftsbeziehungen" die Meistbegünstigung vereinbart, während es in Art. V heißt: „Die beiden Regierungen werden den wirtschaftlichen Bedürfnissen der beiden Länder in wohlwollendem Geiste wechselseitig entgegenkommen." Dieser Passus war mit Rücksicht auf den konkreten wirtschaftspolitischen Hintergrund mehr als eine bloße freundlich-höfliche Deklamation, und er wurde dementsprechend bereits seinerzeit als ein Appell angesehen, der sich — jedenfalls nach Auffassung der deutschen Unterhändler — vorwiegend an die sowjetische Staatshandelsmonopolverwaltung richtete[14].

---

land—UdSSR vom 17. 5. 1929, LNTS Bd. 94, S. 323: Art. 2 (Reisegepäck und persönliche Güter), Art. 3 II (Exporttaxen), Art. 4 (Gerichtsschutz), Art. 9 (Konsularwesen), Art. 10 (Besteuerung), Art. 12 (Statut der Handelsgesellschaften), Art. 13 (Zölle und Gebühren), Art. 15 (Seeschiffahrt), Art. 16 VIII (Eisenbahn und Binnenschiffahrt); Italien—UdSSR, Zollübereinkunft vom 6. 5. 1933, LNTS Bd. 158, S. 55: Art. 1 - 4 (MB auf dem Zollsektor); Tschechoslowakei—UdSSR vom 25. 3. 1935, LNTS Bd. 161, S. 257: Art. 1 (Aufenthalt, Niederlassung, Arbeit, Eigentumserwerb), Art. 3 (Besteuerung), Art. 5 (Ausfuhr persönlicher Güter), Art. 6 (Konsularwesen), Art. 10 (Handelsausübung), Art. 11 (Zölle), Art. 13 (interne Warenbesteuerung), Art. 17 (Transit). Auf einem engeren Sektor ferner: Tschechoslowakei—UdSSR, Konsularabkommen vom 16. 11. 1935, LNTS Bd. 169, S. 157, Art. 20; Polen—UdSSR, Vertrag über Hafengebühren vom 31. 3. 1936, LNTS Bd. 186, S. 215, Art. 1 und 2. Eine Übersicht über die von der Sowjetunion bis Anfang der dreißiger Jahre abgeschlossenen völkerrechtlichen Verträge findet sich bei *Taracouzio*, The Soviet Union and International Law (1935), Appendix XXIV.

[12] So aber *Gerschenkron*, Economic Relations with the URSS, S. 14; auch *Domke/Hazard*, in: Aspects juridiques . . ., S. 78, und in AJIL 1958, S. 56.

[13] RGBl. 1922 II, S. 677 f.; LNTS Bd. 19, S. 248. Der ursprünglich mit der RSFSR geschlossene Vertrag wurde durch Abkommen vom 5. 11. 1922 auf die übrigen Bundesrepubliken der inzwischen begründeten UdSSR ausgedehnt; siehe RGBl. 1923 II, S. 315 ff.

[14] *Mainz*, S. 50 f.; vgl. auch die Bezugnahme auf Art. V des Rapallovertrages bei *Mersmann-Soest/Wohl*, Die deutsch-russischen Verträge vom 12. Oktober 1925 (Berlin 1926), S. 7.

Deutlicher noch wird eine derartige Loyalitätszusicherung formuliert im Rahmen des Rechts- und Wirtschaftsvertrages zwischen dem Deutschen Reich und der UdSSR vom 12. 10. 1925[15]. Dieses Übereinkommen, das als Konkretisierung der Rahmenverträge von 1922 gedacht ist, bestätigt zunächst in Art. 5 der Allgemeinen Bestimmungen die Verpflichtung gemäß Art. IV des Rapallo-Vertrages[16]. An anderer Stelle wird dann hinzugefügt, die Vertragsparteien würden die wechselseitigen Handelsbeziehungen auf jede Weise fördern, „wobei sie sich vom wirtschaftlichen Gesichtspunkt leiten lassen werden“[17]. Wörtlich die gleiche Klausel findet sich knapp zwei Jahre später in Art. 1 des Handelsvertrags der UdSSR mit Lettland vom 2. 6. 1927[18].

Hieraus entwickelte sich die sogenannte „commercial-considerations clause“, deren sich in der Folgezeit vor allem Großbritannien bediente. Es tat dies erstmals in einem Protokoll zum Handelsvertrag mit der UdSSR vom 16. 4. 1930[19]. Während in dem genannten Vertrag selbst die gegenseitige Meistbegünstigung für Warenverkehr, Fremdenbehandlung (Art. 1) und Schiffahrt (Art. 3) vereinbart ist, wird dort zusätzlich statuiert, die Vertragsparteien wollten in ihren gegenseitigen Wirtschaftsbeziehungen jede Diskriminination beseitigen und kämen in diesem Sinne dahin überein,

> “that, so far as relates to the treatment accorded by each Party to the trade with the other, they will be guided in regard to purchase and sale of goods,

---

[15] RGBl. 1926 II, S. 2 ff.; LNTS Bd. 53, S. 7. Das sog. deutsch-russische Vertragswerk vom 12. 10. 1925 umfaßt außerdem noch einen Konsularvertrag (LNTS Bd. 53, S. 163) und ein Rechtshilfeabkommen (a.a.O., S. 227). Der Hauptvertrag teilt sich auf in einen Allgemeinen Teil und folgende besondere Abschnitte: I. Abkommen über Niederlassung und allgemeinen Rechtsschutz, II. Wirtschaftsabkommen, III. Eisenbahnabkommen, IV. Seeschiffahrtsabkommen, V. Steuerabkommen, VI. Schiedsgerichtsabkommen, VII. Abkommen über gewerblichen Rechtsschutz.

[16] Vgl. ferner im Niederlassungsabkommen Art. 1 (allgemein für Niederlassung und Rechtsschutz), Art. 2 (Erwerbstätigkeiten), Art. 4 (Vermögenserwerb), Art. 5 (Ausfuhr persönlicher Güter), Art. 10 (Rechtsschutz), im Wirtschaftsabkommen Art. 11 (Behandlung der „Wirtschaftsorgane“ einschließlich der handeltreibenden Privatpersonen), Art. 13 (Formalitäten), Art. 26 (Zölle und Gebühren), und im Steuerabkommen Art. 1.

[17] Art. 1 des Wirtschaftsabkommens. Diese Klausel war jedoch nur ein Kompromiß und ein Ersatz für eigentlich angestrebte mengenmäßige Garantien. Vgl. *Kellner*, S. 110; *Leckzyck*, Meistbegünstigungs- und Kontingentsklauseln in russischen Handelsverträgen, Wirtschaftsdienst 1927, S. 2035 f.; *Westenberger*, Russische Handelsverträge, Magazin der Wirtschaft 1927, S. 1599 f.; *Zieger*, S. 10465.

[18] LNTS Bd. 68, S. 321. Art. 2 des Vertrages enthält ein gegenseitiges MB-Versprechen für a) praktisch das gesamte Fremdenrecht, b) die Behandlung juristischer Personen, c) Handel und Transit im allgemeinen, d) den Eisenbahnverkehr und e) die Seeschiffahrt.

[19] Treaty Series, 1930, No. 19, Cmd. No. 3552; LNTS Bd. 101, S. 409 (418). Vgl. zu dieser Klausel ferner unten Abschn. 2 und Kap. III, Abschn. 1.

in regard to the employment of shipping and in regard to all similar matters by commercial and financial considerations only"[20].

Die Meinungen über die Effektivität derartiger Klauseln im Sinne „westlicher" Wünsche waren eher skeptisch. Der britisch-sowjetische Handelsvertrag wurde im großen Ganzen als Fehlschlag angesehen[21]. Die Einhaltung der so formulierten Nichtdiskriminierungsklausel ließ sich praktisch nicht kontrollieren. Hinzu kam noch folgende Schwierigkeit: Jede der vertragschließenden Parteien sah die Diskriminierungsgefahr offenbar vor allem auf der anderen Seite, und es liegt nahe, daß die Sowjetunion die Klausel in keiner Weise als gegen ihre eigenen Praktiken gerichtet anerkannte.

Im Sinne dieser These erscheint sogar das vorläufige Handelsabkommen vom 16. 2. 1934[22] wie eine Rechtfertigung. Bereits im Protokoll von 1931 hatte es im Anschluß an den oben zitierten Passus geheißen:

> "In accordance with the above principle, trade between the United Kingdom and the Union of Soviet Socialist Republics shall be eligible for consideration on the same basis as trade between the United Kingdom and other foreign countries in connection with any legislative or administrative measures which are or may be taken by His Majesty's Government in the United Kingdom for the granting of credits to facilitate such trade. That is to say, that in considering any given transaction, regard shall be had to financial and commercial considerations only."

Nunmehr, im Abkommen von 1934, war der erstgenannte, allgemeinere Absatz fallengelassen, der zweite jedoch praktisch Wort für Wort aufrechterhalten worden (Art. 4), so daß sich die „commercial-considerations clause" nun einseitig gegen Großbritannien wandte[23]. Die britischen Unterhändler hatten auf die Beibehaltung der Klausel in ihrer ursprünglichen Form wahrscheinlich bewußt als ineffektiv verzichtet. Stattdessen hatten sie eine andere, wohl zuverlässigere Sicherung in das Abkommen eingebaut, auf die noch einzugehen sein wird. Es handelt sich um die Verpflichtung der Sowjetunion, durch eigene Einkäufe in England für eine nahezu ausgeglichene Handelsbilanz zu sorgen.

Aus verständlichen Gründen hatte sich die Sowjetunion zunächst geweigert, irgendwelche Verpflichtungen zu Einkäufen in bestimmter Höhe

---

[20] Die Klausel lehnt sich — abgesehen von ihrer größeren Ausführlichkeit — ihrerseits an die in den Verträgen mit Deutschland und Lettland enthaltenen Formeln an. Dies ist nicht berücksichtigt bei *Domke/Hazard*, AJIL 1958, S. 58.

[21] Vgl. die Rede von Lord Runciman im Britischen Parlament vom 1. 3. 1934, Parl. Deb., Commons, Bd. 286, Sp. 1291 f.; Auszug u. a. bei *Domke/Hazard*, AJIL 1958, S. 58 f. und in: Aspects juridiques . . ., S. 81; ferner *Royal Institute of International Affairs* (Information Department), Memorandum on the Most-Favoured-Nation Clause as an Instrument of National Policy (1933), S. 23.

[22] LNTS Bd. 149, S. 445 (MB-Klausel in Art. 1 wie im Vertrag von 1930).

[23] Dies ist offenbar nicht richtig gesehen bei *Domke/Hazard*, in: Aspects juridiques . . ., S. 82, und bei *Schwarzenberger*, BYIL 1945, S. 113.

zu übernehmen. Nachdem sie behauptete, die von ihr eingeräumte Meistbegünstigung sei ebensoviel wert wie die von irgendeinem anderen Land gewährte, konnte sie die Notwendigkeit solcher zusätzlichen Klauseln nicht anerkennen.

Eine Ausnahme von der anfänglichen Praxis findet sich erstmals in dem bereits zuvor erwähnten Handelsvertrag mit Lettland vom 2. 6. 1927[24]. In Ziffer 3 des Schlußprotokolls zu der in einem Anhang enthaltenen Zollvereinbarung wird folgendes festgelegt: Voraussetzung der vereinbarten Zollsenkungen durch Lettland ist der Kauf von Waren durch die UdSSR in Höhe von mindestens 15 Mill. Rubel (ca. 40 Mill. Lat); wird diese Bedingung nicht erfüllt, so sind Verhandlungen anzuberaumen, und Lettland hat zwischenzeitlich das Recht, die Zollvergünstigungen zu suspendieren. In ähnlicher Weise hat sich die Sowjetunion im Übereinkommen mit dem Iran vom 1. 10. 1927[25] auf Importe persischer Erzeugnisse im Wert von 50 Mill. Rubel pro Jahr festlegen lassen. Auch die vorläufige Zollübereinkunft mit der belgisch-luxemburgischen Zollunion vom 5. 9. 1935[26] ist in diesem Zusammenhang zu nennen.

Vergleichbare Kontingentsklauseln enthalten ferner die Handelsabkommen mit Frankreich vom 11. 1. 1934[27] und mit den Vereinigten Staatn vom 11. 7. 1935[28]. Diese Verträge sind jedoch rechtlich wesentlich anders konzipiert als die vorgenannten. Die Meistbegünstigung wird hier nur einseitig von dem marktwirtschaftlichen Partner gewährt. Das Importversprechen, das ihrerseits die Sowjetunion leistet, steht hier also quasi als Ersatz für die von ihr nicht gegebene (und auch nicht verlangte[29]) Meistbegünstigungszusage und somit als „quid pro quo" für die Meistbegünstigung durch den anderen Vertragsteil.

Frankreich gewährte in Teil I des Abkommens eine sachlich beschränkte Meistbegünstigung[30], während in Teil II die UdSSR in Aus-

---

[24] Vgl. oben Anm. 18.

[25] Notenwechsel betr. die Handelsbeziehungen zwischen Persien und der UdSSR, wiedergegeben bei *Martens/Triepel*, Bd. 21 (1930), S. 825.

[26] LNTS Bd. 173, S. 169. Beiderseitige MB in Art. 1 (Zollwesen), Art. 3 (Einfuhrreglementierung), Art. 4 (Transit), Art. 5 (Schiffahrt), Art. 16 (wirtschaftliche Tätigkeit natürlicher und juristischer Personen). Art. 2: Verpflichtung der UdSSR zu Importen in Höhe von 180 Mill. bfrs für 1935 und in Höhe von 200 Mill. bfrs für die folgenden Jahre.

[27] LNTS Bd. 167, S. 349.

[28] 49 Stat. 3805; E.A.S., No. 81; vgl. auch *Anderson*, The Recent Trade Agreement with Russia, AJIL Bd. 29 (1935), S. 635 f.; Verlängerung bis zum 13. 7. 1937 durch Notenwechsel vom 11. 7. 1936, vgl. dazu AJIL Bd. 32 (1938), Suppl., S. 93.

[29] Die USA haben ein Begehren der UdSSR, die Klausel auf Gegenseitigkeitsbasis zu formulieren, ausdrücklich zurückgewiesen. Hierdurch werde, so erklärten sie, nur der Schein einer Vergünstigung für die USA geschaffen. Vgl. *Domke/Hazard*, in: Aspects juridiques . . ., S. 84.

[30] Anwendung des Minimaltarifs für gewisse sowjetische Waren in Frankreich (Art. I, II, III), Gleichbehandlung in Fragen der Einfuhr-Formalitäten (Art. VI, VII), Gleichbehandlung seitens des französischen Tabakmonopols (Art. VIII) und in den Kolonien, Protektoraten und Mandaten (Art. IX).

sicht stellte, ihre Handelsvertretung in Paris werde demnächst französische Waren für 250 Mill. ffrs. bestellen. Mit den USA wurde vereinbart, diese sollten der Sowjetunion generell (außer für Kohlekäufe) die Meistbegünstigung gewähren[31], während die UdSSR ihrerseits sich zu Einkäufen in den USA in Höhe von 30 Mill. Dollar (statt bisher im Durchschnitt 12 Mill. Dollar jährlich)[32] bereitfand. Das sowjetisch-amerikanische Abkommen vom 4. 8. 1937[33] sieht in der rechtlichen Konstruktion wieder etwas anders aus. Für die Zollbehandlung wurde eine formell gegenseitige Nichtdiskriminierungsverpflichtung eingeführt: Die USA gewährten auf dem Zollsektor volle Meistbegünstigung, und die UdSSR ging eine ähnliche Verpflichtung ein, die jedoch interessanterweise nicht durch die übliche Form der Klausel ausgedrückt wurde. Zugleich erklärte die UdSSR in einer Note mit Datum vom 5. 8. 1937, die sowjetischen Wirtschaftsorganisationen hätten die Absicht, „während der kommenden zwölf Monate amerikanische Waren im Wert von mindestens vierzig Millionen Dollar zu kaufen“[34].

Von allen diesen Verträgen unterscheidet sich das schon genannte Abkommen mit Großbritannien in der Methode der Festsetzung der sowjetischen Importverpflichtung. Unter Verzicht auf die Angabe einer festen Summe fixiert es nur das Verhältnis der Zahlungsbilanzen der beiden Länder im Verkehr miteinander. Die entsprechende Regelung in Art. 3 verweist für alle Einzelheiten auf eine dem Abkommen beigefügte Tabelle (Schedule). Dort heißt es u. a.:

> "The payments of the Union of Soviet Socialist Republics in the United Kingdom as hereinafter defined shall bear to the proceeds of the Union of Soviet Socialist Republics in the United Kingdom as hereinafter defined the following proportions:
>
> In the year ending December 31, 1934 .... 1 : 1,7;
> in the year ending December 31, 1935 .... 1 : 1,5;
> in the year ending December 31, 1936 .... 1 : 1,4;
> in the year ending December 31, 1937 .... 1 : 1,2.
>
> Thereafter an approximate balance of payments measured by the ratio 1 : 1,1 shall be maintained."

Von besonderem Interesse ist noch der Niederlassungs-, Handels- und Schiffahrtsvertrag der UdSSR mit Persien vom 28. August 1935[35], und

[31] Gemeint war wohl nur die zollpolitische MB.

[32] Vgl. *Anderson*, a.a.O. (Anm. 28).

[33] E.A.S., No. 105; LNTS Bd. 182, S. 113; Verlängerungen für jeweils 1 Jahr am 4. 8. 1938 (LNTS Bd. 193, S. 306), 2. 8. 1939 (LNTS Bd. 200, S. 541), 6. 8. 1940 (a.a.O., S. 547), 2. 6. 1941 (UNTS Bd. 102, S. 269), 31. 7. 1942 (mit der Möglichkeit stillschweigender weiterer Verlängerung um je ein Jahr, a.a.O., S. 274); beendet am 23. 12. 1951 (UNTS Bd. 139, S. 470).

[34] LNTS Bd. 182, S. 122; vgl. auch Note des Botschafters der USA in Moskau vom 2. 8. 1937, a.a.O., S. 120.

[35] LNTS Bd. 176, S. 299.

zwar unter folgendem Gesichtspunkt: Der Iran hatte im Jahre 1931 ebenfalls ein staatliches Außenhandelsmonopol errichtet[36], und seither wickelten sich 80 % des Handels zwischen Persien und der UdSSR durch Kontakte von Staat zu Staat ab. Auch dieser Vertrag sieht eine weitgehende gegenseitige Meistbegünstigung vor[37]. In Art. X legen sich die beiden Staaten — im Hinblick auf das ihnen jeweils zustehende Außenhandelsmonopol — zusätzlich auf die Käufe bestimmter Warenkategorien fest. Dabei ist eine Erhöhung der Importe der UdSSR aus Persien um 10 - 15 % geplant, während Persiens Einkäufe in der Sowjetunion jeweils denen der UdSSR in Persien gleichwertig sein sollen.

2. Ost-West-Handelsverträge nach dem 2. Weltkrieg

Im Gefolge des letzten Weltkriegs und der von ihm verursachten politischen Umwälzungen gingen in Osteuropa und Ostasien eine Anzahl von Ländern zu dem von der Sowjetunion praktizierten System der staatlich gelenkten Wirtschaft über. Der Staatshandel wurde damit zu einem System, dem eine politisch und wirtschaftlich sehr gewichtige Staatengruppe anhing. In bezug auf die Meistbegünstigung bedeutete dies, daß von seiten dieser Länder mit erheblich weniger Entgegenkommen zu rechnen war, als es die Sowjetunion zuvor gezeigt hatte, zumal die Notwendigkeit irgendwelcher Kompromisse jedenfalls zunächst nicht anerkannt wurde. Die Staatshandelsländer forderten vielmehr die Gewährung uneingeschränkter Meistbegünstigung gegen gleichlautende Zusagen von ihrer Seite. Die „commercial-considerations"-Klausel der Vorkriegsjahre ist in den bilateralen Verträgen der Nachkriegszeit kaum wieder erschienen[38]; Kontingentsklauseln finden sich nur äußerst selten[39].

Die marktwirtschaftlich orientierten Länder verzichteten teilweise im Verkehr mit den zentral geleiteten Volkswirtschaften auf den Abschluß von Meistbegünstigungsverträgen und begnügten sich mit Regierungsabkommen, die, ohne irgendwelche Festsetzungen über Zölle und andere

---

[36] Vgl. oben Anm. 1.

[37] Art. II (Aufenthalt), Art. III (Eigentumserwerb), Art. IV (Berufsausübung), Art. V (Gerichtsschutz), Art. VII (Urheberrechts- und Markenschutz), Art. VIII (Rechte der Handelsgesellschaften), Art. XI (Zollwesen), Art. XII (Transporte).

[38] Ausnahmen: Handelsvertrag Polen—Japan vom 26. 4. 1958, UNTS Bd. 340, S. 221 ff.; Handelsabkommen Cuba—Japan vom 22. 4. 1960, UNTS Bd. 442, S. 261 ff., Art. 5 (in Anlehnung an die Formel des Art. XVII des GATT).

[39] Ein Beispiel enthält das Handelsabkommen UdSSR—Kanada vom 29. 2. 1956, UNTS Bd. 252, S. 165. In dem Notenwechsel der Vertragsparteien vom gleichen Tage (UNTS a.a.O., unter II) wird festgelegt, daß die sowjetischen AH-Gesellschaften in den nachfolgenden 3 Jahren zwischen 1,2 und 1,5 Mill. t Weizen in jährlichen Mengen von 400 000 bis 500 000 t kaufen sollen. "The quantity of wheat between 400 000 and 500 000 tons purchased by the Soviet Union during each of the second and third years of the validity of the Agreement shall be finally determined with due account being taken of sales of Soviet goods in Canada and Canadian purchases thereof."

Beschränkungen zu treffen, lediglich von Jahr zu Jahr unmittelbar den Warenaustausch regelten. Ob die eine oder die andere Form der Zusammenarbeit oder eine Kombination beider gewählt wurde, scheint allgemein von anderen als juristischen oder rein wirtschaftlichen Überlegungen abgehangen zu haben. Die Bundesrepublik Deutschland etwa hat allein mit der UdSSR einen Meistbegünstigungsvertrag abgeschlossen[40]. Er war zunächst ergänzt durch ein für 3 Jahre geltendes Austausch- und Zahlungsabkommen und jährliche Protokolle. Gegenwärtig sind die letzteren Abkommen ausgelaufen, während der Grundvertrag aufgrund einer Klausel über stillschweigende Verlängerung noch in Kraft ist. Mit den übrigen Staaten des planwirtschaftlichen Systems verkehrt die Bundesrepublik handelsmäßig lediglich auf der Grundlage von Regierungsabkommen über den Warenaustausch.

Angesichts der oben in Kapitel I aufgezeigten beschränkten Effektivität des Meistbegünstigungsprinzips in Staatshandelsländern sind die Handelsverträge der „klassischen" Art zwischen diesen (insbesondere der UdSSR) und Ländern des marktwirtschaftlichen Systems relativ zahlreich. Nur selten zwar finden sich Zusagen der Meistbegünstigung in ganz allgemeiner Form[41]. Dagegen sind in vielen Fällen Meistbegünstigungs- und Nichtdiskriminierungsvereinbarungen getroffen worden, die einzelne Sachbereiche[42] oder auch praktisch die wichtigsten Anwendungs-

---

[40] Abkommen über Allgemeine Fragen des Handels und der Seeschiffahrt vom 25. 4. 1958, BGBl. 1959 II, S. 221; UNTS Bd. 346, S. 71. Hierzu ausführlich *Grossart,* Das deutsch-sowjetische Handels- und Schiffahrtsabkommen, JZ 1959, S. 233 - 239.

[41] Dänemark—UdSSR, vgl. oben erster Teil, Kap. I, Abschn. 3, Anm. 36; Handelsvertrag Finnland—UdSSR vom 1. 12. 1947, UNTS Bd. 217, S. 3 ff., Art. 2: MB unbedingt und ohne Einschränkung „in all matters relating to commerce and navigation between the two countries, and to industry and other forms of economic activity in their territories"; Handels- und Schiffahrtsvertrag Italien—UdSSR vom 11. 12. 1948, UNTS Bd. 217, S. 181, Art. 1: MB „in allen Fragen des Handels"; Handels- und Schiffahrtsvertrag Österreich—UdSSR vom 17. 10. 1955, Österr. BGBl. 1956, S. 1509, UNTS Bd. 240, S. 289 ff., Art. 1: „die unbedingte Behandlung des meistbegünstigten Staates auf dem Gebiete des Handels und der Schiffahrt zwischen den beiden Staaten"; Frankreich—UdSSR, Vertrag über die gegenseitigen Handelsbeziehungen v. 3. 9. 1951, UNTS Bd. 221, S. 79 ff., Art. 1: MB „in allen Fragen des Handels und der Schiffahrt"; Japan—UdSSR, Protokoll über die Ausweitung des Handels und die gegenseitige Gewährung der Meistbegünstigung vom 19. 10. 1956, UNTS Bd. 263, S. 119 ff.: MB für Zölle, Gebühren und Zollformalitäten sowie im Hinblick auf „all other rules applicable to the import ... and the export of goods ...". Über die vielfach bestehenden Diskrepanzen zwischen Vertragsformeln und Vertragswirklichkeit vgl. die Ausführungen unten S. 99 f.

[42] Entweder so bedeutsame Gebiete wie das Zoll- und Abgabenwesen, die wichtigsten Teile des Fremdenrechts und die Schiffahrt, so z. B. das Handelsabkommen Cuba—Japan vom 22. 4. 1960, UNTS Bd. 442, S. 261 ff., Art. 1, 2 - 4, 6, oder aber nur einen sehr beschränkten Bereich wie den der Schiffahrt und der Hafengebühren, so das Meistbegünstigungsabkommen Israel—UdSSR vom 15. 7. 1955, UNTS Bd. 226, S. 253 ff.

gebiete der Meistbegünstigung[43] umfassen, wobei Verträge der letzteren Art sogar zu überwiegen scheinen.

Die Verträge, die die Klausel in einer generellen Form festlegen, wiederholen das Gleichbehandlungsversprechen zumeist noch im einzelnen für die wesentlichsten Sachgebiete, insbesondere das Zoll-, Gebühren- und Steuerwesen und die mengenmäßigen Beschränkungen[44]. Hierbei weichen allerdings die Abkommen der UdSSR mit Frankreich vom 3. 9. 1951 und mit Japan vom 19. 10. 1956 von der Mehrheit der übrigen insoweit ab, als sie die Nichtdiskriminierung auf dem Gebiet der Verbote und Kontingente nicht ausdrücklich erwähnen. Die UdSSR verlangt in solchen Fällen die Gleichbehandlung auch hinsichtlich der mengenmäßigen Beschränkungen. Die westlichen Marktwirtschaftsländer hingegen stellen sich auf den Standpunkt, die Klausel erfasse in erster Linie den Zollsektor, jedoch nicht ohne weiteres auch die Frage der Kontingente und Lizenzpflichten[45].

Die Frage der mengenmäßigen Beschränkungen bietet überhaupt einen der Hauptstreitpunkte im Ost-West-Handel. Die meisten marktwirtschaftlichen Länder sind nämlich grundsätzlich nicht bereit, den Staatshandelsländern insoweit Gleichbehandlung mit anderen Handelspartnern zu gewähren, selbst dann nicht, wenn dahingehende ausdrückliche Zusagen bestehen. Begründet wird diese Haltung vor allem mit dem Fehlen einer Gegenseitigkeit beim Abbau von mengenmäßigen Beschränkungen: Das Staatshandelssystem bringe es mit sich, daß jederzeit der „östliche" Partner jede beliebige quantitative Beschränkung praktizieren könne[46]. Ferner wird auf die Gefahr des sog. planwirtschaftlichen Dumping oder von Marktstörungen hingewiesen[47, 48].

---

[43] UdSSR—BRD, vgl. Anm. 40 (mit Einschränkungen hinsichtlich der Gleichbehandlung bei Kontingentierungen, vgl. unten Anm. 51); Handelsverträge Japan—UdSSR vom 6. 12. 1957, UNTS Bd. 325, S. 35 ff.; Polen—Japan, a.a.O.; Japan—CSSR vom 15. 12. 1959, UNTS Bd. 383, S. 277 ff.; Handelsabkommen UdSSR—Neuseeland vom 1. 8. 1963, UNTS Bd. 486, S. 27 ff. Alle diese Abkommen enthalten eine Gleichbehandlungsverpflichtung zumindest für die Zölle, die internen Abgaben und für Verbote und Beschränkungen. Immerhin für Zölle und quantitative Beschränkungen sind entsprechende Garantien enthalten im Handelsvertrag Schweiz—UdSSR vom 17. 3. 1948, UNTS Bd. 217, S. 73 ff., Art. 2 - 6, 8, und im Handelsabkommen UdSSR—Kanada, a.a.O.

[44] Vgl. z. B. Art. 3 und 2 des Vertrages UdSSR—Österreich.

[45] Vgl. zu dieser Kontroverse *Adler-Karlsson*, S. 149 f.; *Kozinski*, Economic Relations between the Socialist and Capitalist Countries, World Marxist Review Bd. 8, No. 7 (July, 1965), S. 12.

[46] Vgl. UN Doc. TRADE/188, Ziff. 17; ähnlich TD/18, Ziff. 121; *Standke*, S. 97; ausführlich dazu oben Kap. I, Abschn. 2 a.

[47] Siehe etwa TRADE/162, Ziff. 6 A; TD/18, a.a.O. Zu dieser letzteren Frage eingehender der dritte Teil dieser Arbeit.

[48] Nicht entscheidend für die Aufrechterhaltung dieser Beschränkungen sind allgemeinpolitische Motive; *Adler-Karlsson*, S. 132. Es handelt sich also nicht etwa um bloße Nachwirkungen des „kalten Krieges".

Um so mehr überrascht es, daß in sehr vielen Fällen mit den staatswirtschaftlichen Partnern eben diese Gleichbehandlung vereinbart wurde. Man wählte dabei statt der Meistbegünstigungs-[49] meist eine allgemeine Nichtdiskriminierungs-[50] oder Gleichbehandlungsformel[51]; sachlich ändert sich dadurch an der eingegangenen Verpflichtung nichts. Es ist ein erstaunliches Phänomen, daß von manchen Ländern, offenbar auf Drängen der planwirtschaftlichen Vertragspartei, dahingehende Klauseln akzeptiert worden sind, während offenbar von vornherein die Absicht fehlte, die entsprechenden Verpflichtungen einzuhalten[52].

Noch im Jahre 1964 konnte in einer Studie der UNCTAD kein westlicher Staat genannt werden, der den Staatshandelsländern eine völlig diskriminationsfreie Behandlung zugestand: "... completely non-discriminatory treatment of imports from centrally-planned economies is rare (or possibly even non-existent)"[53]. Auch die Tschechoslowakei als Mitglied des GATT war — entgegen Art. XIII des Abkommens — von derartiger Sonderbehandlung nicht ausgeschlossen[54].

---

[49] Die MB-Formel findet sich auch für quantitative Beschränkungen im Vertrag Japan—UdSSR vom 6. 12. 1957, Art. 7.

[50] Schweiz—UdSSR vom 17. 3. 1948, Art. 8.

[51] BRD—UdSSR, Art. 3: „Keiner der beiden Staaten wird für die Einfuhr aus dem Gebiet des anderen Staates oder für die Ausfuhr dorthin irgendwelche Beschränkungen oder Verbote erlassen oder aufrechterhalten, die unter analogen Bedingungen nicht gegenüber allen anderen Staaten Anwendung finden." Man könnte zunächst meinen, nach dieser Klausel könne die Sowjetunion grundsätzlich die Gleichbehandlung mit Marktwirtschaftsländern nicht verlangen, weil insoweit nie „analoge Bedingungen" vorlägen. Es ist aber offensichtlich, daß die UdSSR mit einer solchen Auslegung nicht einverstanden wäre und auch bei Abschluß des Vertrags nicht einverstanden war. Dennoch ist die durch die Klausel der „analogen Bedingungen" geschaffene Einschränkung beträchtlich: Sie bezweckt es nämlich, der UdSSR die Vorteile insbesondere der Liberalisierungsvereinbarungen im Rahmen der OEEC nicht zukommen zu lassen. Vgl. *Grossart*, S. 234.

[52] Man könnte den Gedanken der Repressalie heranziehen; indes fehlt es an der Beweisbarkeit von Vertragsverletzungen der anderen Seite. Gelegentlich wird der — auch im Völkerrecht beachtliche — Grundsatz von Treu und Glauben herangezogen; so *Joetze*, S. 145. Am ehesten kann man wohl von einem von der anderen Seite erkannten stillen Vorbehalt sprechen.

[53] UN Doc. E/CONF. 46/34, Ziff. 45; vgl. auch *Adler-Karlsson*, S. 132.

[54] Vgl. etwa UN Doc. TRADE/188, Ziff. 21. Weiter im Abbau der Kontingentierungen als die übrigen Marktwirtschaftsländer gingen und gehen heute noch Finnland und Österreich in ihrem Verhältnis zur UdSSR. Dabei unterscheiden sich deren Handelsverträge mit der UdSSR von 1947 bzw. 1955 *der Formel nach* nicht wesentlich von denen der UdSSR mit z. B. Dänemark, Italien, Frankreich und Japan (s. oben Anm. 41). Die entscheidenden Differenzen liegen in der *praktischen Durchführung* der Verträge. Es gilt in diesem Zusammenhang zu bedenken, daß im Falle Österreichs (nach der Erlangung der Unabhängigkeit im Jahre 1955) und im Falle Finnlands (wegen der starken wirtschaftlichen Verflechtung mit der UdSSR und des vorangegangenen Krieges) besondere politische Umstände vorlagen, die es geraten erscheinen ließen, der Sowjetunion weitergehende Konzessionen zu machen (vgl. auch oben erster Teil, Kap. I, Abschn. 5 b, Anm. 91).

Mit dem Beginn der sechziger Jahre gingen indes zahlreiche Marktwirtschaftsländer, als erste Großbritannien und Frankreich, zu einer fortschreitenden Liberalisierung ihrer Importe aus den sozialistischen Ländern über[55]. Heute bestehen etwa in Österreich gegenüber der UdSSR und der Tschechoslowakei[56] keinerlei diskriminatorische Kontingente und Lizenzpflichten mehr. Das gleiche gilt in Finnland für das Verhältnis zur Sowjetunion. Die Schweiz und Spanien erklären sogar, in ihren Ländern gälten für die Staatshandelsländer Osteuropas im Hinblick auf mengenmäßige Beschränkungen die gleichen Bedingungen wie etwa für die OECD-Mitglieder[57].

Einen völlig neuen Aspekt in der Frage der Kontingentsbestimmungen hat die Praxis der Vereinbarungen über die technische Zusammenarbeit von Industrieunternehmen mit sich gebracht. Die diese Verträge abdeckenden zwischenstaatlichen Abkommen erklären oft ausdrücklich, der Austausch von Waren im Rahmen bestimmter Kooperationsverträge werde durch nationale Kontingentierungsvorschriften nicht gehindert[58].

3. Verträge unter Staatshandelsländern

Im Handel der sozialistischen Länder untereinander nehmen, wie schon an anderer Stelle dargelegt[59], die Verträge den wichtigsten Raum ein, die nach dem Warenlistensystem unmittelbar Umfang und Zusammensetzung des Handels regeln. In manchen Fällen begnügen sich die Partner mit derartigen Abreden über den Warenaustausch. An die Stelle von Meistbegünstigungszusagen auf dem Gebiet der Zölle, der mengenmäßigen Beschränkungen und der geschäftlichen Betätigung Fremder steht dann häufig eine allgemeine Loyalitätsklausel. Diese lautet etwa dahin, der Handel zwischen den beiden Ländern solle ausgedehnt oder den beiderseitigen Handelsorganisationen solle der Abschluß von Geschäften erleichtert werden[60].

Daneben finden sich Abkommen, die außer den direkten Festsetzungen über die zu liefernden und abzunehmenden Warenmengen zusätzlich noch Meistbegünstigungsvereinbarungen enthalten[61]. Besonders häufig

---

[55] Vgl. etwa UN Doc. TRADE/184/Rev. 1, Ziff. 4 ff.; TRADE/188, Ziff. 13; *Adler-Karlsson*, a.a.O.

[56] Economic Bulletin for Europe Bd. 20, No. 1, S. 53 (Annex).

[57] TRADE/188, Ziff. 14.

[58] Long-Term Agreements and Contracts in East-West European Trade, UN Doc. TRADE/202/Add. 1 (9. 9. 1968), Ziff. 37.

[59] Oben, erster Teil, Kap. II, Abschn. 4 b.

[60] Handelsabkommen Bulgarien—Jugoslawien vom 16. 3. 1955, UNTS Bd. 397, S. 83 ff., Art. 5.

[61] Beispiele dieses gemischten Vertragstyps bieten die Handelsabkommen Cuba—CSSR vom 10. 6. 1960, UNTS Bd. 447, S. 75 ff.; Cuba—Albanien vom 16. 1. 1961, UNTS Bd. 448, S. 67 ff.; Cuba-UdSSR vom 13. 2. 1960, UNTS Bd. 369,

ist der Handels- und Schiffahrtsvertrag mit denkbar weitgehender Meistbegünstigung als ein auf lange Frist hin angelegter Rahmenvertrag für die gesondert abzuschließenden einzelnen Austauschabkommen[62]. In diesem Sinne hat sich sogar eine Musterform entwickelt, die in fast allen Verträgen dieser Länder wiederkehrt. Dieses, wie man sagen könnte, sowjetische Modell eines Handelsvertrages[63] präsentiert das Vorbild einer möglichst weit ausgedehnten Meistbegünstigung. Die Verträge haben, bei Verwendung zumeist wörtlich gleicher Formulierungen, mit einigen unbedeutenden Abweichungen folgenden Inhalt[64]:

- An erster Stelle steht eine allgemeine Zusage der Meistbegünstigung für alle Fragen des Handels, der Schiffahrt und der sonstigen wirtschaftlichen Beziehungen; diese wird dann spezifiziert durch Vertragsartikel betreffend
- Zollangelegenheiten
- Inlandsabgaben
- Verbote und Beschränkungen
- Schiffahrt
- Binnentransporte von Personen und Sachen
- Transit und
- Anerkennung und Behandlung der beiderseitigen Außenhandelsgesellschaften.

Es fällt auf, daß die Vorschriften über den Warenverkehr eindeutig überwiegen. Anstelle fremdenrechtlicher Vorschriften, die in modernen Verträgen der westlichen Industriestaaten untereinander sowie zwischen ihnen und Entwicklungsländern einen großen Raum einnehmen[65], findet man nur die übliche Bestimmung betreffend die Handelsvereinigungen. Zusätzlich wird dann noch manchmal im gleichen Vertrag die Entsen-

---

S. 17 ff. Es handelt sich hier, im Verhältnis zu Cuba, um das Vertragsmodell, das vor allem gegenüber Entwicklungsländern zur Anwendung kommt.

[62] Dieser Charakter als Rahmenvertrag wird besonders deutlich im Handels- und Schiffahrtsvertrag CSSR—Bulgarien vom 8. 3. 1963, UNTS Bd. 495, S. 219, wo in Art. 1 auf die noch abzuschließenden langfristigen Handelsabkommen verwiesen wird.

[63] Über die Existenz derartiger Vertragsmuster auch im nichtkommunistischen Bereich vgl. *Scheuner*, Die Rolle der Handelsverträge ..., S. 893.

[64] Das folgende Schema haben verwendet z. B. die Handels- und Schiffahrtsverträge UdSSR—Rumänien vom 20. 2. 1947, UNTS Bd. 226, S. 79; UdSSR—Ungarn vom 15. 7. 1947, UNTS Bd. 216, S. 247; UdSSR—CSSR vom 11. 12. 1947 (zu einem Zeitpunkt vor der Sozialisierung der tschechoslowakischen Wirtschaft), UNTS Bd. 217, S. 35; UdSSR—DDR vom 27. 9. 1957, UNTS Bd. 292, S. 75; UdSSR—Albanien vom 15. 2. 1958, UNTS Bd. 313, S. 261; UdSSR—DR Vietnam vom 12. 3. 1958, UNTS Bd. 356, S. 149; UdSSR—VR China vom 23. 4. 1958, UNTS Bd. 313, S. 135; UdSSR—DVR Korea vom 22. 6. 1960, UNTS Bd. 399, S. 3. Nur ausnahmsweise findet sich das Schema im Vertrag mit einem nichtkommunistischen Land: UdSSR—Italien, vgl. oben Abschn. 2, Anm. 41.

[65] *Scheuner*, a.a.O., S. 893 ff.

dung von Handelsmissionen vereinbart[66], deren Statut in einem Anhang niedergelegt zu werden pflegt[67].

Man kann sich fragen, warum bei der beschränkten Bedeutung der Meistbegünstigung in einer sozialistischen Wirtschaft die Staatshandelsländer auch unter sich ein derart weitverzweigtes Netz von Verträgen aufrechterhalten. In erster Linie steht dabei sicherlich das Motiv der Bindung durch möglichst freundschaftlich gehaltene Vertragswerke. In der handelspolitischen Diskussion mit der Gruppe der Marktwirtschaftsländer läßt sich ferner die Tatsache verwerten, daß die Länder des sozialistischen Lagers sich gegenseitig in vorbildhafter Weise volle Meistbegünstigung gewähren. Schließlich kommt die Tatsache hinzu, daß diese Staaten der ihrerseits gewährten Meistbegünstigung jedenfalls im Hinblick auf die verwaltungsmäßige Behandlung einen gewissen reellen Wert beimessen.

Ein wichtiger Aspekt dieser Verträge wäre noch zu erwähnen, der die Natur der Zusammenarbeit im Rahmen des RGW betrifft: Durch die fraglichen Handels- und Schiffahrtsverträge wird demonstriert, daß für den Handel der Staatshandelsländer untereinander der gleiche Standard gilt, den man auch den marktwirtschaftlichen Handelspartnern zu gewähren bereit ist. Erscheinungen wie Zollpräferenzen gibt es in der Tat nicht[68].

Angesichts der überragenden Bedeutung der direkten Lenkung durch das Außenhandelsmonopol kommt dieser Feststellung freilich keinerlei materielle Bedeutung zu: Autoren der sozialistischen Länder räumen selbst ein, daß der Zoll im Verkehr der Staatshandelsländer untereinander seine ursprüngliche regulierende Funktion völlig verloren hat[69].

4. Verträge mit Entwicklungsländern

Der Warenaustausch der sozialistischen Staaten mit den schwach industrialisierten Ländern Afrikas, Asiens und Lateinamerikas erfolgt aufgrund sehr unterschiedlicher Formen von Handelsarrangements. Zu nennen sind insbesondere die transnationalen Abkommen nichtvölkerrechtlicher Art[70], die klassischen Handelsverträge und die auf Regierungsebene geschlossenen Austauschabkommen des Typs, der für die Staats-

---

[66] UdSSR—DVR Korea, a.a.O., Art. 13.

[67] So z. B. im Fall der Verträge der UdSSR mit der CSSR und mit Bulgarien, a.a.O. (Anm. 64).

[68] UN Doc. TRADE/140, Ziff. 10.

[69] *Nykryn/Herman/Stepán/Heiduschat,* S. 186.

[70] Gemeint sind Vereinbarungen privater Unternehmer mit den AH-Vereinigungen oder mit unmittelbar staatlichen Organen der sozialistischen Länder. Vgl. dazu UN Doc. TD/B/128/Add. 2, Ziff. 53. Zur Einordnung dieser Abkommen zwischen Privat- und Völkerrecht vgl. *Friedmann,* S. 221 ff.; *Scheuner,* a.a.O., S. 885 ff.; *Verdross,* Völkerrecht, 5. Aufl. (Wien 1964), S. 368.

handelsländer charakteristisch ist. Dabei hat die Methode der direkten Regelung des Außenhandelsflusses, wie sie durch die letztgenannten Vereinbarungen repräsentiert wird, eine überragende Bedeutung erlangt[71]. Von dem Handel etwa der UdSSR mit den Entwicklungsländern wurden gut 80 % aufgrund von Abkommen nach dem Warenlistensystem abgewickelt, ca. 10 % in Anwendung sonstiger internationaler Verträge, d. h. vor allem klassischer Meistbegünstigungsabkommen (Beispiel Ungarn - Nigeria; Bulgarien - Sierra Leone), und der Rest außerhalb jedes derartigen offiziellen Rahmens (Beispiel: UdSSR - Saudi Arabien)[72]. Diese Angaben über den Handel der UdSSR stehen stellvertretend für eine allgemeine Entwicklung des Handels der sozialistischen Staaten mit der Dritten Welt[73]; dabei tendiert diese innerhalb der verschiedenen Formen der „Koordinationsabkommen" eindeutig zu solchen mit langer Laufzeit[74].

Eine so gestaltete wirtschaftliche Zusammenarbeit wird erleichtert durch die Tatsache, daß auch die schwach entwickelten Länder aus verschiedenen Gründen (übergroßer Importbedarf, Schwierigkeiten für die Rohstoffexporte, Devisenknappheit, Anlehnung an sozialistische Gesellschaftsvorstellungen[75]) in immer stärkerem Umfang zu einer zentralen Planung ihres Außenhandels übergehen; die Zahl der Staatshandelsorganisationen in diesen Regionen hat in den letzten Jahren sehr rasch zugenommen[76]. Dies gilt besonders für die vier Länder, welche die Schwerpunkte des Handels der sozialistischen Staaten Osteuropas resp. in Europa, Lateinamerika, Asien und in Afrika bilden: Jugoslawien, Cuba, die Indische Union und die VAR[77]. Davon haben Jugoslawien und Cuba selbst eine sozialistische Wirtschaftsordnung. Indien hatte — als eines der ersten Entwicklungsländer — bereits unmittelbar nach Erlangung der Unabhängigkeit die Planung als Instrument der Wirtschaftspolitik praktiziert, und der Anteil der öffentlichen Unternehmen in der

[71] Vgl. *Royer*, Trade between planned economies and the developing world, J.W.T.L. Bd. 1 (1967), S. 489 ff., 497 ff., 501 f.

[72] TD/B/128/Add. 2, Ziff. 55; vgl. auch TD/18, Ziff. 72.

[73] TD/B/128/Add. 2, Ziff. 55.

[74] a.a.O., Ziff. 57.

[75] Vgl. *Scheuner*, a.a.O., S. 884 f.

[76] TD/18, Ziff. 75; vgl. auch *Behrman*, State Trading by Undeveloped Countries, L.C.P. Bd. 24, No. 2 (Spring 1959), S. 454 ff.; E/CONF. 46/32, State trading in the countries of the ECAFE (= Proceedings of UNCTAD Bd. 7, S. 1 ff.). In einer Empfehlung zur UNCTAD 1964 in Genf wird ausgesprochen, die direkte Ausübung des Handels durch die Regierungen müsse als Instrument zur Ausweitung des Handels allgemein anerkannt werden; Diskriminierungen aus diesem Grunde seien nicht gerechtfertigt (Proceedings Bd. 1, S. 64, Annex A.VI.4).

[77] Nach TD/18, Ziff. 52, machte der Handel mit diesen Ländern seit 1961 mehr als die Hälfte des gesamten AH-Umsatzes der osteuropäischen sozialistischen Länder mit den Entwicklungsländern aus. Zur Eingliederung Jugoslawiens in die Kategorie der Entwicklungsländer vgl. oben erster Teil, Kap. II, Abschn. 4 d, Anm. 85.

Industrie und im Außenhandel ist seither in ständigem Wachstum begriffen[78]. Im Falle der VAR läßt sich sagen, daß aufgrund von Verstaatlichungsmaßnahmen die ehemals weitgehend private Wirtschaft sich heute zum größten Teil in Staatshänden befindet. Insbesondere Außenhandelstransaktionen werden dort fast ausschließlich von staatlichen Organismen durchgeführt[79].

Was die Konzeption der genannten Lieferungsabkommen angeht, so wird betont, „daß die festgelegten Ziffern und Kontingente lediglich die grundsätzliche Absicht der Vertragspartner zum Ausdruck bringen, zu gegebener Zeit die in der Liste aufgeführten Waren auszutauschen. Die Import- (oder Export-)verpflichtungen ... entstehen erst nach Abschluß von Verträgen, die den durch diese Listen und Kontingente gesteckten Rahmen ausfüllen ...“[80]. Ferner wird regelmäßig in den Verträgen darauf hingewiesen, die festgelegten „quotas and targets“ stellten keine absoluten Grenzen, somit keine Restriktionen des Handels dar[81].

Quantitativ streben die Abkommen zumeist ein bilaterales wertmäßiges Gleichgewicht von Käufen und Verkäufen an. So heißt es etwa im Handels- und Zahlungsabkommen zwischen Ceylon und der Volksrepublik China vom 19. 9. 1957[82] in Art. 2: "The trade between the two countries shall be based on the principle of a balance of the value of imports and exports[83]." Auch derartige Angaben stellen jedoch nur Absichtserklärungen dar; eine feste Zusage des Staates, für die Verwirklichung des gesetzten Vertragsziels einzustehen, ergibt sich daraus nicht.

Was die Gewährung der Meistbegünstigung angeht, so wird diese grundsätzlich neben den listenmäßigen Festsetzungen garantiert. Beide Arten von Absprachen erfolgen häufig in einem und demselben Abkommen, woraus sich ein besonders für den Handel mit den Entwick-

---

[78] Case study prepared by the UNCTAD Secretariat on trade and economic relations between India and the socialist countries of Eastern Europe, Doc. TD/B/129 (21. 7. 1967) Chapter I, Ziff. 7, Chapter III, Ziff. 36.

[79] Case study ... on trade and economic relations between the United Arab Republic and the socialist countries, Doc. TD/B/130 (28. 7. 1967), Summary, Ziff. 3, Chapter I, Ziff. 1.

[80] TD/B/128/Add. 2, Ziff. 56.

[81] Handels- und Zahlungsabkommen UdSSR—Libanon vom 30. 4. 1954, UNTS Bd. 226, S. 109 ff., Art. 4; Handelsabkommen Ungarn—Ceylon vom 4. 6. 1956, UNTS Bd. 315, S. 13 ff., Art. 2; UdSSR—Irak vom 11. 10. 1958, UNTS Bd. 328, S. 95 ff., Art. 4; Rumänien—Irak vom 24. 12. 1958, UNTS Bd. 405, S. 243 ff., Art. 2 III; UdSSR—Ghana vom 4. 8. 1960, UNTS Bd. 421, S. 27 ff., Art. 3; UdSSR—VAR vom 23. 6. 1962, UNTS Bd. 472, S. 43 ff., Art. 8; UdSSR—Tanganjika vom 14. 8. 1963, UNTS Bd. 493, S. 195 ff., Art. 7. Vgl. auch UN Doc. TD/18, Ziff. 76.

[82] UNTS Bd. 337, S. 137.

[83] Auf einem (ausnahmsweise) völlig anderen Zahlungsbilanzverhältnis beruht demgegenüber das Handelsabkommen Rumänien—Irak, a.a.O. (Anm. 81). Siehe Art. 2 II: "The value of Rumanian purchases from Iraq shall not be less than 25 % of the value of Rumanian exports to Iraq." Vgl. im übrigen oben Kap. I, Abschn. 2 c, Anm. 72.

lungsländern charakteristischer Mischtyp ergibt[84]; die Meistbegünstigung wird dabei zumindest auf das Zoll- und Schiffahrtswesen[85] oder aber „auf alle Fragen des Handels und der Schiffahrt“[86] ausgedehnt.

Darüber hinaus räumen, wie schon erwähnt, in neuerer Zeit verschiedene Staaten des sozialistischen Bereichs den Entwicklungsländern Sondervergünstigungen ein. Ungarn etwa hat kürzlich zugunsten der von dort kommenden Importe Präferenzzölle festgesetzt, die noch unter den Meistbegünstigungstarifen liegen; Bulgarien und die UdSSR haben die Zölle für Waren aus den schwach entwickelten Ländern abgeschafft; in der Tschechoslowakei ist die Zollerhebung insoweit suspendiert[87]. In einer Studie der UNCTAD wird von diesen Zollmaßnahmen vorsichtig als von „einer Art Präferenz“ gesprochen, die „in Anbetracht der gegenwärtig in Gang befindlichen Wirtschaftsreformen die einzelnen Importeure in der Wahl der Lieferländer merklich beeinflussen könnte“[88].

5. Multilaterale Vereinbarungen und Diskussionen

Die Probleme im Handel zwischen Ländern mit staatlich gelenkter Wirtschaft und solchen mit marktwirtschaftlichem System sind nicht nur in bilateralen Verhandlungen ausgetragen worden. Auch eine beträchtliche Anzahl von internationalen Institutionen hat sich ihrer angenommen. Die jeweiligen Kompetenzen dieser Organismen und die Zusammenhänge jener Bestrebungen lassen sich für den mit der Materie nicht vertrauten Beobachter nicht immer leicht erkennen. Zur Orientierung sei daher an dieser Stelle eine kurze Übersicht gegeben.

a) Die Arbeit des Völkerbundes

In den zwanziger und dreißiger Jahren stellte der Staatshandel noch nicht ein so zentrales Problem dar, wie dies seit 1945 der Fall ist. Kann man heute in der Marktwirtschaft einerseits und der zentralgeleiteten Wirtschafts andererseits die beiden großen, nahezu gleich gewichtigen rivalisierenden ökonomischen System sehen, so galt in der Periode zwischen den beiden Weltkriegen der unmittelbar staatlich organisierte

---

[84] Hierzu vgl. *Scheuner*, a.a.O., S. 899 ff.

[85] UdSSR—Libanon, a.a.O., Art. 5, 7; Handels- und Zahlungsabkommen UdSSR—Syrien vom 16. 11. 1955, UNTS Bd. 259, S. 71 ff., Art. 5, 7; Handelsabkommen Ceylon—Bulgarien vom 19. 6. 1956, UNTS Bd. 315, S. 23 ff., Art. 3, 4; UdSSR—Irak, a.a.O., Art. 5, 7.

[86] Handels- und Zahlungsabkommen UdSSR—Somalia vom 2. 6. 1961, UNTS Bd. 493, S. 173 ff., Art. 2; ähnlich Rumänien—Irak, a.a.O. (Anm. 81), Art. 3; UdSSR—Ghana, a.a.O., Art. 1; UdSSR—VAR, a.a.O., Art. 1; UdSSR—Tanganjika, a.a.O., Art. 1.

[87] TD/B/128/Add. 2, Ziff. 65.

[88] TD/B/128/Add. 2, Ziff. 65 (Fußnote); vgl. dazu auch *Papanicolaou*, S. 264 (Fußn. 5).

Handel noch als die Ausnahme. Er wurde im Grunde als Anomalie empfunden[89]. Einzige Vertreterin einer dahingehenden Wirtschaftskonzeption war die UdSSR[90].

So kam es, daß andere handelspolitische Fragen[91] die Aufmerksamkeit der Völkerverbundsmitglieder von diesem neu auf sie zukommenden Problem ablenkten. Immerhin befaßten sich die zuständigen Organe — wenngleich mehr am Rande — doch gelegentlich auch mit den Besonderheiten, die ein Staatshandelssystem wie das der UdSSR in bezug auf die Meistbegünstigung bot. Zu nennen wäre etwa eine Studie des Völkerbundssekretariats vom 13. 8. 1936. Dort wird die Notwendigkeit betont, über die Meistbegünstigung hinaus eine Methode zu finden, um auch im Verkehr mit Staatshandelsländern Diskriminierungen möglichst auszuschließen[92].

In der Kriegszeit dürfte die direkte Staatskontrolle über den Außenhandel stärker als je zuvor in den Blickpunkt getreten sein. Die eine ausführliche Studie des Gesamtproblems von seiten des Völkerbundes stammt denn auch aus dem Jahre 1943[93]. Sie handelt neben anderem von der Möglichkeit der Diskriminierung durch Staatsmonopole und von bis dahin ergriffenen Gegenmaßnahmen der Marktwirtschaftsländer. Ihr Autor ist Jacob *Viner*.

In mehrseitigen Vereinbarungen über Meistbegünstigung und Staatshandel ist es im Völkerbund nicht gekommen.

b) Die I.T.O.-Charta in ihrer Stellung zum Staatshandel

Der erste bedeutsame Versuch der Schaffung einer universellen Handelsorganisation war der auf Vorschläge der USA (die „Proposals for Expansion of World Trade and Employment“ vom November 1945) zurückgehende Plan einer „International Trade Organization“ (I.T.O.)[94]. Die Satzung dieser geplanten Organisation wurde auf der vom Wirtschafts- und Sozialrat der Vereinten Nationen (ECOSOC) im März 1946 einberufenen und zwischen dem 21. 11. 1947 und dem 24. 3. 1948 stattfindenden Konferenz von La Havana ausgearbeitet.

---

[89] Vgl. *Allen*, S. 256.

[90] Zu dem persischen „Zwischenspiel“ vgl. indes oben Abschn. 1, Anm. 1.

[91] Vgl. oben erster Teil, Kap. I, Abschn. 2 (a. E.).

[92] L'éclipse partielle ..., S. 11: “Cette méthode, il est vrai, ne serait probablement pas la clause (— difficile à appliquer lorsque l'Etat est en même temps le signataire du traité et le seul acheteur des marchandises —) mais le but qu'elle poursuivrait serait le même.”

[93] Trade relations between Free-Market and Controlled Economies, LoN Publ. 1943.II.A.4.

[94] Vgl. dazu oben erster Teil, Kap. I, Abschn. 5 b, Anm. 98. Text der Charta siehe Havana Charter for an International Trade Organization, United Nations Conference on Trade and Employment, Final Act and Related Documents

Die I.T.O. war als eine selbständige Unterorganisation der Vereinten Nationen nach Art etwa des Internationalen Arbeitsamts (ILO) oder der Organisation der Vereinten Nationen für Erziehung, Wissenschaft und Kultur (UNESCO) konzipiert. Ihre Ziele reichten sehr weit; so enthielt die Havana Charter beispielsweise auch Vorschriften über Beschäftigung, internationale Rohstoffabkommen und über „restriktive Geschäftspraktiken“ (d. h. Wettbewerbsbeschränkungen wie Kartelle und Konzerne).

Bei den Bestimmungen auf dem Gebiet der Handelspolitik stand die über die gegenseitige Gewährung unbedingter Meistbegünstigung im Mittelpunkt.

Die Diskussionen über die Anwendung der allgemeinen handelspolitischen Bestimmungen auf staatliche Handelsmonopole nahmen bei der Erarbeitung der Charta einen breiten Raum ein. Aus ihnen ergab sich schließlich der durch die Art. 29 - 32 gebildete Abschnitt über den Staatshandel (Chapter IV, section D, State trading and related matters)[95]. Die zentrale Vorschrift dieses Teils der Charta war die des Art. 29[96] über die nichtdiskriminatorische Handhabung des Staatshandels allein nach kaufmännischen Gesichtspunkten.

Um eine Expansion des Handels, wie sie die Meistbegünstigung bezweckt, auch im Verhältnis zu den Ländern mit komplettem Außenhandelsmonopol zu sichern, waren für diese letzteren anfangs — in den „Proposals“ — auch noch besondere globale Importverpflichtungen vorgesehen gewesen[97]. Die Staatshandelsländer hätten unter einer derartigen Bestimmung mit der Gesamtheit der privatwirtschaftlichen Mitgliedstaaten jährlich bestimmte Warenmengen vereinbaren müssen, deren Abnahme sie garantierten. Es scheint jedoch, daß die praktischen Schwierigkeiten, solche Global-Kontingente auszuhandeln, unüberwindlich waren, selbst für den Fall, daß die Sowjetunion (die an den Arbeiten nicht teilnahm, deren grundsätzlich ablehnende Einstellung in dieser Frage aber bekannt war) das Prinzip dieser Importgarantien akzeptiert haben würde. Man hielt eine diesbezügliche Vorschrift für nicht praktikabel und verzichtete darauf in allgemeinem Einvernehmen. An ihre Stelle ist — unter dem optimistischen Titel „Expansion of Trade“ — die Bestimmung des Art. 31 getreten.

(1948), UN Doc. ICITO/1/4 oder E/CONF. 2/78, und bei *Wilcox*, S. 227 ff. Über die vorbereitenden Tagungen und die Vorentwürfe vgl. *Imhoff*, S. 4 - 11; ausführlich über die Geschichte der Charta und der Havana-Konferenz *Brown*, S. 67 - 160.

[95] Siehe Anhang zu dieser Arbeit.

[96] *Brown*, S. 111, 212.

[97] „Proposals . . .“, S. 17; Art. 33 der „Suggested Charter“ oder „US Draft“ vom September 1946. Hierzu siehe etwa *Brown*, S. 114; *Fawcett*, S. 343; *Gerschenkron*, Am. Ec. Rev. 1947, S. 629 ff., 635 ff.; *Wilcox*, S. 101.

c) Das GATT und die Staatshandelsländer (Übersicht)

Das Allgemeine Zoll- und Handelsabkommen[98] ist aus den Vorarbeiten für die Gründung der I.T.O. hervorgegangen. Nachdem die Verwirklichung dieses Projekts problematisch erschien, faßten anläßlich der Tagung des Vorbereitenden Ausschusses in Genf vom 10. 4. bis 22. 8. 1947 die Staatenvertreter den Entschluß, die handelspolitischen Abschnitte des Entwurfs der I.T.O.-Charta in seinem damaligen Stadium als Sonderabkommen zu gestalten und ihre vorläufige Anwendung zu vereinbaren. Dieser Plan wurde am 30. 10. 1947 Realität: Die Vertreter der Gründerstaaten brachten die damals eingeleiteten Gespräche über allseitige Zollsenkungen, die sog. erste „Runde", erfolgreich zum Abschluß und einigten sich auf ein Protokoll über die vorläufige Anwendung des Allgemeinen Zoll- und Handelsabkommens[99]. Auf diesem beruht — kurioserweise — die gesamte Praxis des GATT.

Bestimmungen über den Staatshandel finden sich im GATT an mehreren Stellen. Im Mittelpunkt steht — wie in der I.T.O.-Charta — die Vorschrift über die Nichtdiskriminierung (Art. XVII). Eine dem Art. 31 der Havana Charter vergleichbare Klausel enthält Art. II Nr. 4. Ergänzende Bestimmungen finden sich in Annex lit. I, der gemäß Art. XXXIV als Teil des Abkommens gilt[100].

Die Erfahrungen der GATT-*VERTRAGSPARTEIEN*[101] mit den — wenngleich wenigen — dem Abkommen angehörenden Staatshandelsländern rechtfertigen eine ausfühnlichere Darstellung an späterer Stelle. Hier soll nur ein kurzer Überblick über die Beziehungen zu diesen und anderen mit ihnen in Kontakt stehenden Ländern der sozialistischen Sphäre gegeben werden:

Vollmitglieder des GATT sind die Tschechoslowakei (seit 1948), Cuba (dto.), Jugoslawien (seit 25. 8. 1966)[102] und Polen (seit 18. 10. 1967)[103]. Von diesen steht rechtlich nur Polen unter einem Sonderstatut. Jugoslawien sind Bedingungen eingeräumt worden wie den übrigen Mitgliedsländern.

---

[98] Vgl. oben erster Teil, Kap. I, Abschn. 3, Anm. 33.

[99] Vgl. oben erster Teil, Kap. I, Abschn. 6, Anm. 104. Text außer in UNTS Bd. 55, S. 308 ff. ferner in BISD I, S. 77; deutsche Übersetzung in DHA (Sonderheft GATT) Nov. 1959, S. 3896. Seiner Rechtsnatur nach stellt das GATT folglich einen multilateralen Handelsvertrag dar, der jedoch Elemente einer internationalen Organisation (Sekretariat, Versammlung der Vertragsparteien) geschaffen hat.

[100] Texte im Anhang zu dieser Arbeit. Annex lit. I ist abgedruckt in BISD IV, S. 62 ff.

[101] Im GATT steht *CONTRACTING PARTIES = PARTIES CONTRACTANTES* (in Großbuchstaben), wenn die GATT-Mitglieder als kollektiv handelndes „Organ" bezeichnet werden. Dieser Sprachgebrauch ist deswegen erforderlich, weil das GATT im Rechtssinn keine internationale Organisation mit eigener Rechtsfähigkeit bildet.

[102] Press Release GATT/967.

[103] Press Release GATT/1001.

Die Tschechoslowakei und Cuba übernahmen das sozialistische Staats- und Wirtschaftssystem erst, als sie bereits Mitglieder des GATT waren.

Drei Länder haben Beobachterstatus: Bulgarien, Rumänien und Ungarn. Die beiden letzteren haben kürzlich formell Beitrittsanträge gestellt[104], die seither diskutiert werden. Von Bulgarien wird in absehbarer Zeit ein ebensolcher Antrag erwartet.

Die Sowjetunion hat sich, wie von den Vorbereitungen zur Gründung der I.T.O., auch vom GATT gänzlich zurückgehalten.

d) Ost-West-Handelsgespräche und Vertragsprojekte im Rahmen der ECE

Nachdem der Plan der International Trade Organization gescheitert war und auch das GATT vorerst keine für die zentralwirtschaftlich organisierten Staaten akzeptable Lösung zu bieten schien, entwickelte sich die Wirtschaftskommission für Europa (ECE) der Vereinten Nationen zum zentralen Diskussionsforum für den Ost-West-Handel[105]. Die Studien des Wirtschafts- und Sozialrats auf diesem Gebiet sind bis auf wenige Ausnahmen als solche der ECE publiziert worden.

Einer der bedeutsamsten Versuche[106], den Ost-West-Handel auf eine multilaterale Basis mit allgemeiner Meistbegünstigung zu stellen, wurde im Jahre 1957 von der Sowjetunion unternommen. Sie schlug den Abschluß eines alleuropäischen Abkommens über wirtschaftliche Zusammenarbeit vor. Die Kommission beschloß auf ihrer 11. Sitzung in Resolution 3 (XI) einstimmig, diesen Vorschlag auf der folgenden Sitzung zu behandeln[107], und die UdSSR legte in der Zwischenzeit einen Vertragsentwurf vor[108]. Dessen umstrittenste Klausel war eben die des Art. 5 über die allseits zu gewährende unbeschränkte Meistbegünstigung:

---

[104] Rumänien mit Datum vom 22. 7. 1968, GATT Doc. L/3050, Ungarn durch eine telegraphische Mitteilung im Juli 1969, vgl. GATT Doc. L/3228 und L/3238.

[105] Mitglieder der ECE sind 10 planwirtschaftliche und 21 marktwirtschaftliche Länder: Albanien, Bulgarien, CSSR, Jugoslawien, Polen, Rumänien, Ungarn, UdSSR, Ukraine, Weißrundland einerseits, Belgien, Dänemark, BRD, Finnland, Frankreich, Griechenland, Irland, Island, Italien, Luxemburg, Malta, Niederlande, Norwegen, Österreich, Portugal, Schweden, Spanien, Türkei, USA, Vereinigtes Königreich, Zypern andererseits. Die Schweiz ist nicht Mitglied, hat jedoch beratende Stimme. Zur Arbeit der ECE siehe vor allem *Nötel*, The Role of the United Nations in the Sphere of East-West-Trade, Economia Internazionale Bd. 18 (1965), S. 647 - 659.

[106] Über frühere Aktivitäten der Kommission vgl. *Nötel*, a.a.O., und *Hoffmann*, S. 288 - 299; zur Tagung über „Organisation und Techniken des Außenhandels" vom 29. 6. bis 3. 7. 1959 siehe auch Doc. TRADE/84 (24. 8. 1959).

[107] UN Doc. E/ECE'270, Partie I, 1, und E/ECE/264/Rev. 1.

[108] Text in E/ECE/270, Partie I, S. 6 ff. Die Initiative der UdSSR muß als Reaktion auf die Gründung der EWG und der Euratom, die von ihr als diskriminierende Zusammenschlüsse verstanden wurden, gedeutet werden. Aufschluß in dieser Richtung gibt Doc. E/ECE/280, Proposals of the Soviet Union for further development of co-operation between European States (29. 3. 1957).

"Les Etats participants s'accorderont mutuellement, sans limitations ni réserve, le régime de la nation la plus favorisée pour tout ce qui touche le commerce et la navigation entre eux, ainsi que le statut des personnes physiques ou morales dans l'exercice d'une activité économique sur le territoire de l'un quelconque des pays participants, aux conditions dans lesquelles cette activité est autorisée par la législation dudit pays.

Aucune des Parties Contractantes n'appliquera à l'égard des importations sur son territoire ou des exportations sur le territoire d'une autre Partie Contractante une restriction, interdiction ou formalité qui ne soit appliquée en la matière à tous les Etats participants."

Die angesprochenen Staaten hielten in ihrer Mehrheit, soweit sie nicht selbst zum Kreis der Staatshandelsländer gehörten, eine Kooperation auf dieser Basis für nicht adäquat[109]. Ein annäherndes Gleichgewicht der Vorteile für die beiden Gruppen von Staaten sei durch die Klausel in dieser Form nicht garantiert. Im einzelnen gingen die Argumente in die Richtungen, die schon im vorhergehenden Kapital bezeichnet worden sind (Schwierigkeit der Kontrolle der Staatsmonopole auf Einhaltung der Nichtdiskriminierungsverpflichtung[110], Unvereinbarkeit der bilateralen Warenaustauschabkommen mit dieser Verpflichtung[111], fehlende Gegenseitigkeit im Fremdenrecht[112]).

Es wurde deshalb vom Sekretariat ein Änderungsvorschlag zu Art. 5 formuliert in folgendem Sinne:

"Considering that many European countries grant one another most-favoured-nation treatment in their mutual relations in matters of trade and shipping, thus creating the requisite conditions for the development of international trade, the participating States shall endeavour to extend the application of this principle, on terms of reciprocity, on trade and shipping among all European countries.

The participating states shall make every effort to remove all obstacles of an economic, trade policy or administrative character impeding foreign trade, and where necessary shall consult together for the purpose of reaching agreed decisions and recommendations[113]."

Die Meistbegünstigungsklausel wäre damit zu einem bloßen Programmsatz ohne aktuelle Geltung geworden. Zu einer Einigung kam es auch auf dieser Basis nicht. Auf der 12. Sitzung sprach sich die Kommission mit Mehrheit negativ über den Plan aus. Sie entschied, statt einer umfassenden Lösung in Form eines multilateralen Abkommens lediglich konkrete

---

[109] Die Antworten der Staaten sind enthalten in E/ECE/270, Partie I, und in einer Zusammenfassung in Partie II (davon zu Art. 5 die Ziff. 31 - 41); vgl. auch *Domke/Hazard,* in: Aspects juridiques ..., S. 100 f. (Fußn. 95 - 103).

[110] a.a.O., Partie I, unter Z (Schweden), Partie II, Ziff. 34.

[111] a.a.O., Partie I, unter lit. I (Finnland), Partie II, Ziff. 38; ähnlich Großbritannien, in Partie I, unter U.

[112] a.a.O., Partie I, unter M (Italien), Partie II, Ziff. 35.

[113] a.a.O., Partie III, Ziff. 7.

Einzelprojekte zu beraten und es bei dem bestehenden organisatorischen Rahmen zu belassen[114].

Ein weiterer Versuch, zu einer grundsätzlichen Übereinkunft zu gelangen, fand in den Jahren 1963 - 1967 statt. Aufgrund der Resolution 9 (XVI) der Kommission wurde ein Sachverständigenausschuß gebildet, der praktische Vorschläge und eventuelle Empfehlungsentwürfe im Hinblick auf die Beseitigung der wirtschaftlichen, administrativen und handelspolitischen Hemmnisse im Ost-West-Handel ausarbeiten sollte. Dieser Ausschuß, der zunächst aus Vertretern der Regierungen der USA, Frankreichs, Großbritanniens, Schwedens, Ungarns, der Tschechoslowakei und der UdSSR bestand, traf das erste Mal zu einer Tagung vom 9. - 20. 9. 1963 zusammen. Hauptgesprächspunkte waren: Die Rolle der Zölle in den beiden Gruppen von Volkswirtschaften, die Anwendung des Meistbegünstigungs- und des Nichtdiskriminierungsprinzips in den unterschiedlichen wirtschaftlichen Systemen und die Möglichkeit multilateraler Handels- und Zahlungsvereinbarungen.

Diese erste Zusammenkunft ergab einige grundsätzliche Übereinstimmungen[115] und bot Anlaß zu einem gewissen Optimismus. Später zeigten sich jedoch tiefgreifende Meinungsverschiedenheiten[116], und zur Vorlage von gemeinsamen Vorschlägen seitens des Ausschusses ist es schließlich nicht gekommen[117].

e) Probleme des Ost-West-Handels vor dem Forum der UNCTAD

In Genf tagte im Jahr 1964 erstmals die Konferenz der Vereinten Nationen über Handel und Entwicklung (UNCTAD). Diese Konferenz, inzwischen zur ständigen Institution mit einem eigenen Sekretariat geworden, hat u. a. auch die Schwierigkeiten diskutiert, die speziell der Handel mit Staaten planwirtschaftlicher Prägung bietet[118]. Dabei sind u. a. auch die Erfahrungen des GATT[119] und die Arbeiten der ECE[120] auf diesem Sektor mitverwertet worden.

Im Verlauf der ersten Konferenz haben die Teilnehmerländer in den General Principles Empfehlungen für die Lösung auch der Ost-West-Handelsprobleme niedergelegt. In General Principle Two erklären sie: "There shall be no discrimination on the basis of differences in socio-

---

[114] Economic Bulletin for Europe, Bd. 9, No. 2 (1957), S. 49.

[115] UN Doc. TRADE/140 (TRADE/AD HOC GROUP 1/2).

[116] TRADE/162 (TRADE/AD HOC GROUP 2/2).

[117] TRADE/197.

[118] E/CONF. 46/PC/15; TD/B/128/Add. 2 (betr. den Handel mit Entwicklungsländern); TD/B/128/Add. 3 (betr. den Ost-West-Handel i. e. S.).

[119] Insbesondere in E/CONF. 46/34.

[120] Vgl. E/CONF. 46/PC/47, The Work of the Economic Commission for Europe on Trade and Development (Annex A = TRADE/140 = E/CONF. 46/46 [Proceedings Bd. 6, S. 404 ff.]).

economic systems. Adaptation of trading methods shall be consistent with this principle[121]." Ferner sprechen sie sich in General Principle Eight dafür aus, daß "International trade should be conducted to mutual advantage on the basis of the most-favoured-nation treatment and should be free from measures detrimental to the trading interests of other countries"[122].

Diese Formulierungen erhielten zwar nicht die Unterstützung aller Teilnehmer[123]. Die nach wie vor bestehenden Gegensätze ließen eine weitergehende Annäherung, als sie in der ECE erfolgt war, nicht zu[124]. Die UNCTAD setzt nichtsdestoweniger ihre Bemühungen fort. Dabei stehen jedoch spätestens seit der zweiten Konferenz im März/April 1968 in New Delhi die Interessen der Entwicklungsländer derart dominierend im Vordergrund, daß auch der Ost-West-Handel im engeren Sinn vorwiegend unter diesem Aspekt behandelt wird[125].

f) Sonstige Bemühungen internationaler Organismen

Ohne eigene Kompetenzen auf dem Feld der internationalen Handelspolitik zu besitzen, haben sich auch andere internationale Organismen mit den hier behandelten Fragen befaßt. Zu nennen wären vor allem die UNESCO, die Internationale Gesellschaft für Rechtswissenschaft (Association Internationale des Sciences Juridiques) und die Internationale Handelskammer.

Die UNESCO ist besonders hervorgetreten mit den von ihr organisierten Treffen unter dem Gesamtthema Peaceful Co-operation. In den Jahren 1957/58 kamen Fachgelehrte verschiedener Disziplinen aus kommunistischen und nichtkommunistischen Ländern zu Gesprächen über Fragen zusammen, die sich aus der Unterschiedlichkeit der wirtschaftlichen und sozialen Systeme ergeben. Dabei hatten die Tagung der Wirtschaftswissenschaftler (abgehalten vom 24. 3. - 3. 4. 1958 in Bursa/Türkei) und die der Juristen (veranstaltet vom 24. 2. - 1. 3. 1958 in Rom in Zusammenarbeit mit der Association Internationale des Sciences Juridi-

---

121 Proceedings Bd. 1, S. 10 und 18.

122 a.a.O., S. 10 f. und 20.

123 General Principle Two wurde angenommen mit 96 Stimmen gegen 3 (Kanada, USA, BRD) bei 16 Enthaltungen (darunter Australien, Niederlande, Schweden, Schweiz und Vereinigtes Königreich), General Principle Eight mit 78 Stimmen gegen 11 (darunter Australien, Kanada, Österreich, Schweden, Schweiz, Vereinigtes Königreich und USA) bei 23 Enthaltungen (darunter Belgien, BRD, Frankreich, Italien und Japan).

124 Vgl. auch den Vorschlag der CSSR in E/CONF. 46/C.5/L.17/Rev. 1 (=Proceedings Bd. 8, S. 86) und dazu die Entscheidung in Proceedings Bd. 1, S. 65 (Annex A.VI.7), welche ihn an die „continuing United Nations trade machinery" verweist.

125 Vgl. Resolution 15 (II), Trade relations among countries problems of East-West trade, paying attention particularly to the trade interests of developing countries . . . , Doc. TD/II/RES/15 (28. 3. 1968).

ques) den Handel zwischen Markt- und Planwirtschaften zum Gegenstand[126]. Die Berichte über diese Zusammenkünfte[127] enthalten zwar keine konkreten Projekte, aber Anregungen mannigfaltiger Art.

Die Internationale Handelskammer in Paris ist mehrfach mit Studien zum Ost-West-Handel hervorgetreten[128]. Diese sind, wie im übrigen auch alle vorgenannten Dokumente, an anderen Stellen dieser Arbeit berücksichtigt.

III. Lösungen und Alternativen

1. Die „commercial-considerations"-Klausel[1]

Angesichts der Gefahr der Diskriminierung durch staatliche Handelsmonopole liegt es nahe, den Staat als Handeltreibenden auf ein Verhalten festlegen zu wollen, das dem eines privaten Geschäftsmannes entspricht, um auf diese Weise den überkommenen kaufmännischen Spielregeln auch in bezug auf den Staatshandel Geltung zu verschaffen. In Wahrheit wird es indes selten vorkommen, daß der Staat oder eine öffentliche Institution diesen Regeln voll und ganz folgen.

Die „commercial-condiderations"-Klausel hat eine lange Geschichte hinter sich: von ihren Vorläufern im Vertrag von Rapallo und im deutsch-russischen Vertragswerk über den britisch-sowjetischen Handelsvertrag von 1930[1] bis hin zur I.T.O.-Charta und zum GATT.

a) Art. XVII des GATT und die Außenhandelsmonopole

Auch Art. XVII des GATT versucht eine Angleichung des vom Staat betriebenen an den privaten Handel. In Absatz 1 (a) wird dies ausgesprochen für die zentrale Regulierung der Tätigkeit der Staatshandels- und der diesen gleichgestellten Unternehmen, in Absatz 1 (b) für das Verhalten der betreffenden Organisationen selbst.

Von der allgemeinen Nichtdiskriminierungsklausel des Art. XVII werden Transaktionen jeder Art erfaßt, die irgendwie mit Importen oder Exporten zusammenhängen, also auch Praktiken wie das künstliche Zurückhalten bereits importierter Waren vom inländischen Markt. Das ist der Sinn der Formulierung „involving either imports or exports" in Art. XVII:1(a)[2].

---

[126] Ferner fand ein Treffen von Vertretern der Politikwissenschaft (16. bis 21. 12. 1957 in München) und der Soziologie (6. - 15. 1. 1958 in Moskau) statt.

[127] Doc. UNESCO/SS/Coop/Inter/1 mit Annex 1 - 6.

[128] Vgl. insbesondere: Problems relating to the Expansion of Trade between Free-Enterprise Economies and Collectivist Economies, Doc. 102/1 (25. 1. 1960; Autor: J. A. *L'Huillier*).

[1] Vgl. oben Kap. II, Abschn. 1.

[2] UN Doc. EPCT/160, S. 4; vgl. GATT, Analytical Index (2nd Revision), Geneva 1966, S. 54.

Absatz 2 enthält eine Ausnahme von der allgemeinen Regelung für Importe von Gütern zu rein verwaltungsmäßigen Zwecken. Hierzu gehören u. a. Rüstungsgüter, Krankenhauseinrichtungen und Ausstattungen öffentlicher Verkehrsmittel[3]. Die Bestimmung soll sich nach der Absicht der Vertragschließenden nicht auf Dienstleistungen erstrecken[4].

Die Vorschrift des Art. XVII trägt den Titel: State Trading Enterprises. Diese Formulierung läßt die Frage aufkommen, ob die Bestimmung auf komplette Außenhandelsmonopole, wie sie in den kommunistischen Ländern bestehen, überhaupt paßt, und ob sie nicht ausschließlich auf staatliche Handelsmonopole für spezielle Waren in einem an sich privatwirtschaftlichen System Anwendung findet. Diese These wird verschiedentlich vertreten, am schärfsten in der Form der Behauptung, das GATT sei seiner ganzen Konzeption nach mit einem voll verstaatlichten Außenhandel überhaupt unvereinbar[5].

Bei den Vorarbeiten zur I.T.O.-Charta und zum GATT fanden gewisse Auseinandersetzungen statt über den Begriff des Unternehmens mit „ausschließlichen oder besonderen Vorrechten“[6]. Der Begriff des „Staatshandelsunternehmens“ hingegen wurde nicht näher erläutert als in Abs. 1(a) des Art. 29 der Charta und des Art. XVII des GATT. Man war der Meinung, es bedürfe insoweit keiner besonderen Definition. Es bestand in Havana allgemein Einverständnis darüber, daß der Begriff u. a. jede von der Regierung unterhaltene Organisation umfasse, die Käufe und Verkäufe von Waren tätige[7]. Vollständige Außenhandelsmonopole waren hiervon nicht ausgenommen[8]. Die Absicht der Initiatoren der UN-Konferenz für Handel und Arbeit ging erklärtermaßen dahin, auch Staatshandelsländer, insbesondere die Sowjetunion, an der I.T.O. zu beteiligen[9]. Dies änderte sich auch dann nicht, als die Pläne über besondere globale Kontingentszusagen dieser Länder fallengelassen wurden. Die Bestimmungen der Art. 29 - 32 sollten alsdann — was als ein Entgegenkommen gegenüber den Staatshandelsländern angesehen wurde — die kompletten Außenhandelsmonopole auf eine Stufe stellen

---

[3] *CEPES*, Nichttarifäre Handelshemmnisse, S. 31.

[4] Interpretative Note ad Art. XVII:2.

[5] *Gupta*, GATT and state trading, S. 59; *ders.*, Study of GATT, S. 139; *Küng*, S. 57: „Die im GATT ausgearbeiteten Spielregeln verlieren ... für eine Zentralverwaltungswirtschaft jeglichen Sinn.“

[6] Vgl. dazu GATT, Analytical Index, S. 54.

[7] Havana Reports, Section 10, S. 114.

[8] Vgl. *Royer*, The Case for GATT, S. 155. Das gleiche gilt für die entsprechenden Bestimmungen der Vorentwürfe: Kap. III-E der U.S. Proposals, Art. 26 des U.S.-Entwurfs, Art. 31 des Londoner und des New Yorker Entwurfs, Art. 30 des Genfer Entwurfs.

[9] "... if the Soviet Union were some day to conclude that its political objectives would be served by international economic cooperation, it might still join the I.T.O. The door has always been kept open." *Wilcox*, S. 166. Vgl. auch *Nötel*, S. 645 ff.

mit den vereinzelten Staatsunternehmen in den Marktwirtschaftsländern.

Art. XVII des GATT ist in der Praxis ebenfalls auf den ausschließlich staatlichen Außenhandel angewandt worden. Das langjährige Mitglied Tschechoslowakei hat die Vorschrift immer als für sich verbindlich betrachtet und den *VERTRAGSPARTEIEN* regelmäßig die gemäß Art. XVII:4 vorgesehenen Mitteilungen unterbreitet[10]. Bei Gründung des GATT waren die Intentionen der Vertragschließenden zwar sicherlich nicht dahin gegangen, mit Art. XVII auch eine Regelung für Staatshandelsländer zu schaffen. Das Abkommen war damals für eine Übergangszeit bis zur Entscheidung über das Schicksal der I.T.O.-Charta als vorläufige Vereinbarung allein zwischen Marktwirtschaftsländern konzipiert worden. Mit dem Scheitern der I.T.O. sowie ihrem teilweisen Ersatz durch das GATT und angesichts der Mitgliedschaft des Staatshandelslandes CSSR mußte für die Auslegung der fraglichen Bestimmung jedoch auf ihren objektiven Sinngehalt und auf Sinn und Zweck des Art. 29 der Charta zurückgegriffen werden. Man könnte von einer durch die tatsächliche Entwicklung herbeigeführten Bedeutungswandlung sprechen.

Eine andere Frage ist die, ob Art. XVII für die Problematik des vollständigen Staatshandels eine ausreichende Vorsorge trifft. Die Antwort hierauf muß verneinend ausfallen[11]. Das GATT erfaßt den Staatshandel lediglich unter dem Blickwinkel einer *kommerziellen Tätigkeit* des Staates[12], beachtet dabei aber nicht den Umstand, daß in den sozialistischen Ländern das staatliche Handelsmonopol das Hauptinstrument der gesamten Handels*politik* darstellt und daß es daher andersartige Funktionen und Ziele beinhaltet als gewisse vereinzelte öffentliche Unternehmungen in anderen Ländern[13].

b) Art. XVII des GATT im Verhältnis zu Art. 29 der I.T.O.-Charta

Art. 30 des Genfer Entwurfs der I.T.O.-Charta, aus dem Art. XVII des GATT hervorgegangen ist[14], wurde in La Havana nicht wesentlich ge-

---

[10] Hierzu siehe im einzelnen *Ryska*, S. 140. Mitteilungen gemäß Art. XVII:4 finden sich etwa in Doc. L/1014/Add. 18; L/1949/Add. 6 und L/2593/Add. 4.

[11] UN Doc. (UNCTAD) E/CONF. 46/36, The Developing Countries in GATT (März 1964), Ziff. 192; ähnlich *Royer*, The Case for GATT, S. 155.

[12] Vgl. *Chevalier*, Le GATT et les pays de l'Est, Journal de Genève vom 20. 7. 1964; ebenso *Flory*, S. 192, 195.

[13] Insofern setzt *Alexandrowicz*, World Economic Agencies (London 1962), S. 220 (Fußn. 9), die Akzente nicht ganz richtig, wenn er darauf abstellt, daß auch in den Staatshandelsländern besondere, organisatorisch von der unmittelbaren Staatsverwaltung getrennte öffentliche Unternehmungen für den Handel bestehen.

[14] Bei der Formulierung des GATT haben die Delegierten den Text des Genfer Entwurfs übernommen und sich darauf beschränkt, statt *„Charter"* — *„Agreement"*, statt *„the Organization"* — *„the CONTRACTING PARTIES"* (die

ändert. In der Havana Charter steht er als Art. 29; die eingetretenen Änderungen bestehen vor allem aus solchen der Auslegungsanmerkungen und darin, daß die Anmerkung zu Absatz 1 als Art. 30 in die Charta selbst aufgenommen wurde[15]. Der Hauptunterschied zwischen den Staatshandelsbestimmungen der beiden Vertragswerke liegt darin, daß die Charta in Art. 31 und 32 noch weitere ausfürliche Regelungen trifft, während das GATT über Art. XVII hinaus nur noch in Art. II:4 einen kurzen Absatz beinhaltet, der in allgemeinerer Form das gleiche Ziel zum Ausdruck bringt wie Art. 31 der Charta.

Das vorgesehene Verhältnis des GATT zur Havana Charter haben die vertragschließenden Staaten einigermaßen ausführlich in Art. XXIX des GATT geregelt. Danach sollte das Abkommen in seinem ganzen Teil II, somit auch in Art. XVII, mit dem Tag des Inkrafttretens der Charta suspendiert werden (Art. XXIX:2). Hierin liegt auch der Grund, weswegen man sich hinsichtlich dieses Teils des Abkommens mit einer provisorischen Lösung begnügt hat, die eine Pflicht zur Anwendung nur insoweit vorsieht, als es die jeweilige bei Abschluß des Abkommens bereits bestehende nationale Gesetzgebung zuläßt[16]. Die Bestimmung über die Suspendierung des Teils II des Abkommens ist freilich mit dem Scheitern des I.T.O.-Projekts obsolet geworden.

c) Diskriminierungsverbot und Meistbegünstigung

In der Diskussion um die Meistbegünstigungsklausel einerseits und die Nichtdiskriminierungsklausel andererseits scheint die Frage nicht ganz geklärt zu sein, welche selbständige Bedeutung eigentlich der letzteren gegenüber der erstgenannten zukommt. Es fällt auf, daß die beiden Arten von Gleichbehandlungsklauseln gelegentlich in sehr ähnlichem Zusammenhang gebraucht werden. Im Handelsvertrag der UdSSR mit Japan vom 6. 12. 1957[17] etwa, der in Art. 2 und 4 zunächst die Meistbegünstigung für Zölle und interne Abgaben vorschreibt, wird in Art. 7 ausdrücklich auch für den Bereich der Verbote und Beschränkungen die Meistbegünstigung festgelegt. Der Handelsvertrag der UdSSR mit der Schweiz vom 17. 3. 1948[18] hingegen, der in Art. 2 - 5 ebenfalls eine Meistbegünstigungsverpflichtung für Zollfragen enthält, wählt im Hinblick auf die Frage der Verbote und Kontingentierungen in Art. 8 die Form des Diskriminierungsverbots. Beide Zusagen sind in diesem Zusammen-

---

GATT-Staaten, soweit sie kollektiv handeln, vgl. Art. XXV:1 des Abkommens) und statt *„Member"* — *„contracting party"* einzusetzen.

[15] Vgl. im übrigen GATT, Analytical Index, S. 56.

[16] Für neu hinzutretende Mitglieder gilt Entsprechendes unter Zugrundelegung des Datums des Beitrittsprotokolls.

[17] UNTS Bd. 325, S. 35.

[18] UNTS Bd. 217, S. 73.

hang offenbar inhaltsgleich und auswechselbar. Man möchte meinen, für den Bereich des Staatshandels gelte nichts anderes: Wenn neben einer allgemeinen Meistbegünstigungszusage in einem Vertrag in bezug auf die Führung von Staatsunternehmen zusätzlich noch eine Nichtdiskriminierungsverpflichtung festgelegt werde, so habe diese letztere Klausel nur deklaratorische Bedeutung.

Dabei wäre aber übersehen, daß der allgemeinen Nichtdiskriminierungsformel doch ein eigener Aussagewert innewohnt: Die Anwendung der überkommenen generellen unbedingten Meistbegünstigung könnte als Inbegriff einer beschränkten Anzahl von Maßnahmen auf einigen traditionell festgelegten Gebieten verstanden werden. Einer solchen Auffassung will die Nichtdiskriminierungsklausel entgegenwirken. Wenn etwa Art. XVII:1 des GATT allen Vertragsparteien, soweit sie Staatsunternehmen betreiben, ein diskriminationsfreies Verhalten vorschreibt, dann wird damit ausgedrückt, daß die Gleichbehandlungspflicht im Falle des Staatshandels für alle Bereiche der staatlichen Betätigung im Außenhandel, also auch für die Lenkung der Staatsunternehmen, gilt. Praktisch heißt dies, daß ebenso wie beispielsweise Einfuhrverbote, die willkürlich nur ein Land belasten, auch entsprechende administrative Einzelweisungen an die zuständigen Importvereinigungen vertragswidrig sind, sofern sie eine ähnliche prohibitive Wirkung haben. Demgegenüber trifft die Meistbegünstigungsverpflichtung, so wie sie bisher verstanden worden ist, nur den Staat als Hoheitsträger[19]. Die Einräumung der Klausel „auf dem Gebiet des Handels" bewirkt nur eine Gleichbehandlungsverpflichtung auf dem Gebiet der Handels*politik*. Entscheidungen über praktische Handelsoperationen fallen grundsätzlich nicht hierunter.

Nun ist aber zu beachten, daß in einer voll verstaatlichten Wirtschaft die beiden genannten Bereiche nicht streng zu trennen sind. Zugegebenermaßen wird die staatliche Handelspolitik in den Staatshandelsländern auch oder sogar vorwiegend mittels einer direkten Leitung der Staatsunternehmen betrieben. Man muß sich daher die Frage stellen, ob sich nicht schon aus dem Sinn und Zweck der Meistbegünstigung jedenfalls im Wege einer Analogie eine Nichtdiskriminierungsverpflichtung der oben beschriebenen Art herleiten läßt.

Das Problem hat bisher nur andeutungsweise Beachtung gefunden. Gelegentlich wird gerade im Hinblick auf die Handelsverträge der Planwirtschaften von der Meistbegünstigung „als Ausdruck des Prinzips der Nicht-Diskriminierung" gesprochen[20]. Auch der Versuch von *Haberler* und *Verosta*, die Meistbegünstigungsverpflichtungen eines Staatshandelslandes dahin zu deuten, daß dieses Land bei seinen Einkäufen alle meist-

[19] *Giuliano*, S. 67; vgl. auch *Alexandrowicz*, S. 220.

[20] Vgl. Schlußbericht in Doc. UNESCO/SS/Coop/Inter/1, Annex 3 (Verfasser: *Berman*), auch wiedergegeben in: „Aspects juridiques ...", S. 4 f.

begünstigten Länder in bestimmten Proportionen berücksichtigen müsse[21], läßt sich nur aus dem allgemeinen Gedanken des Diskriminierungsverbots erklären. Am deutlichsten wird die Frage von *Jaenicke*[22] aufgeworfen.

Einer solchen Analogie oder extensiven Auslegung steht es nicht entgegen, daß sie eine recht weitgehende rechtliche Bindung der administrativen Praxis mit sich bringt. Die Gewährung der Meistbegünstigung in einem Handelsvertrag bezieht sich ohnehin nicht allein auf legislative Maßnahmen. Die Erstreckung der Klausel etwa auf Fragen der Zollformalitäten oder der Lizenzerteilung betrifft in starkem Maße auch die Praktiken der Verwaltung.

Es gilt zu bedenken, daß eine Meistbegünstigungszusage, wie alle vertraglichen Verpflichtungen, dem Grundsatz des guten Glaubens unterworfen ist[23]. Hieraus lassen sich gewisse konkrete Folgerungen ableiten. Ein etwa durch ein zollpolitisches Meistbegünstigungsversprechen gebundener Staat, der seine Außenhandelsunternehmen anweist, allgemein oder in bestimmten Fällen von der Höhe der Zollsätze abzusehen, setzt sich dem Vorwurf widersprüchlichen Verhaltens aus und handelt vertragswidrig. Das gleiche gilt, wenn — was vielleicht häufiger geschieht — der Effekt eines solchen Versprechens statt durch bloße Befehle der Zentralstellen durch Ausgleichzahlungen überspielt wird[24], sofern diesen Maßnahmen das Ziel zugrunde liegt, den Zöllen die Bedeutung zu nehmen. Räumt ein Land in Zollfragen die Meistbegünstigung ein und verlangt es dafür von seinem Partnerland Zugeständnisse auf dem gleichen Gebiet, so gibt es damit zu erkennen, daß es den Zöllen eine gewisse ernsthafte Bedeutung einräumen wird[25]. Wird nun in einem Vertrag mit einem Staatshandelsland eine generelle Meistbegünstigungsklausel „für alle Gebiete des Handels" eingefügt, so folgt aus dem Verbot des „venire contra factum proprium" ein Verbot der Diskriminierung der begünstigten Nation für alle staatlichen Tätigkeiten in diesem Bereich.

Es bleibt noch darzulegen, inwiefern aus der Nichtdiskrimierungsklausel (Art. XVII:1[a] des GATT) sowie auch aus der — richtig verstandenen — Meistbegünstigungsklausel die sog. „commercial-considerations clause" (Art. XVII:1[b] des GATT) folgt. Die erstgenannten Klauseln haben das Ziel, eine möglichst freie und faire Konkurrenzsituation zu schaffen. Zu diesem Zweck beseitigen sie in den von ihnen

---

[21] *Haberler/Verosta*, S. 97.

[22] WB Bd. 2, S. 501.

[23] *Nolde*, Les effets de la clause de la nation la plus favorisée en matière de commerce et de navigation, Annuaire de l'Institut de Droit International Bd. 38 (1934), S. 414, 472.

[24] Vgl. *Seidl-Hohenveldern*, S. 161.

[25] Fraglich bleibt allerdings, ob eine ausschlaggebende Bedeutung der Zölle auch „ceteris imparibus" jemals erwartet werden kann; vgl. oben Kap. I, Abschn. 2 b, Anm. 61.

erfaßten Bereichen die grundsätzlich von politischen Erwägungen geleiteten Differenzierungen von staatlicher Seite. Was als maßgebend für den Handelsverkehr verbleibt, sind die wirtschaftlichen Erwägungen der Kaufleute betreffend „Preis, Qualität, Verfügbarkeit, Marktgängigkeit, Transport und andere Bedingungen des Kaufs oder Verkaufs" (Art. XVII:1[b] des GATT). Insofern bedeutet die Bindung der Staatsunternehmen an ein kommerziell orientiertes Verhalten nur eine Erläuterung des Nichtdiskriminierungsgebots[26].

d) Effektivität und Kontrolle von Nichtdiskriminierungszusagen

Waren bereits in den dreißiger Jahren die Erfahrungen mit der „commercial-considerations"-Klausel (im britisch-sowjetischen Handelsvertrag von 1930) nach Ansicht der britischen Regierung nicht zufriedenstellend, so betrachtet auch heute eine überwiegende Meinung die Sonderklauseln des GATT für Staatshandel in einigermaßen kritischer Weise. Man sieht in Art. XVII des Abkommens nicht viel mehr als ein „frommes Versprechen"[27], eine verbale Zusage loyalen Verhaltens ohne sonderliche praktische Tragweite[28].

Diese Skepsis hat ihren Grund in dem Umstand, daß eine Kontrolle der Staatshandelsorganisationen daraufhin, ob sie sich an ihre Gleichbehandlungsverpflichtung halten, außerordentlich schwierig ist[29]. Eine Überprüfung einzelner Geschäfte auf ihre lediglich wirtschaftliche Bedingtheit wird zumeist unmöglich sein[30], da die im internen Dienstbetrieb ergangenen Anweisungen nach außen nicht bekannt werden.

In der Gesprächsrunde des Sonderausschusses (Ad-hoc-Group) der ECE wurde von seiten der Experten der Planwirtschaftsländer die Berechtigung dieser Einwände bestritten. Es sei nicht schwer nachzuprüfen, so wurde geantwortet, „daß den Exporteuren der Marktwirtschaftsländer durch die Anwendung dieser [d. h. der Meistbegünstigungs-]Klausel

---

[26] Es wird hier von der Voraussetzung ausgegangen, daß für den privaten Kaufmann grundsätzlich die durch sein Gewinnstreben bedingten Motive die maßgebenden sind (vgl. aber oben Kap. I, Abschn. 2 a, Anm. 21). Gegen diesen Ausgangspunkt wurden schon auf der Konferenz von La Havana Bedenken vorgebracht; man wies insbesondere auf die Praktiken deutscher privater Unternehmen im zweiten Weltkrieg hin. Infolgedessen vertraten mehrere Delegationen, darunter die der Tschechoslowakei, den Standpunkt, die Forderung, Staatshandelsunternehmen müßten ausschließlich nach kaufmännischen Kriterien handeln, stelle ihrerseits eine Diskriminierung dar. Vgl. *Brown*, S. 112. Dieser Meinung ist kaum beizupflichten; es kann nicht von extremen Ausnahmesituationen her argumentiert werden. Vgl. auch *Gupta*, Study of GATT, S. 140 f.

[27] *Fawcett*, S. 344.

[28] *L'Huillier*, Theorie et pratique, S. 168.

[29] UN Doc. E/CONF. 46/PC/15, Ziff. 37; TRADE/140, Ziff. 21 und TRADE/162, Ziff. 6 C; *Imhoff*, Vorbem. zu Art. XVII (a. E.); *Seidl-Hohenveldern*, S. 162; *Viner* in LoN Publ. 1943.II.A.4, S. 77.

[30] *Gerschenkron*, Am. Ec. Rev. 1947, S. 635 f.; *Mainz*, S. 27.

reelle Vorteile eingeräumt" würden[31], denn die Außenhandelsunternehmen seien kraft Gesetzes zu kommerziell orientiertem Verhalten verpflichtet, und die staatlichen Importpläne diskriminierten ebenfalls in keiner Weise zwischen den diversen ausländischen Lieferanten. Man hat bei dieser Erklärung den Eindruck, daß gerade das, was zu beweisen wäre, als Begründung angeführt wird. Die hier gekennzeichnete Undurchsichtigkeit der Staatshandelspraktiken wiegt für die marktwirtschaftlichen Handelspartner offensichtlich sehr schwer. Die Aussicht auf nicht näher umschriebene „reelle Vorteile" ohne Garantie einer kontrollierbaren Gleichbehandlung genügt als Gegenleistung für die Gewährung der Meistbegünstigung nicht.

Von Vertretern der sozialistischen Länder wurde im Verlauf der Diskussionen in der ECE noch geäußert, eine Nachprüfbarkeit des Geschäftsgebarens der Außenhandelsgesellschaften ergebe sich daraus, daß diese bei Entscheidungen über Geschäftsabschlüsse jeweils die interessierten Parteien über ihre Gründe informierten[32]. Diesem Hinweis ist, wie es scheint, nicht weiter nachgegangen worden, sei es, daß man sich von möglicherweise formelhaften Begründungen dieser Art nicht viel versprach, sei es, daß man am Vorliegen einer solchen Praxis überhaupt zweifelte.

e) Präzisierungen der Nichtdiskriminierungsklausel

Ist in bestimmten Fällen einmal eine Diskriminierung und ihr Motiv festgestellt, so gilt es immer noch, dieses Motiv zu qualifizieren. Eine unterschiedliche Behandlung aus kaufmännischen Gründen soll nämlich gestattet sein[33].

Die Trennung der erlaubten kommerziellen von der unerlaubten politisch motivierten Differenzierung stellt das vom Grundsätzlichen her vielleicht schwierigste Problem im Zusammenhang mit der „commercial-considerations"-Klausel. Die Besonderheit liegt darin, daß für eine staatliche Handelsorganisation „geschäftliche und finanzielle Erwägungen" (so der britisch-sowjetische Handelsvertrag von 1930) sich erheblich von dem unterscheiden können, was ein privater Kaufmann für seinen Be-

---

[31] UN Doc. TRADE/140, Ziff. 21.

[32] TRADE/162, Ziff. 6 C.

[33] *Domke/Hazard*, in: Aspects juridiques ..., S. 98; *Gupta*, GATT and state trading, S. 60; *ders.*, Study of GATT, S. 140; *Wilcox*, S. 100; vgl. auch *Graf*, S. 145. *Gupta* (a.a.O., S. 61 und S. 141) meint jedoch einschränkend, auch insoweit seien in bezug auf Staatsmonopole Sonderbestimmungen gerechtfertigt, die diese zur Beachtung von „competitive considerations" veranlassen sollten. Vorschriften dieser Art lägen auf der Ebene des Rechts der Wettbewerbsbeschränkungen, auf das im Rahmen dieser Arbeit nicht näher eingegangen werden kann. Chapter V der Havana Charter (Restrictive Business Practices), das auch die staatlichen Kartelle und Monopole miterfaßt hätte, ist nicht Bestandteil des GATT geworden.

reich darunter versteht: Das Staatsunternehmen hat bei seinen Transaktionen auch deren mögliche Auswirkungen auf die Volkswirtschaft als Ganzes mitzuberücksichtigen. Wenn das Außenhandelsministerium als Spitze der Monopolverwaltung darauf bedacht ist, möglichst im Verhältnis zu jedem Land bilateral die Zahlungsbilanz ausgeglichen zu halten, weil es dies für wirtschaftlich am vernünftigsten hält, so kann man auch hierin ein wirtschaftlich und finanziell motiviertes Verhalten sehen.

Eine Klärung des Begriffs der „commercial considerations" ergibt sich aus dem Sinn dieser Klausel, wie er zuvor[34] dargelegt worden ist. Demnach kommt es auf die „Parallelisierung" des Verhaltens privater Kaufleute und öffentlicher Handelsorganisationen an. Kommerzielle Erwägungen sind somit nur solche, die ein privates Handelssubjekt in einer vergleichbaren Situation ebenso angestellt hätte. Es ist also wichtig, daß die einschlägigen Verträge von „geschäftlichen" (commercial) und nicht von „wirtschaftlichen" (economic) Erwägungen sprechen[35]. Eine weitere Klarstellung hat die vom GATT benutzte Formel gebracht, die nicht mehr auf „commercial and financial considerations", sondern nur auf „commercial considerations" verweist. Die Klausel des Art. XVII:1(b) des GATT gibt im übrigen eine Reihe von Beispielen kaufmännischer Gesichtspunkte an: Preis, Qualität, Verfügbarkeit, Marktgängigkeit, Transport und andere Bedingungen des Kaufs oder Verkaufs. Von gesamtwirtschaftlichen Überlegungen ist dabei nicht die Rede.

Es wäre erstrebenswert, den Bereich der tolerierten kommerziellen Gesichtspunkte in besonderen Vereinbarungen so exakt wie möglich zu umreißen. Man hat in der Tat die Aufstellung eines „code de pratiques loyales" („Rules of Good Behaviour") vorgeschlagen, der auf das marktwirtschaftliche und auf das zentralgeleitete Wirtschaftssystem passen und die Anhänger beider befriedigen müßte[36]. Der entsprechende Katalog wäre bei der Vielfalt von Diskriminationsmöglichkeiten zwar sicherlich nie vollständig, aber mit der Entscheidung einiger wichtiger Streitfragen wäre schon viel gewonnen. Er müßte im Inhalt einigermaßen flexibel sein und zunächst auf dem „kleinsten gemeinsamen Nenner in der Mehrzahl der gegenwärtigen bilateralen Abkommen basieren"[37]. Allmählich wäre er dann auf komplexere und diffizilere Probleme zu erstrecken.

---

[34] Oben Unterabschnitt c a. E.

[35] Insofern unterscheidet sich z. B. das britisch-sowjetische Handelsabkommen vom 16. 4. 1930 von dem deutsch-sowjetischen Wirtschaftsabkommen vom 12. 10. 1925 und vom lettisch-sowjetischen Handelsvertrag vom 2. 6. 1927. Vgl. zu diesen Verträgen oben S. 93 ff.

[36] *Adler-Karlsson*, S. 147 f.; *Berman*, Rapport final, S. 5; *Royer*, The Case for GATT, S. 148, 155 ff.

[37] *Adler-Karlsson*, a.a.O.

Man kann sich eine dahingehende Vereinbarung nach Art eines formellen internationalen Vertrages oder eines informellen gentlemen's agreement vorstellen. Rechtliche Geltung für möglichst viele am Ost-West-Handel beteiligte Länder kann der Kodex erlangen entweder mittels eines multilateralen Vertrages, dem die betreffenden Länder einzeln beitreten müßten, oder mittels einer Bezugnahme in bilateralen Verträgen, wenn er etwa von der ECE oder der UNCTAD ausgearbeitet worden ist[38]. Ob es indessen zu einer internationalen Konferenz über dieses Thema, wie sie vor nunmehr über 10 Jahren auf dem Expertentreffen in Rom vorgeschlagen worden ist[39], und insbesondere zu einer Einigung kommen wird, bleibt zweifelhaft. Es müßte zumal bei dieser Gelegenheit auch in Fragen der Kontrolle der Staatsunternehmen Übereinstimmung erzielt werden[40].

Das GATT hat für seinen Geltungsbereich im Zusammenhang mit Art. XVII einige problematisch Punkte entschieden. So ist es etwa zulässig, daß ein sog. gebundenes Darlehen, das einem Mitgliedsstaat angeboten wird, von diesem bei Käufen im Ausland als kommerzielle Erwägung in Betracht gezogen wird (Auslegungsanmerkung ad Art. XVII: 1[b]). In der Anmerkung (3. Absatz) ad Art. XVII:1 stellen die Vertragsparteien fest, das Verlangen unterschiedlicher Preise auf verschiedenen Märkten werde durch Art. XVII nicht in jedem Fall ausgeschlossen, nämlich dann nicht, wenn die jeweiligen Marktgegebenheiten (Umfang des Angebots und der Nachfrage) die Gründe für diese Preisgestaltung seien. Auch Diskriminierungen gemäß den Ausnahmetatbeständen der Art. XIV, XII, I:2 und 3 sollten für Staatshandelsunternehmen erlaubt sein[41]. Diese letzteren Bestimmungen dürften aber in bezug auf die gegenwärtig bestehenden Staatshandelsländer kaum praktisch werden.

f) Die Praxis: Informationspflichten, Beratungen und Suspensionsmöglichkeiten

Die politischen Verhältnisse und die Gegensätze in den wirtschaftspolitischen Vorstellungen haben eine Verständigung der beiden großen Handelsblöcke über gemeinsame Grundsätze des gegenseitigen Handelsverkehrs bisher unterbunden. Ein gewisses Wohlverhalten wird jedoch allein dadurch gewährleistet, daß beide Seiten auf lange Sicht an einer

---

[38] *Adler-Karlsson,* a.a.O. *Royer,* a.a.O., setzt insoweit seine Hoffnungen auf das GATT.

[39] *Berman,* a.a.O., S. 12.

[40] Die Überwachung (beider Seiten) ist denkbar durch eine Expertenkommission, womöglich auch durch ein formelles „Ost-West-Handelsgericht" oder — was noch die wahrscheinlichste Lösung wäre — durch informelle Konsultationen. Vgl. *Adler-Karlsson,* a.a.O.

[41] *Gupta,* Study of GATT, S. 142.

gedeihlichen Entwicklung des Handels interessiert sind. Die Staatshandelsländer möchten ebensowenig wie ihre marktwirtschaftlichen Partner um momentaner Vorteile willen langfristige günstige Aussichten aufs Spiel setzen.

Ein Vertragspartner eines Staatshandelslandes, der den Eindruck gewinnt, dieses letztere umgehe durch diskriminatorische Praktiken die übernommene Meistbegünstigungsverpflichtung, wird zunächst vorstellig werden und mit der verantwortlichen Regierungsstelle die Lage beraten und zu bereinigen suchen. Im äußersten Fall hat er die Möglichkeit, Vergeltungsmaßnahmen zu ergreifen und selbst dem betreffenden Land gegenüber die Meistbegünstigung ganz oder teilweise außer Kraft zu setzen.

Eine Institutionalisierung dieses Verfahrens findet sich in Art. XXIII des GATT. Auf entsprechende Vorstellungen oder Vorschläge wegen Beeinträchtigung gewährter Vergünstigungen hat die angesprochene Vertragspartei zu reagieren und ihnen wohlwollende Beachtung zu schenken (Art. XXIII:1). Einigen sich die Beteiligten nicht, so kann die Angelegenheit der GATT-Versammlung[42] unterbreitet werden, die nach alsbaldiger Prüfung Empfehlungen abgeben oder selbst eine Regelung herbeiführen kann (Absatz 2). In schwerwiegenden Fällen können die Vertragspflichten der betroffenen Vertragspartei(en) auf eine besondere Entscheidung der GATT-Versammlung hin ganz oder teilweise suspendiert werden (Art. XXIII:2 a. E.).

Die *VERTRAGSPARTEIEN*[43] erhalten so die Möglichkeit, gegebenenfalls auch in Fragen der Nichtdiskriminierung nach Art. XVII in einem quasi-judiziellen Verfahren[44] geeignete Lösungen zu suchen. Das Besondere an dieser Regelung ist die Tatsache, daß für die Einleitung der Konsultationen nicht ein formeller Verstoß gegen das Abkommen behauptet werden muß[45]. Damit wird der Weg frei, das Verhalten der Vertragsparteien auch auf allgemeine Grundsätze der Loyalität und des „good faith" hin zu überprüfen[46].

Im Hinblick auf den Staatshandel wird Art. XXIII noch durch Art. XVII:3 und 4 ergänzt. Nach Absatz 3 werden Verhandlungen empfohlen, um eventuelle restriktive Wirkungen des staatlichen oder staatlich kontrollierten Außenhandels zu beschränken oder zu vermindern. Die

---

[42] Praktisch werden gemeinsame Beschlüsse der *VERTRAGSPARTEIEN* (vgl. oben Anm. 14) auf der zur Zeit zweimal jährlich tagenden Versammlung der Vertreter der Regierungen der Mitgliedsländer gefaßt. Vgl. Art. XXV:1 des GATT.

[43] Vgl. Anm. 42.

[44] *Alexandrowicz*, S. 222.

[45] Art. XXIII:1 stellt dies in lit. (b) und (c) ausdrücklich klar.

[46] *Alexandrowicz*, S. 223; zum Rückgriff auf diesen allgemeinen Begriff vgl. auch *Wilcox*, S. 101.

Vertragsparteien, die Staatsunternehmen unterhalten, werden darüber hinaus verpflichtet (Absatz 4), Auskünfte zu erteilen über die dem Staatshandel unterliegenden Waren[47], die Preisaufschläge beim Import oder (hilfsweise) die Wiederverkaufspreise[48] und schließlich über die allgemeine Durchführung der GATT-Vorschriften[49].

Eine Ermächtigung zur Suspendierung der Vertragspflichten haben die *VERTRAGSPARTEIEN* im Verhältnis zu einem Staatshandelsland bisher einmal augesprochen. Sie erfolgte gegenüber den Vereinigten Staaten und der Tschechoslowakei durch Erklärung vom 27. 9. 1951[50].

Anhang: Der Fall Tschechoslowakei (und der Fall Cuba) im Rahmen des GATT

Besonderer Erörterung bedürfen an dieser Stelle die Erfahrungen des GATT mit dem Staatshandelsland Tschechoslowakei. Der Fall der CSSR illustriert eine erste Möglichkeit, das Problem des Außenhandelsmonopols im Welthandel anzugehen: Das GATT hat sich im wesentlichen damit begnügt, auf die Tschechoslowakei die „normalen" handelspolitischen Vorschriften über Meistbegünstigung, mengenmäßige Beschränkungen, Dumping usw. und insbesondere die der allgemeinen Nichtdiskriminierung nach Art. XVII anzuwenden. Dabei handelte es sich hier um ein zunächst straff zentralistisch orientiertes Staatswirtschaftsland; Dezentralisierungsbestrebungen im Außenhandel verschafften sich erst in den sechziger Jahren allmählich Geltung. Die Mitgliedschaft der CSSR im GATT bietet freilich eine Besonderheit: Die Unterzeichnung des Abkommens erfolgte, wie bereits dargelegt, bevor das Land eine kommunistische Regierung erhielt.

Die Tschechoslowakei ist eines der dreiundzwanzig Länder, die am 30. 10. 1947 die Schlußakte der zweiten Tagung des Vorbereitenden Ausschusses der Konferenz der Vereinten Nationen für Handel und Arbeit unterschrieben haben. Als Anhang dieser Schlußakte figurierten der Text des GATT und das Protokoll über seine vorläufige Anwendung. Die tschechische Regierung billigte das Abkommen am 12. 3. 1948 und wendet es seit dem 20. 4. 1948 an[51].

Nach der politischen und wirtschaftlichen Umwälzung des Jahres 1948 in der Tschechoslowakei wollten die übrigen Vertragsparteien (abge-

---

[47] Periodisch (ohne Aufforderung), lit. (a).
[48] Auf Ersuchen einer sachlich betroffenen Vertragspartei, lit. (b).
[49] Auf Ersuchen der *VERTRAGSPARTEIEN*, lit. (c). Die Preisgabe geheimer oder vertraulicher Informationen wird nicht verlangt, wenn dies dem öffentlichen Interesse oder berechtigten geschäftlichen Interessen bestimmter Unternehmen zuwiderlaufen würde.
[50] BISD II, S. 36.
[51] GATT Doc. INT (67) 240.

sehen von den USA) das Verbleiben des nunmehr kommunistisch regierten Landes im GATT nicht zu einer Grundsatzfrage machen. Die CSSR ihrerseits versuchte ebenfalls nicht, Handel und Politik miteinander zu vermengen, und die Frage ihres Ausscheidens hat sich in der Praxis nie gestellt[52]. Die neue Situation bot zwar mancherlei Schwierigkeiten, aber durch eine flexible Haltung unter Zuhilfenahme von Ausnahmegenehmigungen („waivers“ im Sprachgebrauch des GATT), authentischen Interpretationen und Konsultationen wurde ein gewisser modus vivendi gefunden[53].

Die Anfänge erschienen für die Mitarbeit der CSSR im GATT nicht gerade vielversprechend. Die Vereinigten Staaten strebten danach, ihre aus dem GATT hervorgehenden Verpflichtungen gegenüber der Tschechoslowakei zu lösen. Aufgrund eines Gesetzes aus dem Jahre 1951[54] war die Regierung der USA gehalten, kommunistisch beherrschten Ländern keinerlei Zollvergünstigungen oder sonstige Zugeständnisse mehr zu gewähren. Mit der UdSSR, Bulgarien, Polen und Ungarn konnten die noch bestehenden bilateralen Meistbegünstigungsverträge regulär beendet werden. Mit der Tschechoslowakei mußte es hingegen im Rahmen des GATT zum Konflikt kommen. Der Repräsentant der USA vertrat vor den GATT-*VERTRAGSPARTEIEN* den Standpunkt, wegen der grundsätzlichen Verschiedenheit der Wirtschaftssysteme bestehe keine gemeinsame Grundlage mehr für eine Einhaltung der GATT-Verpflichtungen[55].

Die CSSR widersetzte sich zunächst dem Begehren der USA, erklärte dann aber ihrerseits, die Vereinigten Staaten behinderten den beiderseitigen Handel und enthielten ihr die zugesagten Vergünstigungen vor[56]. Auf diese Weise wurde der Weg frei für die Erklärung der Vertragsparteien vom 27. 9. 1951[57], die es den beiden Streitbeteiligten freistellte, die gegenseitigen Verpflichtungen zu suspendieren, und zugleich bestimmte, Maßnahmen aufgrund dieser Ausnahmeregelung sollten in keiner Weise die Verpflichtungen der betreffenden Regierungen gegenüber anderen GATT-Partnern abändern.

Die rechtliche Qualifikation dieser Sondergenehmigung bereitet einige Schwierigkeiten. Die Vereinigten Staaten hatten sich in erster Linie auf

---

[52] *Chevalier,* Le GATT et les pays de l'Est, Journal de Genève vom 20. 7. 1964.

[53] UN Doc. E/CONF. 46/36, Ziff. 193; *Ryska,* S. 139.

[54] Trade Agreements Extension Act, Section 5, Department of State Bulletin vom 20. 8. 1951, S. 291.

[55] Statement by William L. *Thorp,* Chairman of the United States Delegation at the sixth Session of the *CONTRACTING PARTIES,* Press Release GATT/46 vom 27. 9. 1951.

[56] Dagegen leugneten die Vertreter der CSSR das Bestehen irgendwelcher Verbote betr. die Handelsausübung von tschechoslowakischer Seite. Man redete offensichtlich aneinander vorbei. Vgl. *Curzon,* S. 300.

[57] BISD II, S. 36.

Art. XXV:5 berufen. Danach können die *VERTRAGSPARTEIEN* „in exceptional circumstances not elsewhere provided for in this Agreement“ eine Vertragspartei von einer Verpflichtung des Abkommens befreien („waive an obligation imposed ... by this Agreement“). Allerdings war nach damaliger Auffassung der Vertragsparteien (vgl. Art. XXV:5 [a], heute: Art. XXV:5[i]) Voraussetzung eines solchen „waiver“, daß dem Antragsteller durch die Ausnahmesituation wirtschaftlicher Schaden drohte. Dies schien aber in bezug auf die Exporte der USA in die CSSR kaum der Fall zu sein[58].

Die Suspension konnte auch auf die allgemeine Vorschrift über Streiterledigung des Art. XXIII gestützt werden, die im vorhergehenden Unterabschnitt bereits behandelt worden ist. Eine solche Begründung scheiterte indes an zwei Umständen. Einerseits strebten die USA von vornherein überhaupt nicht eine Beilegung des Konflikts an, sondern wollten den offenen Bruch herbeiführen. Andererseits handelte es sich hier um eine im wesentlichen politische, nicht so sehr um eine wirtschaftliche Angelegenheit[59]. Auf Fälle dieser Art war aber Art. XXIII, der die Beeinträchtigung von (handelsmäßigen) Vergünstigungen betrifft, nicht zugeschnitten.

Schließlich stand noch eine Heranziehung des Art. XXXV zur Diskussion[60], wonach das Abkommen zwischen zwei Parteien nicht angewendet zu werden braucht, wenn die beiden Vertragsparteien noch nicht in Zollverhandlungen miteinander eingetreten sind und die eine von ihnen der Anwendung des Abkommens nicht zustimmt. Nun waren Zollverhandlungen zwischen den beiden Streitparteien jedoch bereits durchgeführt worden. Die Vertreter der CSSR bemerkten auch zu Recht, Art. XXXV gestatte einer Vertragspartei lediglich, die Übernahme von Verpflichtungen gegenüber einem anderen Mitgliedsstaat abzulehnen, nicht aber, sich von bereits übernommenen Verpflichtungen zu befreien. Die Vereinigten Staaten wiesen demgegenüber darauf hin, die Bestimmung des Art. XXXV habe nicht früher angewandt werden können, weil sie erst nachträglich, d. h. nachdem die USA und die Tschechoslowakeit bereits Mitglieder waren, in das Abkommen aufgenommen worden sei. Zudem habe auch die Tschechoslowakei erst nach ihrer Teilnahme an der Gründung des GATT grundlegend ihr politisches und wirtschaftliches System geändert[61]. Im übrigen wollten die Vereinigten Staaten Art.

---

58 *Curzon,* S. 300.

59 Vgl. *Curzon,* a.a.O.

60 *Curzon,* S. 299.

61 Hiermit ist die Frage des Fortbestehens der Rechte und Pflichten, letztlich des Fortbestandes der Tschechoslowakischen Republik als Rechtssubjekt angeschnitten. Bekanntlich leugnet beispielsweise die Sowjetunion, soweit es die Verpflichtungen aus der Zeit vor 1917 angeht, die völkerrechtliche Identität mit dem Zarenreich. Von der „westlichen“ Völkerrechtslehre werden solche Auf-

XXXV das Prinzip entnehmen, es sei grundsätzlich möglich, die Mitgliedschaft von zwei Vertragsparteien im GATT aufrechtzuerhalten, zwischen denen das Abkommen nicht mehr zur Anwendung komme[62].

Die GATT-Versammlung fällte schließlich eine rein pragmatische Entscheidung, die von dem Wunsch geprägt war, sich in essentiell politischen Fragen zurückzuhalten[63]. Sie erkannte implizit die von den Vereinigten Staaten behauptete Möglichkeit an. Ihrem Wortlaut nach deutet die Erklärung sowohl auf Art. XXIII[64] wir auf Art. XXV: 5[65] hin.

Die tatsächliche Suspendierung der Verpflichtungen seitens der USA erfolgte wenige Tage später[66]. Sie gilt noch heute fort. Die USA sind aber der einzige Staat geblieben, der zu derart weitgehenden Maßnahmen Zuflucht nahm.

Einer Ausnahmeregelung für die Tschechoslowakei — und hier zu ihren Gunsten — bedurfte es auch in einer anderen Angelegenheit. Art. XV:6 des GATT bestimmt, daß die Vertragsparteien grundsätzlich Mitglieder des Internationalen Währungsfonds (IWF, engl.: IMF) sein oder stattdessen ein besonderes Währungsabkommen mit den *VERTRAGSPARTEIEN* abschließen sollen, das weitgehend die Grundsätze des IWF enthält[67]. Die CSSR, ein Land, das, wie alle reinen Staatshandelsländer, keine konvertible Währung besitzt, wurde von dieser Verpflichtung durch Beschluß der GATT-Versammlung befreit[68]. Sie mußte jedoch zusagen, „that its action in exchange matters is fully consistent with the principles of the special exchange agreement and in accordance with the intent of the General Agreement“[69]. Zugleich akzeptierte die CSSR die Auflage, alljährlich sowie im Fall von Klagen anderer Vertragsparteien Auskünfte zu erteilen und zu Konsultationen bereit zu sein.

In Befolgung von Art. XVII:4(a) erstellt die Tschechoslowakei regelmäßig Berichte, die Auskunft geben über den Bestand an Staatshandelsunternehmen, über die einschlägigen gesetzlichen Bestimmungen[70] sowie

---

fassungen nicht geteilt. Man kann also nicht argumentieren, Art. XXXV des GATT sei deswegen anwendbar, weil durch den Umsturz in Prag ein neuer Staat entstanden und der frühere als Völkerrechtssubjekt untergegangen sei.

[62] *Curzon*, S. 299.

[63] Vgl. die Formulierung „... the *CONTRACTING PARTIES* may not, in such a case, be competent to appraise the circumstances adduced.“

[64] „... the United States has declared that the Government of Czechoslovakia ... has nullified benefits ...“ (und umgekehrt).

[65] Dies durch die Bezugnahme auf „exceptional circumstances of a kind different from those contemplated under the General Agreement“.

[66] Communication from the United States vom 29. 9. 1951, Doc. GATT/CP/126.

[67] Das von der GATT-Versammlung festgelegte Muster dieses „special exchange agreement“ findet sich in BISD II, S. 117.

[68] Waiver granted to Czechoslovakia of the Provisions of article XV:6, Decision of 5 March 1955, BISD 3rd suppl., S. 43.

[69] Zur Auslegung dieses Beschlusses vgl. ausführlich *Alexandrowicz*, S. 217 ff.; vgl. auch Working Party Report in GATT Doc. L/336.

[70] Hierzu siehe GATT Doc. L/784/Add. 1.

über Bedeutung und Funktion des Staatshandels im allgemeinen[71]. Gemäß Art. II:4 hat die Tschechoslowakei zu garantieren, daß in bezug auf Gegenstände, für die Zugeständnisse gemacht worden sind, die Einführung des Staatsmonopolsystems keine zusätzlichen Hindernisse aufrichtet. Die Bestimmung des Art. II: 4 bildete nach 1948 „die Grundlage der Überleitung der ursprünglichen Verpflichtungen der Tschechoslowakei"[72]. Die CSSR liefert dem GATT-Sekretariat laufend statistische Angaben über die Entwicklung ihres auswärtigen Handels. Im ständigen Anwachsen ihrer Importe sieht sie den Beweis dafür, daß die tschechoslowakische Importpolitik mit den gegebenen Erfordernissen in Einklang steht[73]. Auf entsprechende Weise suchte sie auch im Jahre 1962 einer Klage Uruguays entgegenzutreten, das neben einigen anderen Ländern auch der CSSR die Beeinträchtigung gewährter Vergünstigungen vorgeworfen hatte[74].

In Fragen der mengenmäßigen Beschränkungen gemäß Art. XI - XIV des GATT vertritt die CSSR den Standpunkt, die genannten Bestimmungen träfen auf ihre gegenwärtige Handelspraxis nicht zu[75]. Das Betreiben eines Außenhandelsmonopols bringe in concreto keinerlei Restriktionen mit sich. Vielmehr diene es ideell und tatsächlich der Ausweitung des Handelsaustauschs. Auch aus Zahlungsbilanzgründen würden keine Importbeschränkungen aufrechterhalten. Die tschechoslowakische Regierung ließ vor dem GATT verlauten, „that state trading in Czechoslovakia is an integral part of the planned economy under which imports are effected to the full extent of the country's requirements and are not restricted for reasons of monetary reserves"[76].

Das Bild von der Mitgliedschaft der CSSR im GATT würde eine erhebliche Lücke aufweisen, erwähnte man nicht auch die besonderen Beschränkungen, denen die tschechoslowakischen Exporte in den marktwirtschaftlichen GATT-Staaten ausgesetzt waren und zum Teil noch sind. Diese Schwierigkeiten hängen zum Teil mit dem Vorwurf des „Dumping" zusammen, der den Staatshandelsländern häufig gemacht wird. Hierauf wird im dritten Teil dieser Arbeit näher einzugehen sein.

Die Bemühungen der tschechoslowakischen Regierung im GATT gingen dahin, die übrigen Vertragsparteien zu überzeugen, man dürfe nicht generell einem Staatshandelssystem „a priori restriktive Absichten und Wirkungen zuschreiben"[77]. Besonders in jüngster Zeit zeigt die CSSR die Bereitschaft zu einer offeneren Handelspolitik. Sie wollte auch im Rah-

---

[71] Vgl. oben Anm. 10.
[72] *Ryska*, S. 140.
[73] So *Ryska*, a.a.O.
[74] GATT Doc. L/1923 (15. 11. 1962), S. 20 - 22.
[75] Vgl. *Ryska*, S. 140 f.
[76] BISD 4th suppl., S. 47 (Doc. L/465): Report of 2 December 1955.
[77] *Ryska*, S. 139.

men der Kennedy-Runde ihren Handelspartnern im GATT eine besondere Garantie geben, „eine positive Wirtschaftspolitik, die zunehmende Marktchancen für deren Exporte schaffen würde“[78], zu betreiben. Über die beabsichtigte Form einer solchen Zusage ist nichts bekannt geworden. Als zahlenmäßige Festlegung der künftigen Importe war sie jedenfalls offenbar nicht geplant[79]. Im Ergebnis ist es auch zu einer derartigen Sonderabsprache nicht gekommen. Es blieb bei der Beteiligung der Tschechoslowakei an den Zollsenkungsverhandlungen, wobei indes diese Tatsache von den Abkommenspartnern, wie bereits dargelegt[80], angesichts der Reformbestrebungen in diesem Land in einem anderen Licht gesehen wurde als in früheren Jahren.

Insgesamt gesehen dürfte die Mitgliedschaft der CSSR im GATT den Vertragsparteien nützliche Erfahrungen verschafft und dem GATT gewisse notwendige Anpassungen ermöglicht haben, um weiteren Ländern mit komplettem Staatshandelssystem die Mitarbeit zu gestatten.

In einer mit der der CSSR vergleichbaren Situation befindet sich Cuba. Es gehört in gleicher Weise zu den Gründungsmitgliedern und ging später — von 1959 an — zum sozialistischen Staats- und Wirtschaftssystem über. Über die Entwicklung der Beziehungen zum GATT seit diesem Zeitpunkt gibt es jedoch nicht viel zu berichten. Die Mitarbeit Cubas ist nahezu „eingefroren“. Beispielsweise hat es auch — im Gegensatz zur CSSR — an den Verhandlungen der Kennedy-Runde nicht teilgenommen[81].

Im Hinblick auf Art. XV des GATT bedienten sich die *VERTRAGSPARTEIEN* im Falle Cuba etwa des gleichen Verfahrens wie im Verhältnis zur Tschechoslowakei. Auf Cuba, das aus dem IWF ausgeschieden war, fand die Vorschrift des Art. XV:6 Satz 2 Anwendung. Die *VERTRAGSPARTEIEN* forderten Cuba daher im Mai 1964 zunächst auf, das vorgesehene besondere Abkommen abzuschließen[82], gewährten dann aber auf Antrag[83] eine Befreiung wie auch für die CSSR[84].

Nicht ausdrücklich im GATT behandelt wurde der totale Handelsboykott, den zu Beginn der sechziger Jahre die Vereinigten Staaten über Cuba verhängten, obwohl es sich hier um eine für den cubanischen

---

[78] *Ryska*, S. 142.

[79] Sie wäre vorstellbar etwa als Zusicherung, die sich aus der Senkung der Zölle und der Beseitigung mengenmäßiger Beschränkungen ergebenden Export-Mehrerlöse für erhöhte Einfuhren aus den GATT-Ländern zu verwenden. Eine solche Versicherung hat in seinen Verhandlungen im Rahmen der Kennedy-Runde anfangs Polen in Aussicht gestellt. Vgl. auch unten Abschn. 3, Anhang (a. E.).

[80] Oben S. 80.

[81] GATT Doc. INT(67)240.

[82] GATT Doc. L/2216, Article XV:6 — Cuba.

[83] L/2216/Add. 1 (8. 5. 1964), Request for waiver.

[84] L/2254 (14. 8. 1964), Article XV:6, Waiver granted to Cuba, Decision of 7 August 1964.

Außenhandel äußerst einschneidende Maßnahme handelte. Die Einstellung der GATT-Mitglieder zu derartigen Streitfällen hatte sich seit den Anfangsjahren des Abkommens offenbar geändert. Hatten im Herbst 1951 die Vertragsparteien noch darauf bestanden, durch einen besonderen Beschluß den zwischen den USA und der CSSR ohnehin nicht mehr aufzuhaltenden Bruch rechtlich zu sanktionieren, so kam es ihnen ein Jahrzehnt später auf eine Lösung in juristisch untadeliger Form anscheinend nicht mehr an. Eine Beratung der Angelegenheit hätte im Ergebnis doch nur zu einer ähnlichen Entscheidung führen können wie der, die gegenüber der Tschechoslowakei getroffen worden war. Man mußte zudem in dem Verfahren noch mit rein politisch motivierten Polemiken rechnen. Die Vertragsparteien zogen es daher vor, die ganze Frage quasi zu ignorieren.

2. Zur Effektivität der Meistbegünstigung auf dem Zoll- und Abgabensektor

Zölle spielen, wie bereits ausführlich dargelegt, in einer voll verstaatlichten Wirtschaft nicht die Rolle, die ihnen in einem privatwirtschaftlich geführten Außenhandel zukommt. Es bleibt daher zu prüfen, ob die Staatshandelsländer nicht auf irgendeine Weise eine der zollpolitischen Meistbegünstigung entsprechende Gegenleistung erbringen können.

a) Bindung der Handelsspannen

Statt einer Bindung des Zolls oder zusätzlich zu einer solchen könnte man die Handelsspannen[85] der Staatsunternehmen vertraglich festlegen. Diese Bindung ist dann ebenfalls als eine bloß relative (durch die einfache Meistbegünstigung) oder als eine in gewissem Maß auch absolute (durch die besondere Meistbegünstigung, wie sie im GATT für die Zölle gemäß Art. II:1 verwirklicht ist) vorstellbar. Versuche in dieser Richtung haben sowohl die I.T.O.-Charta wie auch das GATT unternommen.

Die Verpflichtung zur einfachen Meistbegünstigung in bezug auf die Preisaufschläge bei Staatsunternehmen ergibt sich aus Art. 29:1(a) der Charta und Art. XVII:1(a) des GATT. Eine Differenzierung der Handelsspannen für Waren gleicher Art, aber verschiedener Herkunft, würde den betreffenden Waren unterschiedliche Handelsschranken entgegensetzen. Eine solche Praxis widerspräche dem in jenen Vorschriften enthaltenen allgemeinen Diskriminierungsverbot. Art. 29:1(a) der I.T.O.-Charta und

[85] Hierunter soll — als Arbeitsbegriff — verstanden werden die gesamte Preisdifferenz zwischen den Angebotspreisen der ausländischen Exporteure und den inländischen Verkaufspreisen. In der Praxis hat man, wie noch zu zeigen sein wird, den etwas komplexeren Begriff des „import mark-up" verwandt.

Art. XVII:1(a) des GATT stellen also insoweit eine Parallele zu den — für Zölle, Gebühren und Steuern geltenden — Art. 16:1 der Charta und I:1 des GATT dar.

Darüber hinaus hatte Art. 31 der Charta von La Havana auch eine Parallele zu Art. 17 der Charta, der Bestimmung über Zollsenkungsverhandlungen, vorgesehen: die Festlegung sogenannter Importabgaben (import duties) auf einem bestimmten Niveau aufgrund von Verhandlungen. Eine vergleichbare Vorschrift für Importmonopole enthält Art. II:4 des GATT, der vorschreibt, ein Staatsmonopol dürfe keine stärkere Protektion bewirken als der für die fragliche Ware in der entsprechenden Zollzugeständnisliste (Schedule) festgelegte Zoll. Die Entsprechung zu Art. II:1 wird hier durch den räumlichen Bezug zum Ausdruck gebracht.

Art. II:4 und Art. 31 verfolgen das gleiche Ziel. Die GATT-Vertragsparteien haben dies dadurch deutlich gemacht, daß sie anläßlich der Revisionskonferenz von 1955 in Annex lit. I eine Auslegungsanmerkung einsetzten, in der es heißt, Art. II:4 sei „im Lichte der Bestimmungen des Art. 31 der Charta von La Havana anzuwenden“[86]. Die beiden Vorschriften unterscheiden sich — abgesehen davon, daß Art. 31 der Charta auch Bestimmungen über Exportmonopole enthält — wesentlich dadurch, daß die letztere im Gegensatz zur ersteren eine Verpflichtung zur Verhandlung enthält. Das GATT erklärt dagegen in Art. XVII:3 — dieser Absatz wurde, wie bereits erwähnt, ebenfalls im Jahre 1955 eingefügt — lediglich, solche Verhandlungen seien erwünscht („... are of importance to the expansion of international trade“). Die Vertretung Dänemarks hatte auf der Revisionskonferenz vorgeschlagen, den Grundsatz obligatorischer Verhandlungen auch im GATT auf die Protektion durch Staatsmonopole auszudehnen[87]. Dieser Anregung ist nicht gefolgt worden; auch die Bezugnahme auf Art. 31 der I.T.O.-Charta in der zitierten Auslegungsanmerkung begründet keine dahingehende Pflicht[88].

In der Tat haben Verhandlungen mit Staatshandelsländern über die Höhe ihrer Inlandspreise bisher in keinem Fall stattgefunden. Der Festlegung einer Spanne zwischen den Einfuhr- und den inländischen Verkaufspreisen stünde vor allem auch die Tatsache entgegen, daß es realistische Wechselkurse für die Währungen der sozialistischen Staaten nicht gibt.

Die Verhandlungen gemäß Art. 31 der I.T.O.-Charta wären auch verfahrensmäßig wie Zollverhandlungen nach Art. 17 zu führen gewesen

---

[86] Interpretative Note ad Article II:4.

[87] BISD 3rd suppl., S. 228. Darüber hinaus war auch vorgeschlagen worden, entweder Art. 29 - 31 der I.T.O.-Charta ganz ins GATT aufzunehmen oder alle Vorschriften über den Staatshandel in einem einzigen Artikel zusammenzufassen; a.a.O., S. 227.

[88] a.a.O., S. 228.

(Art. 31:1). Sie sollten sich, wie Art. 16 und 17, auch auf Beschränkungen der Exporte beziehen und so die Schutzmaßnahmen zugunsten der inländischen Verbraucher begrenzen. Insoweit waren allerdings die anzuwendenden Mittel nicht genau festgelegt. Es wird nur angedeutet, die Verhandlungen könnten auch resultieren in Vereinbarungen zur Sicherung angemessener Exportmengen zu vernünftigen Preisen (Art. 31:1[a] a. E.).

Verhandlungen über Importmonopole sollten in erster Linie die Festlegung einer „maximalen Importabgabe“ (maximum import duty) hinsichtlich des monopolisierten Produktes zum Ziel haben (Art. 31:2[a]). Hierunter versteht die Charta die maximale Differenz zwischen dem inländischen Abgabepreis für die Importware und dem „Ankunftspreis“ (landed cost, prix au débarquement) abzüglich der inneren Abgaben, der Kosten für Weitertransport und Vertrieb sowie einer angemessenen Gewinnspanne (Art. 31:4). Der Begriff der Importabgabe in diesem Sinn deckt sich mit dem des „Importaufschlags“ (import mark-up, majoration du prix à l'importation) in Art. XVII:4(b) des GATT[89]. Für den Fall, daß eine maximale Importabgabe nicht ausgehandelt würde, war in der Charta immerhin die Veröffentlichung des maximalen Aufschlags, den das Land erheben wollte, oder seine Bekanntgabe an die Organisation vorgesehen.

Auch hinsichtlich dieser Vorschrift gelten die im Zusammenhang mit Art. 29 der Charta und Art. XVII des GATT geäußerten Zweifel bezüglich ihrer Effektivität bei komplettem Staatshandel[90]. Man wird auch insoweit sagen müssen, daß eine völlig zufriedenstellende Lösung nicht geboten wird. Probleme ergebe sich insbesondere bei einem System von inländischen Fixpreisen, welches sich in mehr oder weniger starkem Umfang in allen Staatshandelsländern findet und welches im übrigen auch bei partiellen Staatsmonopolen eine nicht seltene Erscheinung ist. Bei konsequenter Anwendung eines festen Importaufschlags müßten sich eigentlich entsprechend den ausländischen Angebotspreisen im Endverkauf Preisverschiedenheiten herausstellen. Nun wäre es jedoch unrealistisch, durch eine Bindung der protektiven Importaufschläge die so allgemein verbreitete Praxis des Fixpreissystems unterbinden zu wollen. Die Charta hat es daher auch zugelassen, daß das Land, welches das Staatsmonopol unterhält, bei der Preisfestsetzung durchschnittliche „Ankunftspreise“ zugrunde legt (Art. 31:4). Für Rohstoffe sollten wegen deren besonders stark schwankender Weltmarkpreise noch besondere Anpassungsmöglichkeiten vereinbart werden können, um die Inlandspreise auf einem vernünftigen stabilen Niveau zu halten (Art. 31:4 a. E.).

---

[89] Vgl. Auslegungsanmerkung zu Art. XVII:4(b); ferner zur Identität der beiden Begriffe *Wilcox*, S. 98.

[90] Vgl. *Wilcox*, S. 97 f.

Zu Verhandlungen, wie sie nach Art. 31:1(b) und 2(a) vorgesehen sind, hätten sich die Staatshandelsländer sicherlich nicht leicht bereitgefunden. Die Charta hat auch diese Schwierigkeit vorausgesehen und gemäß Art. 31:2(b) Verhandlungen zum Abschluß „irgendeiner sonstigen beiderseitig zufriedenstellenden Übereinkunft" gestattet, falls die Aushandlung von maximalen „Importabgaben" nicht praktikabel oder ineffektiv sein würde. Sie wollte damit in erster Linie die Fälle erfassen, in denen es aus technischen Gründen unmöglich sein könnte, die Spanne zwischen Eigenkosten und Verkaufspreis exakt zu bestimmen, etwa bei Weiterverarbeitung oder Vermischung[91] oder auch wegen des Fehlens einer verbindlichen Währungsrelation. Die Bestimmung des Art. 31:2(b) wäre jedoch auch praktisch geworden, wenn die Parteien aus anderen Gründen eine „sonstige Übereinkunft" vorgezogen hätten[92].

In einem besonderen Absatz werden die Staatsmonopole noch gewissermaßen gemahnt — eine Überprüfbarkeit läßt sich insoweit kaum herstellen —, die Konzessionen nach Art. 31 nicht durch künstliche Import- oder Verkaufsstops zunichte zu machen. Die Monopole sollen grundsätzlich — soweit effektiv möglich und soweit nicht Rationierungen des Verbrauchs entgegenstehen — durch Einfuhr und Weiterverkauf den vollen inländischen Bedarf für die Importware decken.

b) Dezentralisierung des Außenhandels als Problemlösung?

Mehr als die diversen Klauseln zum Ersatz oder zur Ergänzung der Meistbegünstigungszusage verspricht vielleicht eine Erscheinung, die überhaupt nicht auf vertraglicher Vereinbarung beruht: die zunehmende Verselbständigung der sozialistischen Außenhandelsunternehmen und der bewußte Einsatz indirekter Lenkungsmittel durch den Staat. Sie ist, da es sich hier nicht um eine „Gegenmaßnahme", sondern um autonome Bestrebungen der Staatshandelsländer selbst handelt, bereits bei der allgemeinen Darlegung des Problems in Kapitel I besprochen worden. Die hoffnungsvollste Möglichkeit, aus dem gegenwärtigen Dilemma, das vielfach als unlösbar bezeichnet wird[93], einen Ausweg zu finden, scheint in diesen geplanten Umformungen des Systems der wirtschaftlichen Lenkung beschlossen zu sein[94].

---

[91] *Wilcox*, S. 99.
[92] *Wilcox*, a.a.O.
[93] *Wilcox*, S. 97.
[94] Vgl. auch: Le commerce entre les pays à économie collectiviste et le reste du monde, Déclaration adoptée par le comité exécutif de la Chambre de commerce internationale, wiedergegeben als GATT Doc. L/2766.

Anhang: Der Fall Jugoslawien im GATT

Jugoslawien ist mit Wirkung vom 25. 8. 1966 Vollmitglied des GATT geworden[95]. Das Beitrittsprotokoll für Jugoslawien[96] entspricht bemerkenswerterweise — ganz anders als etwa das für Polen — inhaltlich und formal voll und ganz dem allgemein gebräuchlichen Muster[97]. Lediglich in der Präambel wird auf die vorhergegangenen Übereinkommen und Diskussionen hingewiesen, um deutlich zu machen, daß es sich bei Jugoslawien doch um einen Fall besonderer Art handle.

Die Vollmitgliedschaft Jugoslawiens ist das Ergebnis einer langen Entwicklung, deren verschiedene Etappen in etwa zusammenfallen mit Etappen der Liberalisierung und Dezentralisierung des jugoslawischen Außenhandels.

Bereits 1950 wurden gemäß Art. 9 der Verfahrensregeln für die Versammlungen der Vertragsparteien[98] Beobachter Jugoslawiens zu den Versammlungen der GATT-Mitglieder zugelassen. In jenem Jahr war vom jugoslawischen Parlament ein Gesetz über die Leitung wirtschaftlicher Unternehmen erlassen worden, das eine Umformung der streng zentralistischen Staatswirtschaft in eine im wesentlichen an Marktgesichtspunkten ausgerichtete Volkswirtschaft vorsah[99].

Die jugoslawische Regierung suchte mit der Zeit engere Bindungen zum GATT, sah sich aber nicht in der Lage, die vollen Verpflichtungen des Abkommens auf sich zu nehmen. Sie strebte daher einen Status an, den man in der Folgezeit meist mit Assoziierung bezeichnet hat[100]. Im Oktober 1958 legte sie ein entsprechendes Gesuch vor[101]. In mehreren

---

[95] Press Release GATT/967.

[96] Wiedergegeben in BISD 15th suppl., S. 56; erarbeitet von den *VERTRAGSPARTEIEN* im April 1966 (vgl. Press Release GATT/957) und unterzeichnet von Jugoslawien am 26. 7. 1966, GATT Doc. INT(67)240, S. 8.

[97] Vgl. etwa die Protokolle über den Beitritt Argentiniens, Irlands, Islands und der Republik Korea, BISD 15th suppl., S. 38, 41, 44 und 47.

[98] Wiedergegeben in BISD 12th suppl., S. 11. Hiernach können auf Einladung der *VERTRAGSPARTEIEN* die zur Konferenz von La Havana eingeladenen Regierungen Beobachter zu den Sitzungen der *VERTRAGSPARTEIEN* entsenden, auch wenn die betreffenden Regierungen an jener Konferenz nicht effektiv teilgenommen haben.

[99] BISD 14th suppl., S. 50.

[100] Vgl. hierzu vor allem *Hollenweger*, Die Assoziation von Staaten mit internationalen Organisationen (Zürich 1967), S. 85 f.; allgemein S. 57: Dort werden für das GATT drei (sehr verschiedenartige) Kategorien außerordentlicher Teilnahme aufgeführt: *1.* „provisional accession" (Jugoslawien 1962 - 1966; vgl. auch oben erster Teil, Kap. I, Abschn. 6, Anm. 105), *2.* Teilnahme „under special arrangements" (Jugoslawien 1959 - 1962; Polen 1959 - 1967, vgl. unten Abschn. 3, Anhang), *3.* „De facto application" durch unabhängig gewordene Staaten (vgl. oben erster Teil, Kap. I, Abschn. 6, Anm. 105).

[101] Relations entre les Parties Contractantes et la Yougoslavie, Communication du gouvernement de la Yougoslavie, GATT Doc. L/870 (10. 10. 1958).

Memoranden erklärt sie sich über das Funktionieren der jugoslawischen Wirtschaft und deutete sie als sozialistische Marktwirtschaft: Die Position ihrer Unternehmungen unterscheide sich grundlegend „von der der Staatsunternehmen, die bis 1950 unter der Phase der Staatskontrolle über die Volkswirtschaft bestanden“ hätten[102]. Die jugoslawische Wirtschaft entwickle sich nunmehr unter Marktbedingungen[103]. Ihr System beinhalte kein rechtliches oder faktisches Monopol, für die jugoslawischen Unternehmen gelte der Grundsatz der Unabhängigkeit und des Wettbewerbs[104], und ausländische Firmen könnten auf dem inländischen Markt auftreten und gewissen Produkten der einheimischen Wirtschaft freie Konkurrenz machen[105].

Der Arbeitsausschuß (Working Party) für die Handelsbeziehungen mit Jugoslawien hielt in seinem daraufhin erstellten Bericht die jugoslawische Wirtschaftsordnung für nicht unvereinbar mit dem GATT. Auch hinsichtlich der Möglichkeit einer Zwischenlösung für eine Übergangszeit — eine Assoziation sieht das Abkommen an sich nicht vor — gelangte er zu einem positiven Ergebnis[106]. Demgemäß kam es im Mai 1959 zur Aufnahme besonderer Beziehungen zwischen Jugoslawien und den GATT-Mitgliedern[107]. Beide Seiten erklärten, sie wünschten eine Ausweitung des Handels in Übereinstimmung mit den Zielen des GATT, wobei Jugoslawien das Abkommen anwenden wollte, soweit dies mit seinem Wirtschaftssystem vereinbar sei, und die GATT-Mitglieder, soweit Jugoslawien es anwende, damit ein „gerechtes Gleichgewicht von Rechten und Pflichten“ erreicht werde. Ferner waren Konsultationen und eine jährliche Überprüfung der Beziehungen zwischen Jugoslawien und dem GATT vorgesehen.

Die jugoslawische Regierung versuchte in der Folgezeit darzutun, daß in der Dezentralisierung des Außenhandels ständig weitere Fortschritte

---

[102] Status of Yugoslav economic organizations (enterprises), Memorandum submitted by the Yugoslav Government for the information of the Working Party, GATT Doc. L/961 (11. 3. 1959), Ziff. 4 (a).

[103] a.a.O., Ziff. 5 und 6; vgl. insbesondere auch: Statement of Mr. Nenad *Popovic*, Assistant Secretary of State in the Committee for Foreign Trade of Yugoslavia, GATT Doc. L/879 (31. 10. 1958): "The functioning of the market, relations among enterprises, price formation and the cost structure are technically along the same lines as in other economies. We do not have monopolistic enterprises, and State trading is a very rare exception."

[104] L/961, Ziff. 4 (b) und Ziff. 7 f.; entscheidendes Kriterium für die Unternehmen sei der zu erwirtschaftende Gewinn, a.a.O., Ziff. 9.

[105] a.a.O., Ziff. 4 (b) und (d); vgl. ferner L/962 (12. 3. 1959), Foreign Trade and Exchange System in Yugoslavia.

[106] BISD 8th suppl., S. 64 (Doc. L/986); *Hollenweger*, S. 85 f.; *Alexandrowciz*, S. 249 ff.; vgl. auch Doc. L/965 (25. 3. 1959). Die jugoslawische Regierung machte im übrigen bereits damals deutlich, daß sie als Endziel eine volle Mitgliedschaft anstrebte; vgl. L/879, S. 4; BISD 8th suppl., S. 17.

[107] Erklärung vom 25. 5. 1959, BISD 8th suppl., S. 18.

gemacht würden[108]. Sie betonte insbesondere, die Zahl der Außenhandelsunternehmen wachse ständig, sie selbst könne nicht mehr mit direkten Weisungen bei den einzelnen Unternehmen intervenieren, und die Import- und Exportbeschränkungen würden mehr und mehr gelockert. Diese Entwicklung fand ihren Höhepunkt im Erlaß des „Gesetzes über den Austausch von Waren und Dienstleistungen mit dem Ausland" und des „Gesetzes über die Geschäftsbeziehungen auf dem jugoslawischen Markt" im Juli 1962[109]. Die jugoslawische Regierung stellt sich seitdem auf den Standpunkt, in Jugoslawien bestehe keinerlei Staatshandel mehr[110]. Es handelt sich hier freilich um ein restriktives Verständnis des Begriffs Staatshandel, dem sicherlich nicht alle GATT-Länder zustimmen würden. Die jugoslawische Regierung will wohl die weitgehende Unabhängigkeit der Handelsfirmen von zentralen Weisungen zum Ausdruck bringen; eigentumsmäßig liegen diese sehr wohl in Händen des Staats oder öffentlicher Körperschaften.

Am 17. 10. 1962 stellte Jugoslawien den formellen Antrag auf provisorische Aufnahme ins GATT[111]. Dieses Gesuch wurde vom Arbeitsausschuß für Jugoslawien befürwortet[112], und am 13. 11. 1962 erklärten die *VERTRAGSPARTEIEN* ihre Zustimmung zu Jugoslawiens vorläufigem Beitritt[113].

Der Status, der sich hieraus ergab, kam weitgehend dem einer Vollmitgliedschaft gleich[114]. Dies gilt jedenfalls für die praktischen wirtschaftlichen Resultate. Der Arbeitsausschuß vertrat daher später auch die Meinung, die Grundsatzfragen der Aufnahme Jugoslawiens seien bereits 1962 geregelt worden; Jugoslawien sei praktisch Mitglied seit 1962, und sein formell endgültiger Beitritt sei nur eine Frage der Zeit und des Verfahrens[115]. Rechtlich bestanden jedoch immerhin einige Unterschiede[116]: Jugoslawien kam einerseits in den Genuß der Zollvergünstigungen nur über die einfache Meistbegünstigung (Art. I des GATT); es

---

[108] Vgl. die Mitteilungen der jugoslawischen Regierung in L/1337 und L/1338 (Nov. 1960); L/1494 mit Add. 2 und L/1594 (Nov. 1961); L/1877 (Okt. 1962) und die Berichte des Arbeitsausschusses in BISD 9th suppl., S. 56 (L/1378); 10th suppl., S. 61 (L/1664) und in 11th suppl., S. 79 (L/1901).

[109] Vgl. den Bericht des Arbeitsausschusses vom 5. 4. 1966 in BISD 14th suppl., S. 49 ff. (51).

[110] Doc. L/1949/Add. 24 (28. 10. 1963), State trading enterprises, Notifications pursuant to Article XVII:4(a), Yugoslavia.

[111] Doc. L/1868.

[112] BISD 11th suppl., S. 79.

[113] a.a.O., S. 50.

[114] Vgl. etwa *Wyndham White*, 1966 — Significant year for Yugoslavia-GATT relations, Export Journal (Belgrad), Dezember 1965.

[115] BISD 14th suppl., S. 52.

[116] Es ist daher wohl nicht ganz richtig, wenn *Standke*, S. 94, feststellt, Jugoslawien habe die endgültige Mitgliedschaft vorwiegend aus Prestigegründen angestrebt.

erhielt kein eigenes Anrecht auf diese Konzessionen und konnte im Falle des Widerrufs einer solchen keinen Ausgleich verlangen. Zum zweiten war die vorläufige Mitgliedschaft zeitlich beschränkt, und zwar in concreto zunächst auf 3 Jahre[117]. Drittens erstreckte der vorläufige Beitritt Jugoslawiens seine Wirkungen nur auf die Länder, welche sich die Erklärung vom 13. 11. 1962 ausdrücklich zu eigen gemacht hatten[118].

Jugoslawien bewarb sich daher im Oktober 1965 um volle Aufnahme ins GATT[119]. Von einer solchen war zuvor vor allem deswegen abgesehen worden, weil Jugoslawien lediglich einen provisorischen Zolltarif mit sehr hohen Zollsätzen besaß und weil es noch weitgehend mit Exportsubventionen und Devisenkontrollen arbeitete. Diese Maßnahmen waren notwendig gewesen wegen der erheblichen Diskrepanzen zwischen den inländischen und den Weltmarktpreisen. Durch die Abwertung vom Juli 1965 (neuer Satz: 1250 Dinar gegenüber vorher 750 Dinar für einen US-Dollar) wurden diese Schwierigkeiten weitgehend behoben und der Weg frei für die Errichtung eines endgültigen Zolltarifs mit niedrigeren Sätzen[120].

Die Beitrittsverhandlungen wurden im Rahmen der Kennedy-Runde geführt. An ihr nahm Jugoslawien als Entwicklungsland teil[121]. Diese Tatsache dürfte die Einigung mit den anderen GATT-Ländern erleichtert haben, da für die Entwicklungsländer der Grundsatz gilt, daß sie für die Konzessionen der übrigen GATT-Partner keine vollwertigen Gegenleistungen zu erbringen brauchen[122]. Am 20. 7. 1966 entschieden sich die Vertragsparteien des GATT endgültig für die volle Aufnahme Jugoslawiens[123].

---

[117] Die provisorische Mitgliedschaft war zunächst limitiert bis zum 31. 12. 1965; sie wurde dann vor der Einigung über den endgültigen Beitritt noch einmal um ein halbes Jahr verlängert; BISD 14th suppl., S. 15 f.

[118] Bei einem Vollbeitritt gibt es nur die Möglichkeit des Art. XXXV. Vgl. zum Ganzen BISD, a.a.O., S. 51 f.

[119] Communication of 18 October 1965 from the Government of Yugoslavia requesting full accession, GATT Doc. L/2484. Vgl. ferner L/2488, Yugoslav memorandum on the principal features of the Yugoslav economy and foreign trade system; L/2499, Declaration of Mr. S. *Baum*, Yugoslav Assistant Secretary for Foreign Trade; L/2494, Report on the 1965 consultation with Yugoslavia on its balance-of-payments restrictions.

[120] BISD 14th suppl., S. 54.

[121] Vgl. Doc. INT(67)240, S. 8.

[122] Die Berufung auf den Status als Entwicklungsland mag übrigens auch bei künftigen Beitrittsgesuchen von Staatshandelsländern Osteuropas eventuelle Kompromisse erleichtern. Es gibt im GATT keine feste Definition des Entwicklungslandes; Art. XVIII:4 spricht lediglich sehr allgemein von (a) Ländern, deren Wirtschaft nur einen niedrigen Lebensstand hervorzubringen vermag und die sich im Anfangsstadium der Entwicklung befinden, und (b) von Ländern, die sich im Prozeß der Entwicklung befinden, aber nicht in den Bereich von lit. (a) fallen. Rumänien hat die Frage gegenüber dem GATT noch nicht ausdrücklich aufgeworfen; dagegen wäre von Bulgarien ein entsprechender Antrag zu erwarten.

[123] BISD 15th suppl., S. 67 f.

3. Austauschabkommen und Kontingentsklauseln

Die bisher genannten Maßnahmen reichen offenbar nicht aus, um allseitig gleichwertige Vorteile und eine Zunahme des Handelsaustauschs zu sichern. Die Marktwirtschaftsländer suchen folglich beständig nach „other arrangements that may secure market access and assure fair treatment“[124]. Als derartige Vereinbarungen betrachten sie in erster Linie solche, die quantitative Abnahmegarantien der Staatshandelsländer beinhalten.

a) Die verschiedenen Formen von Kontingentierungsbestimmungen

Wenn an dieser Stelle sogenannte Kontingentsklauseln als Mittel zur Ausweitung des Handelsverkehrs mit Staatshandelsländern behandelt werden sollen, dann bedarf es zunächst einer begrifflichen Klarstellung. Das Wort Kontingent (engl. quota, franz. contingent = Anteil, Quote) bezeichnet quantitative Festlegungen sehr verschiedener Art. Im einzelnen unterscheidet man folgende drei Tatbestände:

(1) Limitative Kontingente oder mengenmäßige Beschränkungen im engeren Sinn.

Es handelt sich hier um Schutzmaßnahmen des Staates zugunsten der einheimischen Industrie oder zum Zweck des Ausgleichs der Zahlungsbilanz. Sie erstrecken sich auf genau spezifizierte Waren oder Warengruppen. Der Staat verbietet es, über einen bestimmten mengen- oder wertmäßigen Betrag hinaus Waren zu importieren. Diese rechtliche Begrenzung kann theoretisch (nämlich wenn die Beträge hoch genug angesetzt sind) ohne realen Einfluß auf das Wachstum des Handels bleiben. Im allgemeinen aber zielen Kontingentierungsmaßnahmen auf eine tatsächliche Beschränkung der Einfuhren hin. Von ihnen soll an dieser Stelle, da es um Mittel zur Expansion des Außenhandels geht, nicht weiter die Rede sein.

(2) Mindestkontingente als Gegenstand von Abnahme- oder Lieferungsverpflichtungen.

Vereinbarungen dieser Art bezwecken — ganz im Gegensatz zu den zuvor genannten Maßnahmen — positiv die Begründung, die Aufrechterhaltung oder den Ausbau von Handelsbeziehungen. Einzelheiten und Beispiele sind in dem vorstehenden historischen Kapitel enthalten[125].

Die Festlegung der Verpflichtungen erfolgte bisher immer wert- (nicht mengen-)mäßig in Form sogenannter „Globalkontingente“: global deswegen, weil es für die Erfüllung der Zusage auf die Zusammensetzung

---

[124] UN Doc. TRADE/184/Rev. 1, Ziff. 13.
[125] Oben S. 94 ff.

der Importe im einzelnen nicht ankommt. Der Verzicht auf eine Konkretisierung der abzunehmenden Waren erklärt sich daraus, daß die entsprechenden Zusagen nach bisheriger Praxis stets einseitig von den Staatshandelsländern abgegeben wurden: Den Kaufverpflichtungen hatten keine Lieferungspflichten gegenübergestanden.

Für die Gestaltung einer solchen Einfuhrverpflichtung gibt es drei Möglichkeiten: absolute Kontingentsklauseln, Relativ-Kontingentsklauseln und die Festsetzung eines bestimmten Verhältnisses der Zahlungsbilanzen der beiden Partnerländer[126]. Die erste Form der Klausel (Fixierung eines Mindestbetrages der Aufträge des Staatshandelslandes) ist gewählt worden etwa in den Abkommen der Sowjetunion mit Lettland, Persien (beide 1927), der belgisch-luxemburgischen Zollunion (1935), Frankreich (1934) und den USA (1935 und 1937)[127]. Für die letztgenannte Methode bieten das Abkommen der UdSSR mit Großbritannien von 1934 und der Vertrag mit Persien von 1935[128] Beispiele. Eine Relativ-Kontingentsklausel schließlich (Verpflichtung zur Erhöhung der Einfuhren in einem bestimmten Verhältnis) enthält das Protokoll über den Beitritt Polens zum GATT[129], auf das noch näher einzugehen sein wird.

(3) Warenlisten in Austauschabkommen.

In den sowohl unter Staatshandelsländern als auch zwischen diesen und Ländern des marktwirtschaftlichen Systems gebräuchlichen Warenaustauschabkommen werden ebenfalls mengen- oder wertmäßige Festsetzungen getroffen und en bloc als Warenliste vereinbart. Kontingente dieses Typs haben im Verhältnis zwischen Ländern mit unterschiedlicher Wirtschaftsordnung grundsätzlich nur indikativen Charakter[130]: Die Staatshandelsländer geben hier — abgesehen von der Zusage, die entsprechenden Lizenzen zu erteilen — lediglich ihre Absicht zu bestimmten Käufen und Verkäufen an. Es dürfte daher nicht richtig sein, insoweit von einer Variante der vorgenannten Form der Kontingentsklausel zu sprechen, wie es gelegentlich getan wird[131]. In der Tat genügen Abkommen dieser Art den Marktwirtschaftsländern keineswegs als Ergänzung der mit den Staatshandelsländern geschlossenen Meistbegünstigungsverträge.

Die Kontingente in den Warenlistenabkommen im Ost-West-Handel bewirken sogar, wenn nicht rechtlich, so doch praktisch, sehr häufig

---

[126] So schon *Kapp*, S. 97.

[127] Oben S. 94 ff.

[128] Oben S. 96.

[129] BISD 15th suppl., S. 49 ff. (56).

[130] "Quotas thus acquire an indicative ... character." UN Doc. TD/18, Ziff. 134. Vgl. auch oben erster Teil, Kap. II, Abschn. 4 c (a. E.).

[131] Vgl. etwa *Domke/Hazard*, in: Aspects juridiques ..., S. 92 f.

geradezu eine Beschränkung der Einfuhren auf bestimmte Beträge[132]. Insofern nähern sich diese Festlegungen den oben unter (1) genannten an[133].

b) Kollision mit dem Meistbegünstigungsgrundsatz?

Aus der Anwendung von Kontingentsklauseln auch des zweitgenannten Typs ergibt sich, ebenso wie für die Abkommen unter Staatshandelsländern[134], das Problem ihrer Vereinbarkeit mit dem Meistbegünstigungsprinzip. Es geht dabei nicht so sehr um die Frage, daß die Mindestkontingente de facto auch als Maximalfestsetzungen wirken und so die freie Entfaltung der Exportwirtschaft des begünstigten Landes auf dem Markt des verpflichteten Landes hemmen könnten[135], sondern um die Beeinträchtigung anderer meistbegünstigter Länder[136]. Da praktisch die Einfuhrkapazität einer Volkswirtschaft begrenzt ist, geht die Verpflichtung zugunsten des einen notwendig zu Lasten der anderen. Dies gilt vor allem in einer Wirtschaft, deren Importbedarf in einem Plan ziffernmäßig fixiert ist.

Es ließe sich nun die These vertreten, ein Verstoß gegen den Geist des Meistbegünstigungsprinzips liege nicht vor, wenn das Marktwirtschaftsland sich nur angemessene, d. h. bei normalem Wachstum des Handels zu erwartende Einfuhrerhöhungen zusagen lasse. So begrüßenswert dieser Gedanke aber auch vom Standpunkt einer allgemeinen Gerechtigkeitsvorstellung aus sein mag, so bewirkt doch ein System quantitativer Festlegungen etwas ganz anderes als eine Reihe von Meistbegünstigungs-

---

[132] "Whenever specific quotas are shown they overwhelmingly reflect a policy to restrict imports up to a stated amount by way of protecting the domestic industry or the market share of other foreign suppliers." UN Doc. TRADE/202/Add. 1, Ziff. 18.

[133] Dies meint wohl auch *Standke*, S. 96, wenn er über die Listenkontingente — etwas mißverständlich — sagt: „Die zu den nichttarifären Handelshemmnissen zu rechnenden Kontingente haben die mengenmäßige Beschränkung der Importe zur Aufgabe."

[134] Vgl. oben S. 83 f.

[135] Hierauf spielen wohl *Domke/Hazard*, a.a.O., S. 97, an, wenn sie sagen, Kontingentsklauseln im hier beschriebenen Sinn seien kein voll zufriedenstellender Ersatz der MB für „une économie libre désireuse de s'assurer l'accès aux marchés de l'économie planifiée en faisant valoir le prix et la qualité seulement de ses produits"; sie seien inadäquat, da sie nicht die Vorteile ersetzten, „qu'une économie libre retirerait automatiquement du principe de la nation la plus favorisée dans ses relations avec d'autres économies libres". Die Forderung nach völliger Gleichwertigkeit der beiderseitigen Vergünstigungen im Verkehr zwischen Staaten verschiedener Wirtschaftssysteme erscheint übertrieben. Zunächst einmal sind auch zwischen Marktwirtschaftsländern gegenseitige Gewährungen der MB nicht immer und sogar nur ausnahmsweise materiell gleichwertig. Vor allem kann nicht um des Äquivalenzgedankens im Meistbegünstigungsrecht willen praktisch eine Umgestaltung oder gar Aufgabe des planwirtschaftlichen Systems verlangt werden!

[136] *Gupta*, Study of GATT, S. 145; *Wilcox*, S. 101.

verträgen der traditionellen Art. Diese Abweichung muß aber offenbar in Kauf genommen werden, wenn wirklich, was im folgenden Abschnitt untersucht werden wird, die Zusage von Mindestimportkontingenten die einer Staatswirtschaft angemessene Gegenleistung für die Gewährung der Meistbegünstigung ist.

c) *Importverpflichtungen als Garantie „materialer Gegenseitigkeit“*

Wenn die Marktwirtschaftsländer in ihrer Mehrheit von den Ländern mit staatlich gelenkter Wirtschaft als Gegenleistung für die von ihnen gewährte Meistbegünstigung konkrete Importverpflichtungen verlangen, dann begründen sie dieses Begehren mit dem Äquivalenzprinzip[137]: Die bloße Gewährung der formal gleichen Vergünstigung sei nicht als gleichwertig anzusehen. Sie suchen eine Modifizierung der Meistbegünstigung durch ihre Kombination mit dem Grundsatz der „materialen Gegenseitigkeit“ („réciprocité effective“, „material reciprocity“)[138].

Dieser Begriff hat in den Gesprächen der Expertengruppe der ECE eine zentrale Rolle gespielt. Er wurde als Arbeitsgrundlage allseitig anerkannt, jedoch handelte es sich hierbei um einen bloßen Formelkompromiß: Die Vertreter der zentralgeleiteten Wirtschaften wollten eine dergestaltige Gegenseitigkeit durch Gleichbehandlung und durch die Beiderseitigkeit der erlangten Vorteile gewährleistet sehen — diese Voraussetzungen wären, rechtlich betrachtet, bei gegenseitiger Meistbegünstigung gegeben —, während die Marktwirtschaftsländer mit dem gleichen Ausdruck darüber hinaus eine tatsächliche Gleichwertigkeit der beiderseits erlangten Vorteile und der eingegangenen Verpflichtungen bezeichnen wollten[139]. Man einigte sich auf Präzisierungen der genannten Formel in dem Sinne, die beiderseitigen Vorteile seien als vergleichbare konkrete Resultate aufzufassen und zu erreichen durch wechselseitige Verpflichtungen der Handelspartner zum Zweck einer Ausweitung des Handels bei gleichzeitiger größerer Vielfalt der ausgetauschten Produkte[140]. Die gebrauchten Formulierungen blieben aber immer noch unbestimmt genug, um eine Auslegung zuzulassen, wie sie ihnen die Experten der Staatshandelsländer gegeben haben: Diese Ziele seien am besten zu erreichen durch gegenseitige Meistbegünstigung und Nichtdiskriminierung, verbunden mit dem Abschluß langfristiger Handelsabkommen und einer Verbesserung der Zahlungssysteme[141]. Letztlich beharrten also beide Seiten auf ihren Standpunkten.

---

[137] Vgl. UN Doc. TRADE/140, Ziff. 12; TRADE/162, Ziff. 6 A.

[138] UN Doc. TD/18, Ziff. 121.

[139] TRADE/140, Ziff. 24.

[140] a.a.O.; ferner TRADE/162, Ziff. 7 A; TD/18, Ziff. 122.

[141] TRADE/140, Ziff. 25. Zur Frage der Zahlungsregelungen gilt es anzumerken, daß diese schon in ihrer gegenwärtig gebräuchlichen Form vielfach für

Zu einer Abgabe fester Abnahmegarantien, wie sie die Marktwirtschaftsländer von ihnen erwarten, sind die Staatshandelsländer im allgemeinen nicht bereit[142]. Es gibt hierfür verschiedene Gründe.

Der erste dürfte in der Empfindlichkeit der sozialistischen Staaten, vor allem der UdSSR, gegenüber Sonderbehandlungen jeglicher Art liegen. Modifizierungen des Meistbegünstigungsregimes gerade im Verhältnis zu ihnen betrachten sie grundsätzlich als unzulässige Diskriminierung.

Diesem Standpunkt wird man sich freilich, soweit die Frage der Kontingentsklauseln betroffen ist, kaum anschließen können. Das Bestehen auf solchen Zusagen erklärt sich aus der Natur des Wirtschaftssystems jener Länder. Der expansive Automatismus der Meistbegünstigungsklausel funktioniert — wie diese Arbeit es bisher hat aufzeigen wollen — in einer Zentralverwaltungswirtschaft bestenfalls in sehr begrenztem Umfang. Das angemessene Mittel zur Ausdehnung des Güteraustauschs ist eine dementsprechende positive Anordnung der Leitungsorgane durch Plan oder Einzelweisung. Auf eine Zusage solchen Tätigwerdens der Zentralstellen läuft eine Mindestkontingentsklausel letztlich hinaus. Nur läßt man sich nicht das Mittel, sondern das Ergebnis garantieren. Es ist bemerkenswert, daß vereinzelt in — nicht offiziellen — Stellungnahmen von „östlicher" Seite den marktwirtschaftlichen Forderungen eine gewisse Berechtigung zuerkannt wird[143].

Die hier vertretene These wird dadurch bestätigt, daß sich auch die Staatshandelsländer untereinander feste Kauf- und Lieferungskontingente zusagen lassen. Demnach kann nicht schlechthin das Bestehen auf Importzusagen als eine diskriminierende Forderung bezeichnet werden. Ihr eigenes Verhalten gegenüber den COMECON-Partnern werden die Staatshandelsländer gewiß nicht unter diesem Aspekt sehen. Auf diesen Vorhalt würde ein Vertreter eines sozialistischen Staates wahrscheinlich erwidern, die gegenseitigen Verpflichtungen im Rahmen des RGW seien in diesem Zusammenhang zu einem Vergleich nicht geeignet. Sie würden jeweils von beiden Seiten gewünscht und beruhten auf Gegenseitigkeit.

---

einen weitgehenden Ausgleich der Zahlungsströme sorgen (vgl. oben Kap. I, Abschn. 2 c, Anm. 72). Indesen können die StH-Länder diesen Ausgleich außer durch Ausweitung ihrer Importe auch durch Beschränkung ihrer Exporte erreichen. Das Anliegen einer *Expansion* des Warenaustauschs fördern sie also nicht notwendigerweise.

142 "... le fait, pour les pays à économie de marché, d'accorder aux pays à économie planifiée le régime correspondant au traitement de la nation la plus favorisée ne doit être liée à aucune concession ou obligation supplémentaire"; TRADE/162, Ziff. 6 A (a. E.).

143 *Nyerges*, S. 47, schreibt in diesem Zusammenhang, die „kapitalistischen" Staaten dürften mit Recht für ihre Zollzugeständnisse von den sozialistischen Staaten qualitäts- und wertmäßig vergleichbare Vergünstigungen erwarten. (János *Nyerges* war der Vertreter Ungarns bei den Besprechungen des Sonderausschusses der ECE).

Mit dem letzten Punkt ist der zweite Einwand berührt, den die Staatshandelsländer gegen Garantieklauseln im Verhältnis zu Ländern mit anders strukturierter Wirtschaft geltend machen. Sie weisen zu Recht darauf hin, sie gingen mit der Abgabe fester Importzusagen ihrerseits über das hinaus, was ihnen die Marktwirtschaftsländer durch die Meistbegünstigung an Vorteilen zukommen ließen. Die Anwendung der Meistbegünstigung bringt für das berechtigte Land nur die Chance und die Wahrscheinlichkeit einer Vermehrung seiner Exporte mit sich, nicht aber eine entsprechende Garantie[144]: „Wenngleich die Bedeutung von Zollzugeständnissen nicht unterschätzt werden sollte, so sind diese doch den Importverpflichtungen, die man von uns [sc. den sozialistischen Ländern; d. Verf.] verlangt, nicht gleichwertig[145]." Nunmehr berufen sich also die Staatshandelsländer auf fehlende Reziprozität: „Ihre [sc. der „entwickelten kapitalistischen Nationen"; d. Verf.] Forderung ist wirtschaftlich realisierbar nur dann, wenn mengenmäßige Zusagen auch auf der anderen Seite gegeben werden, oder wenn man auf entsprechende Maßnahmen der Gegenseite zählen kann, die effektive, unmittelbare und nicht an Bedingungen geknüpfte Ergebnisse bringen[146]."

d) *Beiderseitige Abnahmegarantien?*

Um dem vorgenannten Einwand zu begegnen, könnten die Marktwirtschaftsländer versuchen, ihrerseits ein Mindestmaß an Einfuhren sicherzustellen und nach außen hin zu garantieren. Folgende Vorkehrungen sind denkbar:

aa) Den Handel mit den zentralgeleiteten Volkswirtschaften könnte der Staat übernehmen. Die Erfüllung von Importverpflichtungen ließe sich dann mit Mitteln der staatlichen Verwaltung erreichen. Eine solche Lösung würde jedoch diverse Probleme aufwerfen.

Wohl kaum praktikabel wäre eine Organisation, die, ohne kontinuierlich tätig zu sein, nur im Bedarfsfall (d. h. bei Nichterfüllung eines Abkommens durch Geschäfte des privaten Handels) Außenhandelsoperationen durchführen würde. Eine Institution dieser Art wäre — abgesehen von organisatorischen Schwierigkeiten — wirtschaftlich nicht vernünftig. Sie hätte gegebenenfalls gerade die Transaktionen durchzuführen, die für die kommerziellen Firmen nicht attraktiv genug waren. Diese „Lückenbüßerfunktion" müßte sich um so nachteiliger auswirken, als von planwirtschaftlich geführten Ländern gewöhnlich nur eine beschränkte Anzahl von Artikeln für den Export angeboten werden.

---

144 *Wilcox*, S. 102.
145 *Nyerges*, a.a.O.
146 *Nyerges*, a.a.O.

Die andere Variante dieser Lösung wäre die, ein Staatsmonopol für den Osthandel zu errichten. Es bedarf keiner weiteren Erläuterung, daß eine solche Maßnahme dem System einer Marktwirtschaft außerordentlich fremd wäre. Überlegungen in dieser Richtung sind gelegentlich angestellt worden, jedoch in einem anderen Zusammenhang: Es ging nicht so sehr darum, zugunsten der Staatshandelsländer gewisse Garantien übernehmen zu können, sondern vielmehr darum, der Monopolmacht dieser Länder gleichstarke Verhandlungspartner gegenüberzustellen, m. a. W. „das sowjetische Monopol mit seinen eigenen Mitteln zu bekämpfen“[147]. Ernsthafte Bestrebungen für eine solche Monopolisierung bestehen bei den gegenwärtigen Liberalisierungstendenzen im Außenhandel wohl nicht. Die Einführung des Staatsmonopols müßte zumal, um Umgehungen durch Reexporte aus Drittländern u. ä. zu unterbinden, zumindest von der Anordnung anderweitiger scharfer Regulierungen und Kontrollen begleitet sein, wenn nicht sogar eine Verstaatlichung des gesamten Außenhandels erforderlich wäre.

bb) Eine weitere Möglichkeit, einen bestimmten Umfang des Warenaustauschs zu garantieren, liegt in autonomen Zusammenschlüssen der mit dem Osthandel befaßten privaten Unternehmen.

Diesen Vereinigungen könnte staatlicherseits Monopolcharakter zuerkannt[148] und die Aufgabe des Verhandelns mit den Staatshandelsorganisationen der sozialistischen Länder[149] übertragen werden. Die Bedeutung einer solchen Institution würde sich dann weitgehend der eines Staatsmonopols annähern, und sie brächte dementsprechend auch die gleichen Probleme mit sich.

Denkbar ist ferner eine weniger strikte Form des Zusammenschlusses, in der aber immerhin die wichtigsten interessierten Handels- und Industriezweige vertreten sein müßten. Die Regierung, die die Verhandlungen mit den Staatsorganen der sozialistischen Länder zu führen hätte, könnte sich entweder an dieser Vereinigung als Gesellschafter beteiligen[150] oder auf eine sonstige Weise — etwa durch Heranziehung der Ver-

[147] Es scheint, daß schon vor längerer Zeit die hier berührten Fragen auf Initiative eines „hohen Beamten der Regierung der Vereinigten Staaten“ in Washington diskutiert worden sind; N.Y.T. vom 2. 12. 1958, S. 17, Sp. 3, zit. u. a. bei *Hazard*, State Trading in History and Theory, L.C.P. Bd. 24 (1959), S. 243.

[148] Vgl. *Domke/Hazard*, a.a.O., S. 101.

[149] Im Verhältnis der BRD zur VR China ist bei dem bisher einzigen Abkommen (mit Datum vom 27. 9. 1957, abgelaufen am 12. 10. 1958) die deutsche Seite vom Ostausschuß der Deutschen Wirtschaft (der allerdings nicht etwa eine Monopolorganisation ist) vertreten gewesen; vgl. *Standke*, S. 163. Solche Abkommen, bei denen auf „westlicher“ Seite private Unternehmensgruppierungen, Handelskammern oder Banken stehen, werden gelegentlich abgeschlossen, wenn Schwierigkeiten politischer oder sonstiger Art ein Handelsabkommen zwischen den Regierungen unmöglich oder inopportun erscheinen lassen; *Kopelmanas/Tunc*, S. 136; UN Doc. TD/B/128/Add. 2, Ziff. 53; Add. 3, Ziff. 80. Vgl. über gegenwärtige Tendenzen auch Doc. TRADE/188, Ziff. 6.

[150] Vgl. *Domke/Hazard*, a.a.O.

einigung bei der Aushandlung der Kontingente — die notwendige Kooperation herstellen.

Die Schaffung eines Instrumentariums dieser Art kann zur Ausweitung des Handels zwischen Ländern der beiden Wirtschaftstypen wesentliche Beiträge leisten. Ein Hindernis allerdings steht entgegen: Die Staatshandelsländer betrachten solche Zusammenschlüsse — die natürlich die Verhandlungsposition der privatwirtschaftlichen Handelsfirmen bestärken würden — als feindlich gegen sie gerichtete diskriminatorische Maßnahmen. Dieser Einwand gälte im übrigen a fortiori gegen Organisationen eines monopolartigen Typs. Dabei wird den Staatsmonopolen der sozialistischen Länder selbst keinerlei diskriminatorischer Charakter beigemessen. Man argumentiert folgendermaßen: Das sozialistische Außenhandelsmonopol sei gegen alle Staaten gerichtet, eine Konzentration des „kapitalistischen" Außenhandels aber einseitig gegen die sozialistischen Nationen. Besondere Sorgen bestehen bei den Staatshandelsländern offenbar im Hinblick auf eventuelle Zusammenschlüsse internationalen Ausmaßes oder auf Kooperation auf intergouvernementaler Ebene[151]. Sie befürchten anscheinend, man werde auf diese Weise nur „bestehenden diskriminierenden Praktiken einen organisierten intergouvernementalen Charakter verleihen"[152].

Der Diskriminationsvorwurf dürfte allerdings einer den Verhältnissen angemessenen und praktikablen Lösung letztlich nicht entgegenstehen[153]. Es bleibt zu hoffen, daß die Staatshandelsländer sich auf den formalen Einwand der Diskriminierung nicht versteifen werden, wenn sie reelle Chancen einer Vermehrung des Warenaustauschs zu beiderseitigem Nutzen erkennen und zu schätzen wissen. Voraussetzung wäre allerdings, daß Institutionen der hier vorgeschlagenen Art sich als Instrumente zur positiven Förderung des Handels und nicht vorwiegend als Abwehrorganisationen verstehen.

---

[151] Das *Committee for Economic Development (CED)* in den Vereinigten Staaten hat die Gründung eines intergouvernementalen Komitees für Ost-West-Handel innerhalb der OECD vorgeschlagen, das für den Austausch von Informationen, Beratungen und sonstige Zusammenarbeit sorgen soll; vgl. *CED*, Est-West-Trade, A Common Policy for the West (New York 1965), S. 20 ff. Genauere Einzelheiten werden nicht gegeben. Vgl. hierzu sowie zu ähnlichen Vorschlägen und ihrer Beurteilung *Adler-Karlsson*, S. 140 f.; ferner *PEP*, East-West Trade, S. 135.

[152] *Rachmuth*, S. 14.

[153] Das im vorhergehenden Absatz beschriebene Argument der sozialistischen Staaten hat man einmal ironisch umformuliert etwa in folgendem Sinn: Die marktwirtschaftlichen Staaten wollten speziell gegen die sozialistischen Länder (in diskriminierender Weise) Maßnahmen ergreifen; diese letzteren hingegen behandelten alle ihre Handelspartner (ohne Diskriminierung) gleich schlecht. Richtig an diesem polemischen Einwurf ist die Erkenntnis, daß die Gleichbehandlung nicht auf Kosten der Gegenseitigkeit übertont werden darf. Vgl. hierzu schon oben S. 22 f.

Fraglich erscheint es weiterhin, ob für Vereinbarungen auf der hier bezeichneten Basis der politische Wille vorhanden ist. „Westliche" Regierungen könnten solche Festlegungen als unerwünscht[154] und bereits allzu dirigistisch betrachten; „östliche" Außenhandelsstellen legen vielleicht deswegen keinen Wert darauf[155], weil sie ihre Freiheit, sich die günstigsten Geschäftspartner zu suchen, einschränken[156].

cc) Eine Stabilisierung des Handelsaustauschs mit den sozialistischen Ländern erfordert auf jeden Fall eine „positive Zusammenarbeit des Staats mit der Geschäftswelt"[157]. Diese kann aber auch noch viel weniger formell sein als die bisher aufgezeigten Modelle, und in einer gewissen Form existiert sie wohl in den meisten marktwirtschaftlichen Ländern[158]: Die Verhandlungsdelegationen dieser Staaten werden im allgemeinen angeführt von einem Vertreter des Außenministeriums; außerdem sind Beamte der sonst betroffenen Ministerien (Wirtschafts- oder Industrieministerium, Landwirtschaftsministerium) beteiligt. Den Unterhändlern stehen vielfach Berater aus Handel und Industrie zur Seite[159]. Ist dies nicht der Fall, so halten die Beamten der Fachministerien doch dauernden Kontakt mit den interessierten Firmen. Diese präsentieren ihren Importbedarf und ihre Exportwünsche. Häufig sind sogar zwischen privaten Firmen und den zuständigen staatlichen Außenhandelsunternehmen der sozialistischen Länder die Verträge schon vorbereitet oder sogar bereits abgeschlossen unter dem Vorbehalt der Lizenzerteilung[160].

Auch diese Form der Zusammenarbeit läßt sich intensivieren: Die Regierung verpflichtet einzelne Firmen zu bestimmten Käufen und/oder Verkäufen und sieht sich dann in der Lage, nach außen hin eine Garantie für die betreffenden Transaktionen zu übernehmen.

Drei Länder, deren Außenhandel sehr stark mit dem der osteuropäischen Staatshandelsländer verflochten ist, haben diese Zusammenarbeit bereits in relativ weitgehender Weise verwirklicht. Es handelt sich um Finnland, Österreich und — sofern man dieses letztere nicht selbst zu den Staatshandelsländern rechnet — Jugoslawien. Die langfristigen Abkommen und vor allem die jährlichen Protokolle, die sie mit ihren „östlichen" Partnerländern aushandeln, werden ergänzt durch zugleich abgeschlossene Liefer- und Abnahmeverträge[161]. Derartige Vereinbarungen müßten den Staatshandelsländern an sich, unabhängig davon, ob auch auf marktwirtschaftlicher Seite Staatsunternehmen beteiligt sind, oder ob

154 Vgl. *Berman*, Rapport final, S. 6.
155 Vgl. die bei *Berman*, Rapport final, S. 6, wiedergegebene Stellungnahme.
156 Vgl. *Standke*, S. 44.
157 *Berman*, Rapport général, S. 73.
158 Hierzu und zum folgenden vgl. vor allem *Kopelmanas/Tunc*, S. 130 f.
159 UN Doc. TRADE/202/Add. 1, Ziff. 18.
160 *Standke*, S. 97.
161 TRADE/202/Add. 1, Ziff. 12, 14.

die Regierungen eine Garantie übernehmen, als Gegenleistung für die von ihnen gewünschten Importzusagen genügen.

dd) Abkommen nach dem Warenlistensystem, die nicht mehr als Schätzungen der tatsächlich erfolgenden Transaktionen beinhalten, können die geforderten festen Einfuhrverpflichtungen nicht ersetzen. Mangels letzterer wird man allerdings das System der Austauschabkommen weiter verwenden und die Bemühungen um deren effektive Ausführung fortsetzen müssen. Ohne Nutzen sind sie sicherlich nicht. Auf der Seite der privatwirtschaftlichen Länder geben sie den Handelsfirmen und Produktionsunternehmen eine Sicherheit, bestimmte Lizenzen zu erhalten, und sind zugleich ein Anreiz, die so gegebenen geschäftlichen Chancen im Osthandel auch wirklich auszunutzen. Für die Staatshandelsländer und ihre Außenhandelsstellen bedeuten sie eine Art ständiger Mahnung. Man hat auch darauf hingewiesen, daß die Betriebsleitungen der Staatsunternehmen bei der Durchsicht der Listen zu Kaufanträgen an die Außenhandelsorgane angeregt werden könnten[162]. Zu einer solchen Annahme besteht desto mehr Grund, je mehr der Eigeninitiative der Betriebe aufgrund der neuerlichen Wirtschaftsreformen Raum gelassen wird. Insbesondere die nunmehr gelegentlich zugelassenen Kontakte ausländischer privater Firmen mit Endverbrauchern der sozialistischen Länder könnten sich förderlich für den Handel auswirken. Sofern ein Produktionsunternehmen selbst zu Außenhandelsoperationen ermächtigt ist, wird es selbst aufgrund noch nicht ausgenutzter Listenkontingente unmittelbar Lizenzanträge stellen können.

e) Abnahmegarantien in multilateralen Systemen

Eine Vereinbarung von Importgarantien wird zu einer äußerst komplizierten Operation, wenn sie im Rahmen eines multilateralen Abkommens erfolgen soll. Zwar haben etwa im GATT gegenseitige Garantieleistungen von Plan- und Marktwirtschaftsländern noch nicht zur Debatte gestanden. Aber auch bei einer einseitigen Zusage von seiten eines Staatshandelslandes gegenüber einer Mehrheit von Mitgliedsländern ergeben sich zahlreiche Probleme.

Die Grundfrage lautet, ob jedem Partnerland gegenüber individuell oder nur der Gesamtheit der Vertragsparteien gegenüber eine Verpflichtung unterzeichnet werden soll[163]. In ersterem Fall wird wiederum — wie

---

[162] Vgl. *Domke/Hazard,* in: Aspects juridiques..., S. 95. Der Gedanke ist der, daß die Außenhandelsvereinigungen und auch die für die Lizenzerteilung zuständigen Zentralstellen aufgrund des bestehenden Abkommens derartigen Anträgen nicht von vornherein ablehnend gegenübertreten werden.

[163] In letzterem Fall spricht man von einer Kontingentsverpflichtung als „global" in einem doppelten Sinn: in bezug auf die auszutauschenden Waren und in bezug auf die Partnerländer.

bei jeder Kontingentierung — die Frage der Verteilung auf die einzelnen interessierten Länder auftauchen: Eine arithmetisch gleiche Behandlung wäre sicherlich ungerecht; stattdessen müßte eine verhältnismäßige Verteilung nach Maßgabe des Handelsaustauschs während eines vergangenen repräsentativen Zeitraums angestrebt werden[164]. Zur Berücksichtigung von Veränderungen der wirtschaftlichen Daten hätten darüber hinaus kurzfristig Revisionskonferenzen stattzufinden. Im GATT wäre bei solchen Gelegenheiten eine entsprechende Anwendung des Art. XIII: 2 über die nichtdiskriminatorische Durchführung mengenmäßiger Beschränkungen angemessen. In dem bisher einzigen einschlägigen Fall, dem des Beitritts Polens zum GATT, ist die andere Lösung gewählt worden: das generelle Importkontingent. Hiervon soll im Anhang zu diesem Abschnitt noch die Rede sein.

Anhang: Der Fall Polen (und die Beitrittsverhandlungen Rumäniens) im GATT

Die Bewerbung Polens um Aufnahme in das GATT stellte die *VERTRAGSPARTEIEN* vor noch wesentlich schwierigere Probleme als das Beitrittsgesuch Jugoslawiens. Mit Polen bemühte sich erstmals ein Staat, der dem Modell eines Staatshandelslandes voll entsprach, um den Beitritt zu diesem Abkommen, das sich die Liberalisierung des Welthandels zum Ziel gesetzt hat.

Das Resultat war anders als das im Falle Jugoslawien. Polen wurde zwar — mit Wirkung vom 18. 10. 1967[165] — Vollmitglied des GATT, jedoch mit einem Sonderstatus, der sich aus dem Beitrittsprotokoll vom 30. 6. 1967[166] ergibt. Die Hauptverpflichtung Polens besteht demnach in der Erhöhung seiner Importe aus den GATT-Ländern um mindestens 7 Prozent pro Jahr[167]. Diese Sonderbehandlung Polens im Vergleich zu Jugoslawien ist nicht auf die Tatsache zurückzuführen, daß die Entwicklung der Wirtschaft in ersterem Land weiter fortgeschritten ist als in

---

[164] *Gupta*, Study of GATT, S. 145.

[165] Press Release GATT/1001.

[166] Wiedergegeben in BISD 15th suppl., S. 49 ff.; deutsche Übersetzung in DHA Bd. 121, Heft 18 (2. Septemberheft 1967 — Sonderheft), S. 1875. Der Beitritt Polens wurde nichtsdestoweniger als Beitritt gemäß Art. XXXIII (der allgemeinen Bestimmung über Neuaufnahmen) betrachtet; vgl. Ziff. 1 des Protokolls und Bericht des Arbeitsausschusses in BISD 15th suppl., S. 117 ff., Ziff. 1 und 15.

[167] Diese Ziffer erreichte Polen im Jahre 1968 nicht ganz. Allerdings hatten die Importe aus den Marktwirtschaftsländern im GATT um 9,7 % zugenommen; diejenigen aus den sozialistischen GATT-Staaten (also wohl insbesondere aus der CSSR) hatten sich um 5,3 % vermindert. Vgl. zu den offenbar heftigen Auseinandersetzungen hierüber zwischen Polen und den übrigen Vertragsparteien GATT Doc. L/3315, Ziff. 27 - 31 und L/3315/Corr. 1 (BISD 17th suppl., S. 96 ff.).

letzterem — Polen dürfte etwa eine Mittelstellung zwischen einem Entwicklungsland und einem Industrieland einnehmen —, sondern auf strukturelle Unterschiede des wirtschaftlichen Systems.

Polen stellte ein erstes Gesuch um Vollbeitritt zum GATT bereits am 31. 3. 1959[168]. Es mag in diesem Zusammenhang angebracht sein, kurz das gewöhnliche Aufnahmeverfahren in der GATT-Praxis zu schildern. Den ersten Schritt bildet ein Memorandum und ein „Statement" der beitrittswilligen Regierung. Diese Dokumente werden an die Regierungen der Vertragsparteien versandt, welche sie studieren und detaillierte Fragen stellen sowie Informationen anfordern können. Ein Sachverständigenrat resümiert daraufhin diese Fragen und gibt ihnen die Form, in der sie, eventuell versehen mit Zusatzfragen, der betreffenden Regierung vorgelegt werden. Deren Antworten werden wiederum zirkuliert, zusammen mit eventuellen Kommentaren des Sachverständigenrats. Hierauf wird aus Vertretern der GATT-Länder und des Sekretariats ein Arbeitsausschuß gebildet, der gemeinsam mit Vertretern des Antragstellers die Frage des Beitritts erörtert und gegebenenfalls den Entwurf eines Beitrittsprotokolls ausarbeitet.

Im Falle Polen fand diese Prozedur teilweise schon im Jahre 1958 statt[169]. Die polnische Regierung gab hierbei Auskünfte über die wesentlichen einschlägigen gesetzlichen und administrativen Vorschriften in Polen sowie verschiedene Zusicherungen über die Möglichkeit einer Zusammenarbeit nach den Regeln des GATT. Sie betonte insbesondere, weder die nationale Planung noch die bilaterale Zusammenarbeit mit anderen Staaten, auch im COMECON-Bereich, hätten einen für andere Handelspartner restriktiven Effekt, ferner gab sie der Überzeugung Ausdruck, die polnischen Außenhandelsunternehmen würden den Bestimmungen des Art. XVII des GATT voll genügen. Schließlich erläuterte sie auch im einzelnen ihre Bereitschaft, den GATT-Ländern für ihre Ausfuhren nach Polen eine globale Mindestgarantie zu geben. In bezug auf den letzteren Punkt erklärte sie sich von vornherein gegen jedes irgendwie geartete Schema einer Verteilung der Importe auf die verschiedenen GATT-Staaten, insbesondere gegen eine Aufteilung nach dem Wert der Exporte Polens in die jeweiligen Länder.

Anläßlich der vierzehnten Tagung der GATT-Länder im Mai 1959 wurde ein Arbeitsausschuß für die Prüfung des polnischen Beitrittsgesuchs gebildet, der im September 1959 erstmals zusammentrat. Er konnte indes damals lediglich eine Assoziierung Polens empfehlen, die

---

[168] Communication, dated 31 March 1959, requesting formally accession to GATT, Doc. L/967.

[169] Die betreffenden Dokumente sind nur zum Teil der Öffentlichkeit zugänglich. Vgl. aber BISD 8th suppl., S. 61 (L/1037/Rev. 1), Relations with Poland, Report adopted on 9 November 1959.

dann auf der folgenden GATT-Tagung im November 1959 von den *VERTRAGSPARTEIEN*[170] und im gleichen Monat auch von Polen akzeptiert wurde.

Die durch diese Übereinkunft geschaffene vertragliche Bindung war noch lockerer als die durch die Assoziierung Jugoslawiens entstandene Beziehung. Die Unterzeichner erklärten lediglich, sich im beiderseitigen Handelsverkehr „von den Zielen in der Präambel zum GATT leiten lassen" zu wollen, eventuellen Beschwerden „wohlwollende Beachtung" zu schenken und jährlich die Entwicklung ihrer Handelsbeziehungen gemeinsam zu überprüfen[171]. Polen sollte zudem regelmäßig die wichtigsten Daten über die Regulierung seines Außenhandels[172] sowie diesbezügliche Statistiken veröffentlichen.

Im Mai 1963 brachte Polen wiederum die Frage seines Beitritts sowie seiner Teilnahme an der Kennedy-Runde in die Diskussion. Die Angelegenheit wurde dem Unterausschuß für nichttarifäre Handelshemmnisse anvertraut, der späterhin einen Sonderausschuß für die Teilnahme Polens bildete.

Am 27. 4. 1964 unterbreitete Polen den GATT-Staaten einen Vorschlag für seine Teilnahme an dem Abkommen, in dem es seine Erwartungen und seine Bereitschaft zu entsprechenden Gegenleistungen präzisierte[173]. Es ist nun außerordentlich interessant, diese Anregungen zu vergleichen mit dem schließlich zustandegekommenen, am 26. 6. 1967 von den *VERTRAGSPARTEIEN* angenommenen[174] und von Polen am 18. 9. 1967 unterzeichneten Beitrittsprotokoll.

Als Gegenleistung für die Meistbegünstigung auf dem Zollsektor und die Nichtdiskriminierung in Kontingentsfragen stellte die polnische Regierung in Aussicht, sie werde bei der Aufstellung ihrer Wirtschaftspläne den Vertragsparteien einen angemessenen Anteil an der Expansion des polnischen Marktes sichern. Zusätzlich war noch eine Garantie Polens in dem Sinne vorgesehen, daß zusätzliche Deviseneinnahmen aus

[170] Relations with the Polish People's Republic, Decision of 9 November 1959 und Declaration (vom gleichen Datum), BISD 8th suppl., S. 11 und 12.

[171] Vgl. die Berichte über diese Überprüfung in BISD 11th suppl., S. 72 (L/1785); 12th suppl., S. 62 (L/2058); 13th suppl., S. 33 (L/2276) und 14th suppl., S. 46 (L/2595). Zu dieser Art einer „Assoziation" *Hollenweger*, S. 86 f.

[172] Die Verpflichtung hierzu besteht für die GATT-Mitglieder bereits gemäß Art. X des Abkommens. Polen hat sich ferner auch dem Verfahren nach Art. XVII:4 unterzogen; vgl. Doc. L/1949/Add. 3 (19. 2. 1963), State-Trading Enterprises, Notifications pursuant to Article XVII:4(a), Poland.

[173] INT (67) 240, S. 5. Das betreffende Dokument als solches ist — wie überhaupt grundsätzlich die Dokumente der „Tariff-Negotiations"-Serie — vom GATT nicht veröffentlicht worden; doch sind die polnischen Anregungen inhaltlich weithin bekannt geworden; vgl. etwa *PEP*, East-West-Trade, S. 160 ff.; *Standke*, S. 94 f.; NZZ vom 13. 1. 1967, Polen und das GATT.

[174] Das Protokoll figuriert als Anhang zu der Schlußakte der Kennedy-Runde und trägt wie diese das Datum vom 30. 6. 1967.

den zu erwartenden Exportsteigerungen wieder für Käufe in den Partnerländern verwendet würden. Auf der Grundlage einer Schätzung dieser Zunahme der Ausfuhren sollte eine Einfuhrsteigerung um einen bestimmten, zumindest gleich hohen Prozentsatz zugesichert werden. Dabei waren jährliche Anpassungen aufgrund von Konsultationen geplant, ohne daß jedoch die polnischen Importe in strikter Weise an den jeweiligen Umfang der — womöglich fluktuierenden — polnischen Exporte gebunden sein sollten.

Polen wollte auch, wie jede andere Vertragspartei, an den Zollverhandlungen teilnehmen, um Zollsenkungen und -bindungen für die Waren aushandeln zu können, an deren Einfuhr in die betreffenden Länder es ein wesentliches Interesse hatte. Als Gegenleistung hierfür war geplant, daß Polen bestimmte Waren, an deren Ausfuhr GATT-Länder interessiert waren, mit einer besonders hohen Steigerungsrate in seine Importpläne aufnähme.

Die polnische Regierung erwartete ferner eine Anwendung der allgemeinen Regeln des GATT über Gleichbehandlung etwa in der zollmäßigen Bewertung, den Formalitäten und den Fragen des Transit. Dafür war sie bereit, eine generelle Zusage der Nichtdiskriminierung zu geben und mit den GATT-Mitgliedern Konsultationen über die Praktiken des polnischen Außenhandels und ihrer Außenhandelspolitik abzuhalten.

Im Endergebnis wurde Polen, wie schon erwähnt, nachdem es am 16. 12. 1966 nochmals einen Beitrittsantrag gestellt hatte, Vollmitglied des GATT. Demnach genießt es grundsätzlich alle Rechte einer Vertragspartei, also insbesondere das auf Meistbegünstigung in Zoll- und Steuerfragen, die Gleichbehandlung gemäß den Bestimmungen über Formalitäten usw. und den unmittelbaren Anspruch auf Zollvergünstigungen kraft der Zugeständnislisten. Eine Einschränkung gilt jedoch im Hinblick auf die Nichtdiskriminierung bei mengenmäßigen Beschränkungen (Art. XIII). Insoweit wurde lediglich eine Übergangsregelung getroffen: Die Vertragsparteien können bestehende diskriminatorische Verbote und Kontingentierungen gegenüber Polen vorläufig beibehalten; diese Diskriminierung Polens darf aber nicht verschärft, sondern soll schrittweise abgebaut werden (Ziff. 3 a des Beitrittsprotokolls). Ein Ende der Übergangsperiode legt das Protokoll nicht fest; man wird anläßlich der bevorstehenden dritten jährlichen Konsultation erstmals versuchen, hierüber eine Einigung zu finden (vgl. Ziff. 3 c des Protokolls).

Polen hat demgegenüber grundsätzlich alle Pflichten des Abkommens übernommen[175], insbesondere die des Art. XVII, und zusätzlich die bereits erwähnte Kontingentszusage abgegeben. Diese letztere erscheint in der als Annex B dem Protokoll beigefügten Zugeständnisliste (Schedule)

---

[175] Dabei sind allerdings die Pflichten nach Art. I und II des Abkommens für Polen wegen des Fehlens eines echten Zollsystems weitgehend bedeutungslos.

Polens. Hierdurch wird in geradezu beispielhafter Weise zum Ausdruck gebracht, daß man diese besondere Verpflichtung als das eigentliche Äquivalent für Meistbegünstigung und Zollbindungen seitens der Vertragsparteien betrachtet[176].

Das Protokoll sieht hierüber und über praktisch die gesamte Handelspolitik Polens gegenüber den Vertragsparteien[177] jährliche Konsultationen vor. Im Falle von Differenzen zwischen Polen und einem anderen GATT-Staat kann — auch außerhalb jener jährlichen Zusammenkünfte — ein Verfahren stattfinden, welches dem des Art. XXIII vergleichbar ist. Ein wesentlicher Unterschied besteht allerdings: Einigen sich die Betroffenen nicht, so kann die klageführende Seite ohne vorherige Genehmigung durch die GATT-Versammlung Verpflichtungen suspendieren. Lediglich eine Mitteilung an die *VERTRAGSPARTEIEN* wird verlangt. Diese schalten sich in die Angelegenheit erst ein auf Antrag eines Beteiligten oder eines sonst materiell interessierten Mitgliedstaates. Die Bestimmung erscheint beachtenswert, weil sie einen Sonderstatus Polens auch noch über den Zeitpunkt hinaus aufrecht erhält, der (im Hinblick auf die Anwendung des Art. XIII) die gegenwärtige Übergangsperiode beenden wird. Sachlich dient sie einer Abwehr der Schwierigkeiten, die für Polen aus Verstößen gegen Ziff. 3 des Beitrittsprotokolls oder — später — Art. XIII des Abkommens, für die übrigen GATT-Staaten aus einer ungenügenden Berücksichtigung bei den polnischen Einfuhren entstehen können[178].

Verhandlungen über den Einschluß bestimmter Produkte in die polnischen Importpläne sind nach dem Protokoll nicht geplant. Nachdem Polens Wünsche auf Beseitigung der diskriminierenden mengenmäßigen Beschränkungen nicht voll erfüllt wurden, hat es auch selbst die angebotenen Konzessionen nicht in vollem Umfang gewährt. Es gilt zu bedenken, daß in Anbetracht früherer Geheimhaltungs-Praktiken der sozialistischen Länder jenes Angebot Polens außerordentlich weit ging. Schon die Mitteilung von Importabsichten für kommende Jahre, zu der sich Polen herbeigefunden hat[179], muß von der Regierung eines sozialistischen Staates als ein erhebliches Entgegenkommen betrachtet werden. Von Rumänien, das gegenwärtig um eine Mitgliedschaft im GATT

---

[176] Vgl. zu diesem Äquivalenzverhältnis auch Ziff. 4 der Empfehlungen der IHK in GATT Doc. L/2766.

[177] Vgl. den Plan der jährlichen Prüfung in Annex A zu dem Protokoll.

[178] Dieses letztere deswegen, weil das Protokoll eine geographische Aufteilung der polnischen Importe nicht vornimmt.

[179] Vgl. Consultation with Poland, First Review under the Protocol of accession, Report of the Working Party adopted on 14 November 1968 (L/3093), BISD 16th suppl., S. 67 ff., Ziff. IV und Annex VI, Foreign Trade Planning of Poland, sowie Annex VII, Estimated value of imports by Poland from GATT countries in 1968 and 1969.

nachsucht[180], erwartet man ebenfalls, daß es zwar zur Veröffentlichung und Erläuterung seiner Importpläne bereit sein, diese aber nicht zur Verhandlung stellen wird[181].

In der Frage der Kontaktmöglichkeiten ausländischer Unternehmen mit polnischen Abnehmern und Verbrauchern hat man im GATT offenbar kein zentrales Problem gesehen. Man begnügte sich mit den schon bestehenden Einrichtungen, zu denen besonders die Vertretung von Firmen durch hierauf spezialisierte inländische Organisationen gehört.

Im Hinblick auf Art. XV:6 des GATT wurde eine Lösung gewählt wie für die CSSR und Cuba. Sie erscheint im Protokoll unter Ziffer 8.

Für den Fall von Marktstörungen durch polnische Exporte ist eine dem Art. XIX des GATT weitgehend gleichzusetzende Regelung getroffen worden (Ziffer 4 des Protokolls). Hierauf wird an späterer Stelle noch zurückzukommen sein.

Das Prüfungsverfahren für den Beitritt *Rumäniens* ist bereits relativ weit fortgeschritten. Der übliche umfangreiche Fragenkatalog[182] wurde bereits im Mai 1969 von Rumänien beantwortet[183]. Danach zeichnet sich folgende künftige Regelung ab: Rumänien ist bereit, eine Verpflichtung zur Erhöhung seiner Importe aus den GATT-Staaten zu übernehmen, doch müsse gesichert sein, daß diese ihre Einfuhren aus Rumänien ebenfalls entsprechend erhöhten. Vom GATT her wurde angeregt, Rumänien möge sich — wie Polen — zu einer Ausweitung seiner Importe aus den GATT-Mitgliedsländern um einen bestimmten Hundertsatz bereitfinden. Die rumänische Regierung antwortet hierauf mit dem Vorschlag eines Gegenmodells, nach dem Rumänien sich verpflichten könne, die Einnahmen aus Exporten in das Gebiet der Vertragsparteien des GATT für — möglichst umfangreichere — Importe aus diesen Ländern zu verwenden[184]. Ein Ärgernis für den Antragsteller Rumänien, aber letztlich wohl kein Hindernis für seinen Eintritt ins GATT stellt der Umstand dar, daß die USA entschlossen sind, Rumänien aufgrund der sogenannten Battle Act[185] weiterhin die Meistbegünstigung zu verweigern[186]. Das gleiche gilt im übrigen für Ungarn[187]. Die rechtliche

---

[180] Vgl. oben Kap. II, Abschn. 5 c (a. E.).

[181] Letzteres wird von Rumänien entschieden abgelehnt, da der staatliche Wirtschaftsplan „ein wesentliches Attribut der nationalen Souveränität" sei. Vgl. GATT Doc. L/3211, Ziff. 6.

[182] Vgl. oben S. 150.

[183] GATT Doc. L/3211.

[184] GATT Doc. L/3211, Ziff. 23.

[185] Vgl. oben Kap. I, Abschn. 2 a, Anm. 15 und 18.

[186] „GATT-Verhandlungen über den Beitritt Rumäniens", NZZ (Fernausgabe) vom 28. 6. 1969, S. 13.

[187] „Das Gesuch Ungarns um Aufnahme ins GATT", NZZ (Fernausgabe) vom 25. 7. 1969, S. 14.

Handhabe für ein solches Vorgehen im Rahmen des GATT bietet dessen Art. XXXV[188].

4. Zur Öffnung der sozialistischen Märkte

In den Auseinandersetzungen um den Handel mit den planwirtschaftlich organisierten Ländern taucht immer wieder die Forderung nach einem verbesserten „Zugang zu den Märkten" („market access", „accès aux marchés") auf. Die Schaffung eines solchen wurde bislang — im Hinblick auf Marktwirtschaften — gleichgesetzt mit „der Beseitigung verschiedener Maßnahmen zum Schutz des inländischen Marktes"[189]. Bezogen auf eine zentralgeleitete Wirtschaft kennzeichnet der Begriff des fehlenden Marktzugangs vorwiegend die Tatsache, daß eine Konkurrenz ausländischer Firmen im Inland grundsätzlich nicht möglich ist.

Auf „westlicher" Seite hat man eingesehen, daß es zwecklos wäre, allzusehr auf der — an sich mit dem Meistbegünstigungsprinzip verbundenen — überkommenen Konzeption des „market access" zu insistieren. Man wäre sonst über eine bloß negative Haltung nicht hinausgekommen. Aufgrund der Verschiedenheit ihres sozialen und wirtschaftlichen Systems können die Staatshandelsländer diesbezüglichen Forderungen kaum entsprechen. Zu diesem grundsätzlich-theoretischen kommt noch ein rein wirtschafts- oder entwicklungspolitischer Gesichtspunkt: Es besteht die sicherlich nicht unbegründete Furcht, bei Auftreten ausländischer Firmen im Inland könnten zahlreiche kleine einheimische Unternehmen von der mächtigen „kapitalistischen" Konkurrenz an die Wand gedrückt werden[190].

Gegenwärtig zeichnet sich daher eine Änderung der Idee der „Marktöffnung" ab. Von marktwirtschaftlicher Seite erwartet man nicht so sehr gewisse organisatorische Vorkehrungen als vielmehr eine bestimmte Zunahme des Handels. Man verbindet mit obigem Begriff also nicht primär die Vorstellung anzuwendender Mittel, sondern die eines konkreten Ergebnisses. In diesem Sinne wird auch die Frage von Mindestimportverpflichtungen unter dem Thema „market access" abgehandelt.

Die sozialistischen Länder hatten bereits verschiedentlich vorgetragen, „that increased market access may also be provided by positive measures that will create effective market opportunities for imported goods"[191]. Sie

---

[188] Vgl. oben S. 127.

[189] UN Doc. TD/18, Ziff. 123.

[190] *Rachmuth*, S. 11 f.; *Wilczynski*, Multilateralization of East-West Trade, S. 316.

[191] TD/18, Ziff. 124; TD/B/128/Add. 3, Ziff. 68. Auch die UNCTAD 1964 hatte bereits in Principle Seven vorgeschlagen, die Marktzugangsmöglichkeiten müßten verschieden sein je nach dem bestehenden sozialen und wirtschaftlichen System; Proceedings of UNCTAD Bd. 1, S. 22. Vgl. auch *Ryska*, S. 125.

meinten damit, es bedürfe nicht so sehr einer Lockerung, geschweige denn Abschaffung des staatlichen Handelsmonopols; vielmehr könne durch eben dieses Instrument aktiv die Ausweitung und Bereicherung des Handels angestrebt werden. Sie schlagen also insoweit keine Beseitigung der Handelsschranken, sondern eine kontrollierte offene Handelspolitik vor.

Die gegenwärtigen Wirtschaftsreformen tendieren in der Tat in eine solche Richtung. Es gibt sogar Anzeichen dafür, daß auch zum Nachteil inländischer Produzenten Kostenvorteile ausländischer Waren berücksichtigt werden sollen[192]. „Es ist das direkte Ziel des neuen Systems, den wirtschaftlichen Druck des Weltmarkts auf die inländische Wirtschaft wirken zu lassen[193].“ „Die Wirkung der Preisbildung im Handel mit dem Ausland soll schrittweise an die Unternehmen weitergegeben werden (was bisher nicht der Fall war)[194].“ Dies würde in gewissem Maße dann eine Art staatlich überwachter Konkurrenz des Auslands mit den inländischen Staatsbetrieben bedeuten.

---

[192] TD/18, Ziff. 124; TD/B/128/Add. 3, Ziff. 68.
[193] *Horský*, S. 29.
[194] *Pleva*, Some Economic and Legal Aspects, S. 14.

Dritter Teil

Meistbegünstigung gegenüber Staatshandelsländern

I. Das „planwirtschaftliche Dumping"

1. Der Abbau der Handelsschranken und die Furcht vor Niedrigpreisangeboten

Die Meistbegünstigung seitens eines Marktwirtschaftslandes funktioniert gegenüber einem Staatswirtschaftsland ebenso wie gegenüber jeder anderen Volkswirtschaft. Die Planwirtschaft erlangt m. a. W. in gleicher Weise die Chance, ihre Ausfuhren in das verpflichtete Land zu steigern.

Eine Schwierigkeit jedoch zeigt sich in einer anderen Richtung: in der Gefahr von Niedrigpreisverkäufen, die die inländische Produktion bedrohen könnten. Dahingehende Befürchtungen tauchen immer dann auf, wenn die Entscheidungsfreiheit eines Staates über seine handelspolitischen Abwehrmittel durch vertragliche Gleichbehandlungsklauseln eingeschränkt wird. Sie nehmen noch zu, wenn die Zölle besonders niedrig[1] und die mengenmäßigen Beschränkungen weitgehend abgeschafft sind oder werden, wozu gegenwärtig — dank dem GATT — eine deutliche Tendenz besteht. Es ist kein Zufall, daß im Rahmen der Kennedy-Runde, der bedeutendsten je durchgeführten Zollsenkungsverhandlung, zur Erläuterung des Art. VI des Abkommens ein sogenannter Antidumping-Kodex[2] ausgearbeitet wurde.

Besonders naheliegend scheint die Gefahr solcher Störungen, wenn man es mit einer mächtigen Monopolorganisation zu tun hat. Gerade von den Staatshandelsländern erwartet man vielfach, daß sie bei Vorliegen bestimmter Umstände um jeden Preis exportieren wollen, um die für sie notwendigen Einfuhren zu sichern. Man bezeichnet solche Fälle als „Dumping der Staatshandelsländer" oder „planwirtschaftliches Dumping".

---

[1] *Liebich*, Die Kennedy Runde (Freudenstadt 1968), S. 17.

[2] Agreement on Implementation of Article VI of GATT (30. 6. 1967), BISD 15th suppl., S. 24, deutsche Übersetzung bei *Liebich*, a.a.O., S. 217 - 224.

2. Der Begriff des Dumping (gewöhnliches Dumping oder Preisdumping)

Das Wort Dumping leitet sich her vom englischen to dump = ausleeren, wegwerfen. Es bezeichnet in der Umgangssprache ganz allgemein jegliche Verkäufe zu „Schleuderpreisen". Die Wirtschaftswissenschaft bezieht den Begriff des Dumping hauptsächlich auf den internationalen Handel und definiert es als „Preisdiskriminierung zugunsten des Auslands"[3]. Es ist grundsätzlich dann gegeben, wenn die Verkaufspreise von Waren im Ausland unter den im Exportland herrschenden vergleichbaren Inlandspreisen liegen. Existieren solche Inlandspreise nicht oder lassen sie sich nicht feststellen, so greift man auf andere Kriterien zurück: den Verkauf zu billigeren Preisen als in sonstigen Einfuhrländern oder zu Preisen, die unter den Herstellungs- und Vertriebskosten (zuzüglich einer normalen Gewinnspanne) liegen.

Die vorstehende Präzisierung des Dumpingbegriffs entspricht der Definition des Art. VI des GATT[4]. Im Vorliegen jener Tatbestände sieht das GATT den Hinweis darauf, daß Waren unter dem „normalen Wert" exportiert und zum Verkauf angeboten werden. Man spricht in diesem Fall von gewöhnlichem Dumping oder Preisdumping. Allein auf sie sind die Regelung des Art. VI des GATT und die meisten nationalen Antidumping-Vorschriften zugeschnitten[5]. Rechtlich relevant werden derartige Unterpreisverkäufe erst dann, wenn sie die Industrie des Einfuhrlandes (oder eines dem GATT angehörigen anderen Exportlandes[6]) erheblich[7] schädigen oder zu schädigen drohen.

Dem hier beschriebenen Preisdumping gleichwertig ist das sogenannte „Prämiendumping" oder „Dumping zufolge staatlicher Beihilfen". Nicht unter den Dumpingbegriff subsumiert werden können dagegen die Niedrigpreisproduktion und -ausfuhr infolge billiger Arbeitslöhne (sog. „soziales Dumping") und die Preisunterbietung auf ausländischen Märkten wegen eines für die Währung des Exportlandes zu tief angesetzten

---

[3] *Widmer,* Dumping und dumpingähnliche Tatbestände im Außenhandel (Zürich, St. Gallen 1961), S. 24.

[4] Andere internationale Abkommen wie die EGKS, die EWG, die EFTA und (früher) die OEEC verweisen entweder (indirekt über Art. 34 der I.T.O.-Charta) auf diese Definition oder setzen sie stillschweigend voraus; siehe dazu *Widmer,* S. 30 f. Vgl. neuerdings für die EWG die sachlich im wesentlichen mit Art. VI des GATT übereinstimmende Dumping-Definition in VO EWG Nr. 459/68 des Rates vom 5. 4. 1968, ABlEG Nr. L 93 vom 17. 4. 1968, S. 1 ff. (dazu *Junckerstorff,* Dumping, Wettbewerb in Recht und Praxis 1968, S. 419 ff.); in Art. 1 II wird dort ebenfalls auf das GATT Bezug genommen.

[5] GATT, Antidumping and Countervailing Duties (1958), S. 9 f.; *CEPES,* Nichttarifäre Handelshemmnisse, S. 21.

[6] In diesem Fall ist für Gegenmaßnahmen eine Sondergenehmigung der *VERTRAGSPARTEIEN* erforderlich, Art. VI:6 (b).

[7] Vgl. Art. 3 des Antidumping-Kodex.

Wechselkurses („Währungsdumping"). Für das hier zu behandelnde sog. „planwirtschaftliche Dumping" ist die Frage zweifelhaft.

3. Das sog. Dumping der Staatshandelsländer

Die Anwendung des Dumpingbegriffs auf Niedrigpreiseinfuhren aus den Staatshandelsländern bietet erhebliche Schwierigkeiten. Diese sind auf folgende Gegebenheiten zurückzuführen:

(1) Die inländischen Verkaufspreise können nicht als Grundlage eines Preisvergleichs zur Feststellung des Dumping herangezogen werden.

Die Inlandspreise werden in den sozialistischen Ländern unabhängig von den Weltmarktpreisen festgesetzt. Sie haben ferner keinen direkten Bezug zu den Kosten der Herstellung[8]. Vielmehr hängen sie ab von Erwägungen der Gesamt-Wirtschafts- und der Sozialpolitik.

(2) Auch die Produktionskosten lassen sich nicht feststellen.

In den planwirtschaftlichen Wirtschaftsrechnungen setzen sich die Produktionskosten erheblich anders zusammen als unter privatwirtschaftlichen Verhältnissen. Unterschiede bestehen insbesondere in der Behandlung der Kapitalkosten und in der Definition des Gewinns[9]. Im übrigen hängt die Problematik der Herstellungskosten mit dem Fehlen eines freien Preissystems unmittelbar zusammen. Allein möglich wären Schätzungen, die aber die Angebot-Nachfrage-Situation nicht berücksichtigen könnten, weil es einen freien Markt im Inland nicht gibt.

(3) Es fehlt ein realistischer Wechselkurs.

Der offizielle Wechselkurs gibt keine echte Kaufkraftparität wieder. Ein hypothetisch „zutreffender" Wechselkurs wäre auf Grund der unter (1) und (2) geschilderten Umstände kaum zu errechnen. Auf jeden Fall könnte er nur eine durchschnittliche Kaufkraftrelation widerspiegeln. Damit wäre nicht sehr viel gewonnen[10], weil dem Umstand nicht Rechnung getragen würde, daß — aus der Sicht der Marktwirtschaften — einige Inlandspreise künstlich hoch und andere künstlich niedrig gehalten werden. Legte man hier die üblichen Dumping-Maßstäbe an, so ergäbe sich im ersten Fall, juristisch gesehen, praktisch stets ein Dum-

---

[8] GATT, Anti-Dumping ... (1958), S. 14 f.; *Mastropasqua*, Le Marché commun et la défense contre le dumping (Rom 1965), S. 23; *Standke*, S. 100; vgl. auch UN Doc. E/CONF. 46/PC/15, Ziff. 39.

[9] UN Doc. E/3389, Ziff. 21; eingehend dazu *Wilczynski*, Dumping in trade between market and centrally planned economies, Economics of Planning Bd. 6 (1966), S. 222 f., 226.

[10] *Graf*, S. 125 ff.; *Widmer*, S. 191; anders *Joetze*, S. 142, für den Bereich der Konsumgüter (während für die Rohstoffexporte eine Ausrichtung an den Weltmarktpreisen erfolgen soll; letzteren Maßstab erkennen die StH-Länder selbst als richtungweisend an; s. unten Kap. II, Abschn. 2 [a. A.]).

ping, ohne daß unter dem „normalen Wert" verkauft würde; im zweiten Fall hingegen könnte wirtschaftlich so etwas wie Dumping vorliegen, welches aber rechtlich nicht als solches zu qualifizieren wäre[11].

Es ist somit sinnlos, in bezug auf den planwirtschaftlichen Handel von einer Preisdiskriminierung zwischen In- und Ausland zu sprechen. Es verbleibt als Anhaltspunkt nur die Preisdiskriminierung zwischen verschiedenen ausländischen Märkten. Auch hier gilt es jedoch eine Schwierigkeit zu berücksichtigen: Eine unterschiedliche Preisgestaltung auf ausländischen Absatzmärkten kann nicht in jedem Fall als Dumping betrachtet werden. Als Basis für eine Dumping-Feststellung kommen nur „vergleichbare" Preise in Frage[12]. Diese Einschränkung ist zu verstehen im Zusammenhang mit der Auslegungsanmerkung zu Art. XVII:1, welche besagt, das Verlangen unterschiedlicher Preise durch ein Staatsmonopol aus Gründen der jeweiligen Angebot-Nachfrage-Situation verstoße nicht gegen das Diskriminierungsverbot des Art. XVII. Damit wird implizit auch erklärt, es handle sich in diesem Fall nicht um eine unzulässige Diskriminierung durch Dumping. Dieser Schluß wird erhärtet durch folgende Überlegung: Für eine Marktwirtschaft ist eine derartige Differenzierung in den Exportpreisen irrelevant, sofern für die betreffende Ware ein inländischer Marktpreis existiert[13]. Es wäre eine Benachteiligung der Zentralverwaltungswirtschaften, ein ebensolches Verhalten ausnahmslos als Dumping zu behandeln. Auch hier muß noch auf irgendeine Weise festgestellt werden, daß die Ware unter ihrem „normalen Wert" verkauft worden ist. Die Feststellung des Wertes ohne Kenntnis der Produktionskosten bietet aber erhebliche Probleme.

Wegen der Sinnlosigkeit des Versuchs, eine Preisdiskriminierung zwischen In- und Ausland festzustellen, vertreten einige Autoren die Auffassung, die Billigeinfuhren aus den Staatshandelsländern stellten schon begrifflich kein Dumping dar[14], sondern einen Tatbestand sui generis. Im allgemeinen ist man jedoch zu einem gänzlichen Verzicht auf die Anwendung der Antidumping-Vorschriften nicht bereit. Offizielle Stellungnahmen und zahlreiche Meinungen im Schrifttum erkennen ledig-

---

[11] Vgl. GATT, Anti-Dumping ... (1958), S. 15; *Steck*, Das GATT und seine Stellung zu Antidumping- und Ausgleichszöllen (Diss. Würzburg 1964), S. 84.

[12] Art. VI:1 (b) (i) spricht von dem „höchsten vergleichbaren Preis für die entsprechende Ware beim Export in irgendein Drittland im gewöhnlichen Handelsverkehr". Hierzu erläutert Art. 2 d des Antidumping-Kodex: „... wobei dieser Preis der höchste Ausfuhrpreis sein kann, aber ein repräsentativer Preis sein sollte ..."

[13] Die Kriterien des Art. VI:1 (b) werden erst praktisch „in the absence of such domestic price"; siehe auch GATT, Anti-Dumping and Countervailing Duties (1961), S. 9; Art. 2 d des Antidumping-Kodex und ferner den Bericht über nationale Regelungen in GATT, Anti-Dumping ... (1958), S. 15 f.

[14] *De Jong*, The Significance of Dumping in International Trade, J.W.T.L. Bd. 2 (1968), S. 166, 180 f.; *Widmer*, S. 190 ff.; zweifelnd *L'Huillier*, La cooperation économique internationale (1959), S. 23.

lich an, es sei „schwierig", diese Regeln anzuwenden[15]. Sie gehen damit die Frage nicht vom Grundsätzlichen her an[16], sondern ziehen nur die Beweisbarkeit des Dumping im Einzelfall in Zweifel. Das GATT erklärt in der zweiten Auslegungsanmerkung zu Art. VI: 1:

> "It is recognized that, in the case of imports from a country which has a complete or substantially complete monopoly of its trade and where all domestic prices are fixed by the state, special difficulties may exist in determining price comparability for the purpose of paragraph 1, and in such cases importing contracting parties may find it necessary to take into account the possibility that a strict comparison with domestic prices in such a country may not always be appropriate[17]."

Die Dumping-Konzeption des GATT wird so verstanden, daß die zentrale und entscheidende Idee die des Verkaufs „unter dem normalen Wert" ist. So will man offenbar auch dann im Verhältnis zu Planwirtschaften ein Dumping nicht für ausgeschlossen halten, wenn keines der drei in Art. VI:1 des GATT genannten Kriterien gegeben, insbesondere auch nicht die Feststellung einer Preisdiskriminierung auf verschiedenen ausländischen Absatzmärkten möglich ist. Die Aufzählung in Art. VI:1(a) und (b) wäre demnach nicht erschöpfend.

Es ist letzthin vorgeschlagen worden, im Verhältnis zu Planwirtschaften als Vergleichspreis anstelle des dort nicht zu ermittelnden vergleichbaren Inlandspreises den niedrigsten möglichen Verkaufspreis bei Herstellung und Vertrieb unter marktwirtschaftlichen Bedingungen anzusetzen[18]. Eine Berechnung des „normalen Wertes" nach diesem Maßstab bietet indes Schwierigkeiten praktischer Art: In welcher Weise sollen etwa Umstände wie der Umfang der Produktion, die Höhe der Arbeitslöhne und die Marktlage bei etwa zu verarbeitenden Rohstoffen berücksichtigt werden? Man muß sich darüber hinaus sogar fragen, ob es vom theoretischen Konzept her richtig ist, jenen hypothetischen Minimalpreis

---

[15] GATT, Anti-Dumping ... (1958), S. 15; *Kapp*, S. 92 ff.; *Steck*, S. 83; ähnlich *Feller*, The Antidumping Act and the Future of East-West Trade, Michigan Law Review Bd. 66, No. 1 (November 1967), S. 117 f.

[16] Vgl. etwa *Wilczynski*, Dumping and Central Planning, Journal of Political Economy Bd. 74 (1966), S. 253: "The fact that price discrimination is practised by the centrally planned economies is indisputable."

[17] Vgl. dazu die Stellungnahme der CSSR in BISD 3rd suppl., S. 222, und in GATT, Anti-Dumping ... (1958), S. 162; ferner — im Hinblick auf Polen — die Stellungnahme des GATT-Arbeitsausschusses in BISD 15th suppl., S. 110 ff. (L/2806), Ziff. 13. Einen ähnlichen Hinweis wie die genannte Auslegungsanmerkung enthält auch Art. 3 VI der aufgrund Art. 91 EWGV ergangenen EWG-Antidumping-Verordnung (VO EWG Nr. 459/68 des Rates vom 5. 4. 1968, ABlEG Nr. L 93 vom 17. 4. 1968, S. 1 ff.). Die Antidumping-Bestimmung des deutschen Zollgesetzes — § 21 Abs. II, Ziff. 1 und 2 und Abs. III des ZollG vom 14. 6. 1961 (BGBl. I, S. 737) in der Fassung vom 18. 5. 1970 — nimmt zum Dumping-Begriff keine Stellung; insoweit gilt unmittelbar die bezeichnete VO der EWG.

[18] *Eichler*, Probleme des europäischen Antidumpingrechts, Deutsche Außenwirtschafts-Rundschau Bd. XIX (1969), S. 4.

zugrundezulegen. Der Begriff des Dumping stellt nicht auf die Unterschreitung eines solchen, sondern auf den Vergleich mit dem aktuellen Inlandspreis oder den tatsächlichen Herstellungskosten ab. Die Staatshandelsländer würden nach der genannten Methode gegenüber den anderen Staaten begünstigt: Setzte man jeweils optimale Kostenelemente ein (denkbar hoher Rationalisierungsgrad, denkbar niedrige Lohnkosten), dann wäre kaum je ein Dumping nachzuweisen.

In der Praxis beruft man sich zur Feststellung des Wertes einer Ware häufig auf die Preissituation in vergleichbaren Drittmärkten[19]. Eine in diesem Sinne geeignete Grundlage für einen Preisvergleich schafft z. B. das Zollgesetz von Australien aus dem Jahre 1961[20]. Es legt — konsequenterweise — ausdrücklich neben den drei durch das GATT aufgestellten Kriterien (Inlandspreis im Ausfuhrland, höchster vergleichbarer Preis bei Ausfuhr in Drittländer, Herstellungskosten) noch ein viertes fest, welches vor allem auf Importe aus Staatshandelsländern Anwendung finden soll: die Unterschreitung eines freien Marktpreises in einem dritten Land mit ähnlichen Herstellungskosten. In diesem Sinne hat man etwa die Preise chinesischer bedruckter Baumwollstoffe mit den Herstellungskosten für solche Stoffe in Pakistan, Japan und Hongkong verglichen; in einem Fall betreffend Fahrräder aus der Tschechoslowakei, Ungarn und Polen berief man sich auf die italienischen Marktpreise[21].

Die letztgenannte Regelung gestattet es, der Wertberechnung vergleichbare Arbeitslöhne und eine vergleichbare Produktivitätsstufe zugrundezulegen. Sie wird aber nicht gewisse Unterschiede zwischen der markt- und der planwirtschaftlichen Kostenstruktur in Betracht ziehen: Die Kapitalkosten in den sozialistischen Ländern sind nicht nur nach offizieller Version nichtexistent oder, soweit sie als Kostenfaktoren anerkannt sind (wie in Ungarn, Polen, der Tschechoslowakei und der UdSSR), äußerst niedrig (Darlehenszinsen etwa 2 - 3 Prozent[22]); man kann auch die Zusammenfassung von Grund und Boden, Fabriken, Banken usw. in einer Hand — nämlich der des Staates — als eine echte Rationalisierungsmaßnahme ansehen[23].

Ein noch grundsätzlicherer Einwand gegen die Anwendbarkeit des Dumpingbegriffs ergibt sich aus folgender Erwägung: Die Konzeption des Dumping beruht auf einer betriebsbezogenen Betrachtungsweise, die den Zentralverwaltungswirtschaften wenn nicht fremd, so doch nicht

---

[19] GATT, Anti-Dumping ... (1958), S. 15.

[20] Customs Tariff (Dumping and Subsidies) Act 1961, Section 4 (1) (a) (b) (c) (d).

[21] *Wilczynski*, Economics of Planning Bd. 6 (1966), S. 219 f.

[22] Für Rumänien wird ein Satz von 4 v. H. angegeben; vgl. GATT Doc. L/3211, Ziff. 30.

[23] Vgl. *Wilczynski*, a.a.O., S. 222, 226.

selbstverständlich ist. In einer grundsätzlich privaten Wirtschaft geht man davon aus, daß jedes Exportunternehmen, für sich allein betrachtet, im eigenen Interesse keine verlustreichen Transaktionen tätigt. Ein gegenteiliges Verhalten wird als nicht normal und der Konkurrenz gegenüber als unfair empfunden. Eine planwirtschaftliche Zentralstelle hingegen sieht seine Exporte immer in Beziehung zu den dadurch zu ermöglichenden Importen, die für die heimische Industrie von außerordentlicher Wichtigkeit sein können. Ein — privatwirtschaftlich gesehen — „verlustreiches“ Geschäft kann gesamtwirtschaftlich durchaus einen Gewinn bedeuten[24].

Für die Lenkungsorgane einer Planwirtschaft sind dergestalt gesamtwirtschaftlich orientierte Entscheidungen die „natürlichen“, und es wäre unangemessen, in ihnen überhaupt eine Abweichung von einer Norm zu sehen. Hierin dürfte der entscheidende Grund dafür liegen, daß die Idee des Dumping auf die Exportpraktiken der Staatshandelsländer nicht paßt.

4. Der allgemeinere Begriff der Marktstörung

Es ist unleugbar, daß auch die Billigeinfuhren aus Staatshandelsländern schädliche Auswirkungen auf die Wirtschaft des Einfuhrlandes haben können. Wenn nun diese Einfuhren nicht als Dumping zu betrachten sind, so könnte man die in ihnen liegende Bedrohung doch in der Weise beschreiben, daß man deren Ursachen ausschließlich in der Marktsituation des Einfuhrlandes sieht.

Es fällt auf, daß auch das echte Dumping, das an sich wertfrei[25] definiert worden ist, nur dann, wenn es Schädigungen der Industrie des Importlandes bewirkt oder zu bewirken droht, Sanktionen rechtfertigt. In Anlehnung an diese Konzeption des Dumping als „Unrechtsbegriff“[26] besteht eine Tendenz, einen allgemeineren Begriff der Marktstörung anzuerkennen[27], der dieses Element der Schädigung oder Bedrohung bereits beinhalten soll. Zu den Marktstörungen in diesem Sinn würden beispielsweise auch die Tatbestände gehören, die man — fälschlicherweise — „soziales Dumping“ und „Währungsdumping“ nennt. Zahlreiche nationale Gesetzgebungen kennen Generalklauseln zum Schutz vor un-

---

[24] *Wilczynski,* a.a.O., S. 223 f.

[25] Vgl. *Widmer,* S. 25 und passim. Es ist eine praktisch unerhebliche Frage der Begriffsbildung, ob man das Element der Schädigung oder Bedrohung als zum Dumpingbegriff gehörig betrachtet (so *Liebich,* a.a.O., S. 18, 230; *Wilczynski,* a.a.O., S. 211) oder nicht (*Widmer,* S. 27; *de Jong,* S. 163 ff.).

[26] “... dumping ... is to be *condemned,* if it causes or threatens material injury ...” (Art. VI:1 des GATT). Es handelt sich hier jedoch nicht um einen Unrechtstatbestand des allgemeinen Völkerrechts, da eine Pflicht, eine Schädigung fremder Industrien zu unterlassen, nicht besteht.

[27] Vgl. insbesondere *Langen,* Studien zum internationalen Wirtschaftsrecht (München, Berlin 1963), S. 56, 60 ff.; *Widmer,* S. 194 f.

erwünschtem ausländischem Wettbewerb, der den Markt in Verwirrung bringt. In der Bundesrepublik sind für einen solchen Fall mengenmäßige Einfuhrbeschränkungen vorgesehen (§§ 6, 10 III des Außenwirtschaftsgesetzes — AWG —; umgekehrt auch zum Schutze des Auslands vor Marktstörungen durch deutsche Exporteure: § 9 AWG); in anderen Staaten erhebt man Sonderzölle[28].

Im internationalen Bereich spricht ausdrücklich von Marktstörungen das Baumwolltextilabkommen des GATT. Eine Regelung, in der man eine Definition dieses Begriffs sehen kann, findet sich in Art. XIX des GATT. Danach sind bestimmte Abwehrmaßnahmen gerechtfertigt, wenn irgendein Produkt in ein Land in solchen Mengen und unter solchen Bedingungen eingeführt wird, daß den einheimischen Herstellern gleicher oder ähnlicher Waren erheblicher Schaden droht. Auch in das Beitrittsprotokoll für Polen haben die *VERTRAGSPARTEIEN* eine Ausweichklausel aufgenommen, die allein auf eine solche Störung des Marktes abstellt und auf das Element der Preisdiskriminierung ganz verzichtet.

Psychologisch hat eine Berufung allein auf Marktstörungen den Vorteil, daß der in dem Wort Dumping rein sprachlich doch spürbare Vorwurf entfällt. Die sozialistischen Staaten dürften derart wertungsmäßig neutralere Klauseln leichter zu akzeptieren bereit sein.

Als Marktstörungen durch die Staatshandelsländer wären somit zu bezeichnen die Fälle einer raschen und erheblichen Zunahme der Einfuhr bestimmter Waren aus diesen Ländern zu Preisen, die wesentlich niedriger sind als die, die im Einfuhrland gelten, wenn hierdurch die inländische Produktion geschädigt wird oder zu werden droht.

II. Erfahrungen mit Niedrigpreisverkäufen durch Staatshandelsländer

1. Die Klagen über „Dumping" der UdSSR in den dreißiger Jahren

In den Jahren 1928/29 hatte die Sowjetunion ihren ersten Fünfjahresplan in Kraft gesetzt. Für ihre sehr weitgehenden Industrialisierungsvorhaben hatte sie die Einfuhr zahlreicher Fertigfabrikate, insbesondere Maschinen, vorgesehen. Dafür sollten hauptsächlich Rohprodukte ausgeführt werden. Diese Planung wurde durch die Preisstürze infolge der weltweiten Wirtschaftskrise aus dem Gleichgewicht gebracht. Die Sowjetunion war von dieser Entwicklung in besonders schwerwiegender Weise betroffen, weil die eingetretenen Preissenkungen für sog. Stapelgüter (welche die Sowjetunion auszuführen beabsichtigte) sehr viel bedeutender waren als für die von ihr einzuführenden Waren.

---

[28] Dazu *Eckert*, Das Dumping in der nationalen Gesetzgebung und in internationalen Vertägen (Diss. Tübingen 1960), S. 54.

Um sich die Devisen für die notwendigen Einfuhren dennoch zu verschaffen und ihr Entwicklungsprogramm nicht zu gefährden, steigerte die sowjetische Regierung in erheblichem Umfang die Ausfuhrmengen unter gleichzeitiger drastischer Senkung der Angebotspreise noch unter die bereits weit abgefallenen Weltmarktpreise[1]. Es läßt sich denken, daß diese Aktion die Einfuhrländer und die Konkurrenten der UdSSR auf dem Weltmarkt in jener Krisenperiode besonders hart traf. Der damals bewirkte Schock wirkt offensichtlich auch heute noch nach, wenn die Rede auf die Exportpraktiken der Staatswirtschaftsländer kommt.

2. Neuere Erfahrungen und Aussichten für die Zukunft

Die Staatshandelsländer streiten die Berechtigung jeglicher Besorgnis wegen der Gefahr eines Dumping oder dumpingähnlicher Maßnahmen in ihrem Außenhandel grundsätzlich ab. Sie betonen, sie hätten kein Interesse daran, unter ihren Gestehungskosten zu verkaufen[2]. Die Außenhandelsvereinigungen seien zu kommerzieller Geschäftsführung und zu Bemühungen um höchstmögliche Gewinne angewiesen. Dies führe zu Exportgeschäften auf der Basis des jeweils höchsten erzielbaren Preises. In der Praxis richteten sich die Ausfuhrpreise ihrer Unternehmen somit an den Weltmarktpreisen aus[3].

In der Tat ist es zu Verkaufsoffensiven wie der, die in den dreißiger Jahren von der Sowjetunion ausging, nicht mehr gekommen. Scharfe Konjunkturrückschläge, die zu derartigen Praktiken in großem Umfang genötigt und sie zugleich besonders spürbar gemacht hätten, haben sich in den letzten zweieinhalb Jahrzehnten nicht mehr ereignet.

Bis zum Ende der fünfziger Jahre konnte von Bedrohungen westlicher Märkte durch Niedrigpreiseinfuhren aus den Staatshandelsländern nur relativ selten gesprochen werden. Es wa. dies die Zeit der allseits gegenüber den Planwirtschaften aufrechterhaltenen mengenmäßigen Beschränkungen. Die Klagen über „Dumping“ haben jedoch zugenommen mit zunehmender Liberalisierung der Einfuhren aus diesen Ländern[4]. In Anbetracht des recht geringen Umfangs des Ost-West-Handels waren die Staaten des Ostens verhältnismäßig häufig in Dumpingfälle verwickelt. Für Australien wird berichtet, die sozialistischen Länder seien in einem Zeitraum von etwa 5 Jahren (April 1961 - Dezember 1965) an über 8 %

---

[1] Vgl. zu diesen Vorgängen *Baran*, The USSR in the World Economy, in: S. *Harris* (Hrsg.), Foreign Economic Policy for the United States (Cambridge, Mass., 1948), S. 174; *Graf*, S. 121 f.; *Hawkins*, S. 136 f.; *Mainz* S. 126 ff.; *Rahr*, Meistbegünstigung und zweiseitige Handelsverträge (Diss. Basel 1935), S. 27 f.; *Steck*, S. 85; *Widmer*, S. 179 f.

[2] UN Doc. TRADE/140, Ziff. 15; *Rachmuth*, S. 12.

[3] UN Doc. TRADE/162, Ziff. 6 A; *Standke*, S. 101.

[4] *Wilczynski*, a.a.O., S. 215 f.

der eingeleiteten Dumping-Verfahren (24 von 284) beteiligt gewesen, obwohl ihre Einfuhren nach Australien nur 1 % der australischen Gesamteinfuhren ausmachten; von den Fällen, in denen man einen Verkauf unter dem Normalwert und eine Marktstörung für erwiesen hielt, betrafen ca. 12 % (3 Fälle von insgesamt 24) die genannten Länder[5]. Dennoch wird man die „Dumping"-Gefahr nicht als ein Zentralproblem des Handels mit dem Osten betrachten können. Um bei dem Beispiel Australien zu bleiben: Die positiv entschiedenen „Dumping"-Fälle bezogen sich auf Wareneinfuhren, die kaum 0,05 Promille der gesamten australischen Importe oder knapp 0,5 Prozent der Importe aus den Staatshandelsländern betrugen[6]. Andererseits gilt es zu berücksichtigen, daß wahrscheinlich einige Fälle, in denen — in der Regel nach Rücksprache mit den zuständigen staatlichen Ausfuhrstellen der sozialistischen Länder — zur Vermeidung von Antidumping-Maßnahmen die Preise erhöht wurden, in die Statistiken nicht eingegangen sind.

Im Lichte dieser Erfahrungen müssen auch die gegenwärtige Lage und die Aussichten für die Zukunft eingeschätzt werden. Demnach ist unter normalen Umständen davon auszugehen, daß die Staatshandelsländer ihre Waren nicht zu Schleuderpreisen anbieten. Planungsfehler und Mißernten können jedoch auch in sonst normalen Zeiten plötzliche Importbedürfnisse schaffen, die fast um jeden Preis durch zusätzliche Exporte finanziert werden müssen[7]. Bei der Beurteilung der Preisgestaltung sollte folgendes beachtet werden: Die Staatshandelsländer stellen häufig zu Exportzwecken Massenwaren her[8], deren niedriges Preisniveau angesichts des Umfangs der Produktion auch nach privatwirtschaftlichen Maßstäben nicht immer unnatürlich sein muß. Zum zweiten müssen diese Länder, um auf westlichen Märkten Absatzchancen zu haben, schon von vornherein die Weltmarktpreise um einiges unterbieten[9]. Endlich spielen offenbar private Interessenten die Behauptung planwirtschaftlicher „Dumping"-Verkäufe gern hoch, um hierdurch die Verhängung von Restriktionen zu erreichen[10]. Dieses letztere ist an sich kein spezieller Zug des Ost-West-Handels, aber die Verlockung, entsprechende Vorwürfe zu erheben, mag hier besonders groß sein, weil es an einer zuverlässigen Überprüfungsmöglichkeit fehlt.

Nicht überbetont werden sollte die „Monopolmacht" der staatswirtschaftlichen Anbieter. Ganz abgesehen davon, daß sie eine echte Monopolstellung auf dem Weltmarkt gar nicht innehaben, wäre auch zu bemerken, daß einige westliche, insbesondere amerikanische, Riesenunterneh-

---

[5] *Wilczynski*, a.a.O., S. 216 ff.
[6] Vgl. die Zahlenangaben bei *Wilczynski*, a.a.O.
[7] UN Doc. (UNCTAD) E/CONF.46/PC/15, Ziff. 40; *Wilczynski*, a.a.O., S. 223.
[8] *Standke*, S. 71.
[9] *Adler-Karlsson*, S. 153; *Standke*, S. 102.
[10] *Adler-Karlsson*, a.a.O.

men einen Umsatz haben, der bei weitem das Bruttosozialprodukt mancher osteuropäischer Länder übertrifft[11]. Auch besteht bei den grundsätzlich importorientierten Staatswirtschaften nicht die Wahrscheinlichkeit, daß sie wie private Unternehmungen Marktstrategie betreiben, um sich für gewisse Waren durch Ausschaltung der Konkurrenz ein Monopol zu sichern[12]. Schließlich wäre es für die Planwirtschaften selbst nicht opportun, allzu heftige Offensiven zu führen, weil sie alsdann mit einer Verstärkung der (generellen) Restriktionen auf der Gegenseite rechnen müßten. Es gibt kein Anzeichen dafür, daß die Länder des sozialistischen Bereichs gezielt ausländische Märkte stören wollten, insbesondere auch nicht dafür, daß sie solches aus politischen Gründen versuchten[13].

Eine ausdrückliche Antidumping-Klausel findet sich in Handelsverträgen zwischen marktwirtschaftlich und sozialistisch organisierten Staaten nur äußerst selten. Ein Beispiel bietet das kanadisch-sowjetische Handelsabkommen vom 29. 2. 1956[14], das auch im übrigen gewisse Besonderheiten aufweist[15]. Im deutsch-sowjetischen Handels- und Seeschiffahrtsabkommen vom 25. 4. 1958[16] konnte eine Bestimmung über Dumping oder Marktstörungen nicht durchgesetzt werden, weil nach Ansicht der sowjetischen Verhandlungsdelegation hierfür die wirtschaftlichen Voraussetzungen fehlten[17]. Das Handelsabkommen mit Kanada stelle — so wurde geltend gemacht — insofern einen Sonderfall dar, als Kanada im Gegensatz zur Bundesrepublik Deutschland der UdSSR gegenüber keine mengenmäßigen Beschränkungen aufrechterhalte[18].

III. Gegenmaßnahmen

1. Antidumping- und Ausgleichszölle

Als Maßnahme gegen ein festgestelltes Dumping kommt in erster Linie die Erhebung von Sonderzöllen[1] in Frage. Sie sind das geeignete Mittel, die Preisdiskriminierungen auszugleichen, ohne dabei die Einfuhren ganz zu drosseln.

Die Praktizierung von Antidumping-Zollsätzen erscheint unproblematisch, solange dem Ausfuhrstaat nicht die (zollmäßige) Meistbegünstigung zugestanden ist, und zwar schon deswegen, weil eine generelle völkerrechtliche Verpflichtung zur Gleichbehandlung in Zollfragen nicht be-

[11] *Adler-Karlsson*, S. 139.
[12] So auch *Wilczynski*, a.a.O., S. 224.
[13] *de Jong*, S. 182.
[14] UNTS Bd. 252, S. 165.
[15] Vgl. oben zweiter Teil, Kap. II, Abschn. 2, Anm. 39.
[16] BGBl. 1959 II, S. 221; UNTS Bd. 346, S. 71.
[17] Vgl. *Grossart*, S. 234 f.
[18] *Grossart*, a.a.O.
[1] Vgl. etwa § 21 II, III des deutschen ZollG.

steht[2]. Sehr streitig ist indes die Frage der Vereinbarkeit von tarifären Antidumping-Maßnahmen mit vertraglichen Meistbegünstigungsverpflichtungen. Sie ist im Ergebnis wohl zu bejahen, so daß über die Zulässigkeit der bezeichneten Zollzuschläge nicht jeweils eine ausdrückliche Vereinbarung getroffen zu werden braucht. Die Erhebung von Antidumping-Zöllen mag formal gegen die Klausel verstoßen; sie dient aber nur der Wiederherstellung einer Gleichheit, die der Exporteur selbst in Frage gestellt hat[3]. Es handelt sich um einen Anwendungsfall der Grundsätze der bona fides im Völkerrecht[4]: Dem Staat, der sich im Fall eines nachweisbaren Dumping auf die Meistbegünstigungsklausel beruft, kann die Arglisteinrede entgegengesetzt werden. Freilich dürfen die festgesetzten Sonderzölle den Betrag der Differenz zwischen dem tatsächlichen und dem normalen Preis, der sogenannten Dumpingspanne, nicht überschreiten.

Die Gegenmeinung[5], nach der eine Antidumping-Abwehr eine Einschränkung des Meistbegünstigungsanspruchs nicht rechtfertigt, entspricht jedenfalls nicht der Staatenpraxis, die ganz allgemein ein autonomes Recht auf Antidumping-Schutz durch Sonderzölle beansprucht. Man wird schwerlich behaupten können, den Staaten fehle hierbei die opinio iuris[6]. Die Auffassung der Länder mit Staatshandelsmonopol kann in dieser Rechtsfrage außer Betracht bleiben, weil diese an Antidumping-Verfahren immer nur bestenfalls qua Ausfuhrstaat beteiligt sind; für sie selbst wird die Notwendigkeit von Antidumping-Maßnahmen wegen der ganz andersartigen Steuerung ihres auswärtigen Handels und wegen der staatlichen Preisfestsetzung kaum je praktisch.

Gelegentlich wird die von der hier vertretenen abweichende Meinung auf Art. VI des GATT gestützt: Diese Bestimmung zeige, daß ein Recht auf Erhebung von Antidumping-Zöllen bei bestehender Meistbegünstigung nicht allgemein anerkannt sei; andernfalls sei sie nämlich — angeblich — überflüssig[7]. Diese Darlegung erscheint jedoch nicht schlüssig. Aus der Kodifizierung eines Rechtssatzes kann grundsätzlich nicht ge-

---

[2] Vgl. oben 1. Teil, Kap. I, Abschn. 7.

[3] Vgl. B. *Knapp*, S. 331 (gegen diese Begründung *Roesner*, S. 62); ferner *Oppenheim*, S. 141 - 144; *Riedl*, Ausnahmen, S. 38 ff.; LoN Publ. 1927.V.10, S. 8 ff.

[4] *Roesner*, S. 63, will auf den Begriff des völkerrechtlichen Notstands rekurrieren, gebraucht dann aber — unter Bezugnahme auf *Schwarzenberger*, BYIL 1945, S. 114 — Formulierungen, die eher an eine bloße Berufung auf Treu und Glauben denken lassen.

[5] Etwa *Grossart*, S. 235, unter Berufung auf *Viner*, Dumping: A Problem in International Trade (Chicago 1923), u. a.

[6] *Joetze*, S. 143, spricht nur von einer *sich anbahnenden* Einschränkung der MB durch die Staatenpraxis; das Vorliegen einer opinio iuris wird also offenbar auch von diesem Autor bejaht. Hinzu kommt eine bereits jahrzehntelange Übung, so daß es sich hier wohl um Gewohnheitsrecht handelt.

[7] *Grossart*, S. 235.

schlossen werden, daß er nicht schon zuvor als Gewohnheitsrecht bestand (das nur klarzustellen und zu präzisieren war)[8]. Gerade bei Art. VI des GATT sollte zudem nicht verkannt werden, daß diese Vorschrift ihrem eigentlichen Sinn nach nicht so sehr eine grundsätzliche Legalisierung als eine *Begrenzung* möglicher Antidumping-Maßnahmen zum Gegenstand hat.

Ist die grundsätzliche Zulässigkeit von Antidumping-Zöllen anerkannt, so fragt es sich im konkreten Fall immer noch, ob das Wie ihrer Anwendung mit der Meistbegünstigung vereinbar bleibt. In diesem Sinne kommt es darauf an, daß die Sonderabgaben in allen vergleichbaren Dumping-Fällen in gleicher Weise erhoben werden[9].

Einer kurzen Erörterung bedarf noch die Frage, was man unter der Marktbedrohung zu verstehen hat, die Voraussetzung der Erhebung von Sonderzöllen ist. Das GATT und die meisten nationalen Antidumping-Vorschriften verlangen eine eintretende oder drohende Schädigung der *Industrie* oder eines *Wirtschaftszweiges* des Einfuhrlandes, nicht dagegen: der inländischen *Wirtschaft*. Zwischen den beiden genannten Formeln besteht ein Unterschied: Eine Niedrigpreiseinfuhr kann durchaus bestimmte Produzenten schädigen, für die Gesamt-Volkswirtschaft aber einen Gewinn bedeuten. Die Wirtschaftswissenschaft unterscheidet zwischen kurzfristigen und andauernden Niedrigpreiseinfuhren. Davon hält sie nur die ersteren für schädlich, da sie wiederholte kostspielige Umstellungen im Zielland verursachen. Die letzteren hingegen veranlassen nur nützliche Anpassungsprozesse, d. h. die Konzentrierung auf produktivere Wirtschaftszweige. Die Antidumping-Gesetzgebungen berücksichtigen diese Differenzierung im allgemeinen nicht. Man kann hierin eine ungerechtfertigte Bevorzugung der Hersteller vor den Verbrauchern sehen[10]. Die Frage braucht jedoch in diesem Zusammenhang nicht vertieft zu werden. Angesichts der im Rahmen der volkswirtschaftlichen Gesamtplanung zweitrangigen Funktion der planwirtschaftlichen Ausfuhren kann — nach den bisherigen Erfahrungen — selten mit einer Kontinuität der Lieferungen gerechnet werden, die trotz Schädigung einzelner Industrien einen gesamtwirtschaftlichen Nutzen verspräche.

Bei Billigeinfuhren aus den Zentralverwaltungswirtschaften, die mit Marktstörungen verbunden sind, wendet man, wie bereits erwähnt, in den Marktwirtschaftsländern großenteils die normalen Antidumping-Bestimmungen an[11]. In Belgien werden sogenannte Ausgleichszölle (coun-

---

[8] Vgl. etwa den Fall des Art. XXIV des GATT hinsichtlich der Grenzverkehrs- und der Zollunionsklausel.

[9] GATT, Anti-Dumping and Countervailing Duties (1961), S. 14.

[10] *Wilczynski*, a.a.O., S. 224.

[11] Dies gilt auch gegenüber den Staaten, mit denen keine vertraglichen Antidumping-Abreden bestehen, die insbesondere nicht dem GATT beigetreten sind. Mißverständlich insoweit *Joetze*, S. 142.

tervailing duties, droits compensateurs) erhoben, da die Maßnahmen der Staatshandelsländer, die zu Niedrigpreisangeboten auf dem Weltmarkt führen, mit Subventionierungen gleichgesetzt werden[12]. In der Tat gibt es im sozialistischen Außenhandel Praktiken, die staatlichen Beihilfen ähneln: Bei Zugrundelegung der gegenwärtigen für die Außenhandelsvereinigungen verbindlichen Umrechnungskurse erleiden diese im Export angesichts der vergleichsweise hohen inländischen Preise fast stets Verluste. Diese werden vom Staat getragen[13]. Umgekehrt werden entsprechende Gewinne bei Einfuhren dem Staat gutgeschrieben. „Die Außenhandelsgesellschaften", so kann man mit den Worten eines tschechischen Autors sagen, „werden folglich vom Staat finanziert[14]." Mit diesen Ähnlichkeiten hat es indessen sein Bewenden. Die finanziellen Verbindungen zwischen dem Budget des Staats und denen seiner Außenhandelsstellen sind letztlich etwas wesentlich anderes als die staatliche Unterstützung bestimmter Industrien in privatwirtschaftlichen Ländern.

Dem Prinzip der Erhebung von Sonderzöllen ist im Ergebnis zuzustimmen, da die Notwendigkeit einer Abwehr von Marktstörungen nicht geleugnet werden soll. Nach der hier vertretenen Auffassung wird jedoch ein solches Vorgehen nicht auf eine direkte Anwendung der Antidumping-Bestimmungen, sondern auf eine Analogie zu den Regeln über Antidumping- und Ausgleichszölle gegründet[15]. „De legis ferendibus" wird eine eigene Regelung für Marktstörungen, die nicht Dumping im Sinne einer Preisdiskriminierung darstellen, vorgeschlagen. Die Höhe der Zollzuschläge müßte so bemessen werden, daß die bedrohende Wirkung der Importe beseitigt wird, jedoch sollten sie nicht höher sein als die Spanne zwischen den tatsächlichen Einfuhrpreisen und den Preisen in einem vergleichbaren Herstellerland.

2. Mengenmäßige Beschränkungen

Die andere Methode, die sich anbietet, Billigeinfuhren Einhalt zu gebieten, ist die Verhängung von mengenmäßigen Beschränkungen, wie sie

---

[12] GATT, Anti-Dumping ... (1958), S. 11, 13, 15; *Mastropasqua,* S. 23; vgl. auch *Humphrey,* S. 280; *L'Huillier* in IHK-Dok. 102/1, S. 4.

[13] *Pleva,* Some Economic and Legal Aspects, S. 5; *Zajíc/Tokan,* Production Enterprises and Foreign Trade, SEEFT Bd. II (1966), No. 4, S. 52 f. (Übersetzung aus: Plánované hospodářství 1965, No. 6). Vgl. für Rumänien GATT Doc. L/3211, Ziff. 61.

[14] *Pleva,* a.a.O., S. 6.

[15] Eine Unterscheidung zwischen Antidumping- und Ausgleichszöllen ist in den nationalen Gesetzgebungen manchmal nicht vorhanden. Gelegentlich wird für den Fall einer Bedrohung des inländischen Marktes generell von der Möglichkeit der Festsetzung „besonderer Zollabgaben" gesprochen; vgl. etwa Handelsabkommen UdSSR—Kanada vom 29. 2. 1956, UNTS Bd. 252, S. 165 (Notenwechsel vom gleichen Tag).

etwa das deutsche Außenwirtschaftsgesetz vorsieht[16]. Weniger noch als beim Ansatz von Zollaufschlägen läßt sich freilich in der Bemessung der Kontingente eine gewisse Willkür ausschließen.

Auf der Revisionskonferenz des GATT im Jahre 1955 stand ein Vorschlag von Neuseeland zur Diskussion, für den Fall von Dumping auch den Einsatz von mengenmäßigen Beschränkungen zu legitimieren. Diese Anregung fand keine hinreichende Unterstützung, da der Einsatz von mengenmäßigen Beschränkungen mit den Zielen des GATT nicht vereinbar sei[17]. Seltsamerweise sollen andere Grundsätze bei Marktstörungen gelten.

Das GATT behandelt, wie schon erwähnt, den Fall der Marktstörungen in Art. XIX und im Beitrittsprotokoll für Polen vom 30. 6. 1967 (Ziffer 4). Die beiden Regelungen stimmen in ihren sachlichen Voraussetzungen im wesentlichen überein. Sie unterscheiden sich jedoch in ihrer Konzeption. Art. XIX ist vorwiegend auf den Fall zugeschnitten, daß ein Staat sich mit dem Abbau seiner Handelsschranken gewissermaßen zu weit vorgewagt hat und nun dem Druck des Weltmarkts nicht mehr gewachsen ist. In dieser Notstandssituation kann er — bei Einhaltung eines vorgeschriebenen Konsultationsverfahrens, Art. XIX:2 — an sich gebundene Zölle, soweit notwendig, *generell*[18] wieder erhöhen und an sich abgeschaffte Beschränkungen wieder einführen[19]. Dagegen zielt die entsprechende Bestimmung im Beitrittsprotokoll für Polen, obwohl sie dies nicht ausdrücklich ausspricht, auf das befürchtete „planwirtschaftliche Dumping" ab. Dementsprechend sieht sie als Gegenmaßnahme die Einführung *speziell gegen Polen* gerichteter Restriktionen vor. Voraussetzung hierfür ist allerdings eine vorherige erfolglose Konsultation zunächst mit Polen und dann mit den *VERTRAGSPARTEIEN*. In besonders dringenden Fällen, da jede Verzögerung einen schwer zu behebenden Schaden verursachen würde, können sofort vorläufige Schutzmaßnahmen ergriffen werden; das Konsultationsverfahren ist alsdann unverzüglich nachzuholen.

Werden gegen Polen von einem GATT-Staat derartige Beschränkungen angeordnet, so hat Polen das Recht, diesem Staat gegenüber in einer nicht näher beschriebenen Weise „für einen im wesentlichen gleichwertigen Handelsaustausch" seine Verpflichtungen aufzuheben. Die zugrundeliegende Vorstellung ist wohl die folgende: Polen soll in diesem Fall seine Einfuhren aus dem betreffenden Land um ebensoviel vermindern können, als der Verringerung seiner Ausfuhren dorthin durch diese Kontingentierungsmaßnahmen entspricht; das betreffende GATT-Mitglied

---

[16] Vgl. oben Kap. I, Abschn. 4.

[17] GATT, Anti-Dumping ... (1958), S. 12; BISD 3rd suppl., S. 223.

[18] Anti-Dumping ... (1958), S. 13.

[19] Daß sich Art. XIX auch auf mengenmäßige Beschränkungen bezieht, ergibt sich aus der Formulierung „*including* tariff concessions"; vgl. auch *Gentzke*, S. 61; *Imhoff*, S. 97, 173.

soll dann eine ungenügende Berücksichtigung seines Exporthandels durch Polen, soweit sie auf diese Gegenmaßnahme zurückgeht, nicht gemäß Ziffer 7 des Beitrittsprotokolls oder gemäß Art. XVII des GATT rügen können.

3. Vorschlag zur Haltung der Marktwirtschaftsländer

Was die Vertreter der Planwirtschaften den Marktwirtschaftsländern vor allem vorwerfen, ist die Tatsache, daß ihre Ausfuhren pauschal, nicht nur konkret anläßlich bestimmter Marktstörungen, diskriminierenden mengenmäßigen Beschränkungen unterworfen werden. Im Verhältnis zur UdSSR, zur Tschechoslowakei und insbesondere zu Polen sind allerdings, wie es scheint, im Abbau dieser Maßnahmen schon erhebliche Fortschritte erzielt worden. Anläßlich der zweiten jährlichen Konsultation mit Polen im Rahmen des GATT vom 10. bis 13. 11. 1969 und 8./9. 1. 1970 teilten außer der CSSR, welche selbst ein Staatswirtschaftsland ist, weitere 15 Länder[20] mit, es bestünden in ihrem Außenhandel keine Restriktionen mehr im Sinne der Ziffer 3 des Beitrittsprotokolls für Polen vom 30. 6. 1967.

Ähnliche Ergebnisse wie Polen suchen auch die übrigen Staatshandelsländer zu erreichen. Eine sogenannte liberale Handelspolitik, d. h. eine allmähliche partielle Aufhebung der bestehenden Restriktionen diskriminatorischer Natur, genügt ihnen nicht[21]. Sie erstreben eine völlig diskriminationsfreie Behandlung ihrer Ausfuhren. Die Marktwirtschaftsländer wollen andererseits auf Schutzmaßnahmen gegen Handelsoffensiven jener Länder und durch sie bewirkte Marktstörungen nicht verzichten.

Es gilt zu beachten, daß die Wahrscheinlichkeit störender Markteinbrüche durch die gegenwärtige Politik einer teilweisen Liberalisierung besonders groß wird. Da die Liberalisierung sich in den einzelnen Ländern auf jeweils verschiedene Warengruppen erstreckt, ergibt sich vielfach die Situation, daß den Staatshandelsländern einzelne Exportmärkte verschlossen bleiben und sie sich infolgedessen auf andere konzentrieren müssen[22].

Die Schwierigkeit einer Aufhebung der derzeit geltenden Restriktionen liegt für die „westlichen" Länder darin, daß sie sich hiermit eines Verhandlungsobjekts begeben[23]. Auf lange Sicht sollte aber dennoch

---

[20] Argentinien, Australien, Brasilien, Burma, Chile, Griechenland, Indien, Irland, Japan, Kanada, Madagaskar, Neuseeland, Nigeria, Südafrika, USA; vgl. GATT Doc. L/3315, S. 3.

[21] UN Doc. TD/18, Ziff. 120.

[22] *Adler-Karlsson*, S. 145.

[23] Dieser Vorstellung wurde auch anläßlich der zweiten jährlichen Konsul-

eine Abschaffung der gegenwärtig bestehenden diskriminatorischen Beschränkungen angestrebt werden. Um den Bedenken der Marktwirtschaftsländer Rechnung zu tragen, könnte diese unter dem Vorbehalt erfolgen, die Beschränkungen bei unbefriedigendem Ausgang des Experiments (wiederholten schweren Marktstörungen, ungenügender Abnahme der marktwirtschaftlichen Produkte durch die Staatshandelsländer) wieder einzuführen. Bei Auftreten einzelner Marktstörungen würden die betroffenen Länder die Möglichkeit haben, gezielte Gegenmaßnahmen zu ergreifen; diese sollten grundsätzlich in der Erhebung von Sonderzöllen, nicht in der Einführung von mengenmäßigen Beschränkungen bestehen. Freilich müßte eine wirksame Kontrolle etabliert und eine hinreichend schnelle Reaktion auf störende Billigeinfuhren möglich sein; eine entsprechende Schwierigkeit besteht aber auch für alle Fälle von gewöhnlichem Dumping. Die sozialistischen Länder müßten anerkennen, daß Maßnahmen gegen Marktstörungen auch dann gerechtfertigt sein können, wenn Dumping im hergebrachten Sinne nicht vorliegt.

tation der GATT-Staaten mit Polen 1969/70 Ausdruck verliehen. Zwei der in dem Arbeitsausschuß vertretenen Vertragsparteien monierten einen Rückgang ihrer Exporte nach Polen für 1968 gegenüber 1967, während sie ihrerseits für Importe aus Polen keine mengenmäßigen Beschränkungen aufrechterhielten. Sie meinten, gerade durch letzteren Umstand in einer im Vergleich mit anderen Ländern ungünstigeren Verhandlungsposition zu sein. Vgl. GATT Doc. L/3315, Ziff. 32.

Schlußbetrachtung

Diese Arbeit hatte zum Gegenstand eines der Hauptinstrumente der überkommenen Handelsvertragspolitik in seiner Anwendung auf die Staatswirtschaftsländer. Die Brauchbarkeit dieses Instruments, der Meistbegünstigungsklausel, ist insoweit von jeher umstritten gewesen. Auch heute fehlt es nicht an Stimmen, die die Verwendung der Klausel im Handel zwischen „Ost" und „West" für verfehlt halten.

Zum einen wird geltend gemacht, das Prinzip der Meistbegünstigung sei im Grunde auch zwischen Nationen mit überwiegend privatwirtschaftlicher Struktur nicht mehr verwirklicht. Der wirtschaftliche Regionalismus, das Äquivalenzdenken und der weitverbreitete Agrarprotektionismus nähmen dem Gleichbehandlungsgrundsatz weitgehend seine Bedeutung. Der Verfasser möchte indessen in diesen Erscheinungen nicht den Anfang vom Ende, sondern vielmehr eine Wandlung der Meistbegünstigung, zum Teil nur die Anzeichen einer Übergangsperiode, sehen. Im Sinne einer vernünftigen wirtschaftspolitischen Zielsetzung bleibt zu hoffen, daß die gegenwärtig in Bildung begriffenen Wirtschaftsblöcke zu einer gewissen Konsolidierung gelangen, und daß alsdann zwischen ihnen nicht ein permanenter Wirtschaftskrieg, sondern wiederum das Prinzip der Gleichbehandlung herrschen wird, welches ursprünglich als „most-favoured-*nation* principle" konzipiert worden ist. Der Gedanke des „do ut des" oder der handelspolitischen Gegenseitigkeit verschafft sich freilich stärkere Geltung, als dies der anfänglichen Auffassung von der unbedingten Meistbegünstigung entsprochen hätte. Dies ist jedoch, wie schon gesagt, nur natürlich, und es scheint, als ob im Hinblick auf eine Verbindung des Gleichbehandlungs- und des Äquivalenzgrundsatzes das GATT einen gangbaren Weg gewiesen habe.

Für das Verhältnis speziell zu den Staatshandelsländern bestreitet man vielfach jeden Nutzen der Meistbegünstigungsklausel. In der Tat wurde auch in der vorliegenden Untersuchung insoweit ihre jedenfalls teilweise Ineffektivität dargetan. Mit diesem Ergebnis durfte man sich indessen nicht zufrieden geben. Es ist ein Faktum, daß die Anhänger beider Wirtschaftssysteme nach einer adäquaten Basis für intensive Handelsbeziehungen suchen. Zu erörtern waren daher auch sonstige Maßnahmen, die der Gleichbehandlung, dem Abbau der Handelsschranken und der Ausweitung des wirtschaftlichen Austauschs dienen können. Ob man die neue Formel als eine modifizierte Meistbegünstigung ansieht, ob man sie „equally-favoured-nation treatment“, „equality of trading opportunities“ oder ob man sie schließlich „efficient reciprocity“ nennt[1], ist wohl letztlich gleichgültig. Das Ziel sollte aber — angesichts der Empfindlichkeit vieler Staaten gegen wirkliche oder vermeintliche Diskriminierungen — in einer möglichst weitgehenden Annäherung an die unbeschränkte Meistbegünstigung liegen. Besonders im GATT stellt sich das Problem, den Status der sozialistischen Vertragsparteien dem der übrigen Mitglieder so stark anzunähern, wie wirtschaftlich vernünftig und erträglich.

Die Reformen des Außenhandels in den Staatswirtschaftsländern werden möglicherweise der Meistbegünstigung im Verhältnis zu diesen Staaten mehr Spielraum gewähren als bisher. Man sollte sich indessen nicht mit einer ungewissen Hoffnung auf eine Konvergenz der Wirtschaftssysteme begnügen. Sie könnte sich als trügerisch erweisen. Es läßt sich zudem nicht ausschließen, daß neuere Versuche in Richtung auf eine Dezentralisierung der ökonomischen Lenkungsfunktionen jedenfalls teilweise wieder rückgängig gemacht werden. Die Entwicklung in der Tschechoslowakei hat dafür in jüngster Zeit ein Beispiel gegeben. Die internationale Wirtschaftspolitik muß sich daher für die Gegenwart mit der Tatsache zweier verschiedener wirtschaftlicher Systeme abfinden und für die Zukunft darauf einrichten, daß die hierdurch entstandenen Gegensätze zumindest im Verhältnis zu einigen der sozialistischen Staaten erhalten bleiben.

Die vorliegende Untersuchung hat der Zusammenarbeit der Staatshandels- mit den Privatwirtschaftsländern im Rahmen des GATT, soweit sie sich anbahnt oder bereits besteht (besonders im Hinblick auf die CSSR, Jugoslawien und Polen), einen verhältnismäßig breiten Platz eingeräumt. Weniger ausführlich wurde die handelspolitische Stellung der Sowjetunion und der Volksrepublik China erörtert. Die Verflechtung dieser beiden Staaten mit der nichtkommunistischen Welt durch Außenhandelsbeziehungen ist vergleichsweise gering. Ihre Situation läßt sich in etwa mit der der USA auf der anderen Seite vergleichen, deren Handelsaustausch mit den Staatswirtschaftsländern weniger als 1 % ihres Außenhandelsvolumens ausmacht (gegenüber 12 % in Österreich und 19 % in Finnland)[2]. Einerseits sind diese Länder wegen der Größe ihrer Wirtschaftsräume relativ autark, d. h. weniger auf den Außenhandel angewiesen. Zum anderen fühlen sie sich jeweils als Vormacht eines politischen Lagers, was bedeutet, daß sie ihren Entscheidungen in Fragen des auswärtigen Handels in besonders starkem Maß allgemeinpolitische Erwägungen zugrunde legen. Hieraus erklärt sich wohl auch die Distanz der Sowjetunion zum GATT. Der Handelsverkehr mit ihr wie auch mit

[1] Vgl. *Adler-Karlsson*, a.a.O., S. 150.
[2] Vgl. UN Doc. TD/18, Ziff. 106.

der Volksrepublik China wickelt sich nach wie vor ganz überwiegend bilateral ab.

Rein zahlenmäßig erscheint der Handel zwischen „Ost“ und „West“ insgesamt als nicht sehr gewichtig. Folgendes Beispiel mag dies verdeutlichen: Der — quantitativ gesehen — bedeutendste Handelspartner der sozialistischen Staaten im nichtkommunistischen Bereich, die Bundesrepublik Deutschland, tauscht mit jener Staatengruppe, die mehr als eine Milliarde Menschen umfaßt, weniger Waren aus als mit dem Zwölf-Millionen-Volk der Niederlande.

Angesichts dessen möchte der Verfasser jedoch an die besondere, durch die Statistik nicht erfaßbare Bedeutung der Handelsbeziehungen zwischen Staaten mit gegensätzlichen wirtschaftlichen und sozialen Systemen erinnern (selbst wenn er damit bloß einen „lieu commun“ wiederholen sollte). Gemeint ist die mögliche Funktion dieser Kontakte als Element einer allgemeineren Annäherung der beiden Ländergruppen. Nun setzt aber eine *Verständigung* zunächst ein von vorschnellen Wertungen möglichst freies gegenseitiges *Verstehen* voraus. In diesem Sinne möchte die vorliegende Arbeit als Versuch eines — sei es auch nur bescheidenen — Beitrags verstanden werden.

Anhang (Texte)

1. GATT

Article II

Schedules of Concessions

4. If any contracting party establishes, maintains or authorizes, formally or in effect, a monopoly of the importation of any product described in the appropriate Schedule annexed to this Agreement, such monopoly shall not, except as provided for in that Schedule or as otherwise agreed between the parties which initially negotiated the concession, operate so as to afford protection on the average in excess of the amount of protection provided for in that Schedule. The provisions of this paragraph shall not limit the use by contracting parties of any form of assistance to domestic producers permitted by other provisions of this Agreement.

Article XVII

State Trading Enterprises

1. (a) Each contracting party undertakes that if it establishes or maintains a State enterprise, wherever located, or grants to any enterprise, formally or in effect, exclusive or special privileges, such enterprise shall, in its purchases or sales involving either imports or exports, act in a manner consistent with the general principles of non-discriminatory treatment prescribed in this Agreement for governmental measures affecting imports or exports by private traders.

(b) The provisions of sub-paragraph (a) of this paragraph shall be understood to require that such enterprises shall, having due regard to the other provisions of this Agreement, make any such purchases or sales solely in accordance with commercial considerations, including price, quality, availability, marketability, transportation and other conditions of purchase or sale, and shall afford the enterprises of the other contracting parties adequate opportunity, in accordance with customary business practice, to compete for participation in such purchases or sales.

(c) No contracting party shall prevent any enterprise (whether or not an enterprise described in sub-paragraph (a) of this paragraph) under its jurisdiction from acting in accordance with the principles of subparagraphs (a) and (b) of this paragraph.

2. The provisions of paragraph 1 of this Article shall not apply to imports of products for immediate or ultimate consumption in governmental use and not otherwise for resale or use in the production of goods for sale. With respect to such imports, each contracting party shall accord to the trade of the other contracting parties fair and equitable treatment.

3. The contracting parties recognize that enterprises of the kind described in paragraph 1 (a) of this Article might be operated so as to create serious obstacles to trade; thus negotiations on a reciprocal and mutually advantageous basis designed to limit or reduce such obstacles are of importance to the expansion of international trade.

4. (a) Contracting parties shall notify the *CONTRACTING PARTIES* of the products which are imported into or exported from their territories by enterprises of the kind described in paragraph 1 (a) of this Article.

(b) A contracting party establishing, maintaining or authorizing an import monopoly of a product, which is not the subject of a concession under Article II, shall, on the request of another contracting party having a substantial trade in the product concerned, inform the *CONTRACTING PARTIES* of the import markup on the product during a recent representative period, or, when it is not possible to do so, of the price charged on the resale of the product.

(c) The *CONTRACTING PARTIES* may, at the request of a contracting party which has reason to believe that its interests under this Agreement are being adversely affected by the operations of an enterprise of the kind described in paragraph 1 (a), request the contracting party establishing, maintaining or authorizing such enterprise to supply information about its operations related to the carrying out of the provisions of this Agreement.

(d) The provisions of this paragraph shall not require any contracting party to disclose confidential information which would impede law enforcement or otherwise be contrary to the public interest or would prejudice the legitimate commercial interests of particular enterprises.

2. Havana Charter

Article 29

Non-discriminatory Treatment

1. (a) Each Member undertakes that if it establishes or maintains a state enterprise, wherever located, or grants to any enterprise, formally or in effect, exclusive or special privileges, such enterprise shall, in its pur-

chases and sales involving either imports or exports, act in a manner consistent with the general principles of non-discriminatory treatment prescribed in this Charter for governmental measures affecting imports or exports by private traders.

(b) The provisions of sub-paragraph (a) shall be understood to require that such enterprises shall, having due regard to the other provisions of this Charter, make any such purchases or sales solely in accordance with commercial considerations, including price, quality, availability, marketability, transportation and other conditions of purchase or sale, and shall afford the enterprises of the other Member countries adequate opportunity, in accordance with customary business practice, to compete for participation in such purchases or sales.

(c) No Member shall prevent any enterprise (whether or not an enterprise described in sub-paragraph (a)) under its jurisdiction from acting in accordance with the principles of sub-paragraphs (a) and (b).

2. The provisions of paragraph 1 shall not apply to imports of products purchased for governmental purposes and not with a view to commercial resale or with a view to use in the production of goods for commercial sale. With respect to such imports, and with respect to the laws, regulations and requirements referred to in paragraph 8 (a) of Article 18, each Member shall accord to the trade of the other Members fair and equitable treatment.

Article 30

Marketing Organizations

If a Member establishes or maintains a marketing board, commission or similar organization, the Member shall be subject:

(a) with respect to purchases or sales by any such organization, to the provisions of paragraph 1 of Article 29;

(b) with respect to any regulations of any such organization governing the operations of private enterprises to the other relevant provisions of this Charter.

Article 31

Expansion of Trade

1. If a Member establishes, maintains or authorizes, formally or in effect, a monopoly of the importation or exportation of any product, the Member shall, upon the request of any other Member or Members having a substantial interest in trade with it in the product concerned, negotiate with such other Member or Members in the manner provided for under Article 17 in respect of tariffs, and subject to all the provisions of this

Charter with respect to such tariff negotiations, with the object of achieving:

(a) in the case of an export monopoly, arrangements designed to limit or reduce any protection that might be afforded through the operation of the monopoly to domestic users of the monopolized product, or designed to assure exports of the monopolized product in adequate quantities at reasonable prices;

(b) in the case of an import monopoly, arrangements designed to limit or reduce any protection that might be afforded through the operation of the monopoly to domestic producers of the monopolized product, or designed to relax any limitation on imports which is comparable with a limitation made subject to negotiation under other provisions of this Charter.

2. In order to satisfy the requirements of paragraph 1 (b), the Member establishing, maintaining or authorizing a monopoly shall negotiate:

(a) for the establishment of the maximum import duty that may be applied in respect of the product concerned; or

(b) for any other mutually satisfactory arrangement consistent with the provisions of this Charter, if it is evident to the negotiating parties that to negotiate a maximum import duty under sub-paragraph (a) of this paragraph is impracticable or would be ineffective for the achievement of the objectives of paragraph 1; any Member entering into negotiations under this sub-paragraph shall afford to other interested Members an opportunity for consultation.

3. In any case in which a maximum import duty is not negotiated under paragraph 2 (a), the Member establishing, maintaining or authorizing the import monopoly shall make public, or notify the Organization of, the maximum import duty which it will apply in respect of the product concerned.

4. The import duty negotiated under paragraph 2, or made public or notified to the Organization under paragraph 3, shall represent the maximum margin by which the price charged by the import monopoly for the imported product (exclusive of internal taxes conforming to the provisions of Article 18, transportation, distribution and other expenses incident to the purchase, sale or further processing, and a reasonable margin of profit) may exceed the landed cost: Provided that regard may be had to average landed costs and selling prices over recent periods; and Provided further that, where the product concerned is a primary commodity which is the subject of a domestic price stabilization arrangement, provision may be made for adjustment to take account of wide fluctuations or variations in world prices, subject where a maximum duty has

been negotiated to agreement between the countries parties to the negotiations.

5. With regard to any product to which the provisions of this Article apply, the monopoly shall, wherever this principle can be effectively applied and subject to the other provisions of this Charter, import and offer for sale such quantities of the product as will be sufficient to satisfy the full domestic demand for the imported product, account being taken of any rationing to consumers of the imported and like domestic product which may be in force at that time.

6. In applying the provisions of this Article, due regard shall be had for the fact that some monopolies are established and operated mainly for social, cultural, humanitarian or revenue purposes.

7. This Article shall not limit the use by Members of any form of assistance to domestic producers permitted by other provisions of this Charter.

Article 32

Liquidation of Non-commercial Stocks

1. If a Member holding stocks of any primary commodity accumulated for non-commercial purposes should liquidate such stocks, it shall carry out the liquidation, as far as practicable, in a manner that will avoid serious disturbance to world markets for the commodity concerned.

2. Such Member shall:

(a) give not less than four months public notice of its intention to liquidate such stocks; or

(b) give not less than four months prior notice to the Organization of such intention.

3. Such Member shall, at the request of any Member which considers itself substantially interested, consult as to the best means of avoiding substantial injury to the economic interests of producers and consumers of the primary commodity in question. In cases where the interests of several Members might be substantially affected, the Organization may participate in the consultations, and the Member holding the stocks shall give due consideration to its recommendations.

4. The provisions of paragraphs 2 and 3 shall not apply to routine disposal of supplies necessary for the rotation of stocks to avoid deterioration.

Schrifttum

I. Bücher

Agoston, Istvan: Le marché commun communiste, Genève 1964.

Akademie der Wissenschaften der UdSSR (Institut für Ökonomie): Politische Ökonomie, Berlin (Ost) 1960.

Akademie der Wissenschaften der UdSSR (Rechtsinstitut): Völkerrecht, Redaktion der deutschen Ausgabe: Herbert Standke, Berlin (Ost) 1960.

Alexandrowicz, Charles Henry: World Economic Agencies, Law and Practice, London 1962.

Amini, Ali: L'institution du monopole du commerce extérieur en Perse, Thèse Paris 1932.

Anders, Rudolf: Der Handelsverkehr der UdSSR mit Deutschland (Statistische Materialien), Berlin 1928.

Aspects juridiques ... siehe unter: *Internationale Gesellschaft für Rechtswissenschaft.*

Basdevant, Suzanne: La clause de la nation la plus favorisée, effets en droit international privé, Paris 1929.

Baykov, Alexander: Soviet Foreign Trade, Princeton 1946.

Bonhoeffer, Klaus: Die Meistbegünstigung im modernen Völkerrecht, Berlin 1930.

Borchardt, F.: Entwicklungsgeschichte der Meistbegünstigung im Handelsvertragssystem, Diss. Heidelberg 1906.

Brandt, H.: Die Durchbrechung der Meistbegünstigung, Ein Beitrag zu den Gegenwartsfragen der zwischenstaatlichen Wirtschaftsbeziehungen, Berlin 1933.

Brown, William Adams Jr.: The United States and the Restoration of World Trade: An Analysis and Appraisal of the I.T.O. Charter and the General Agreement on Tariffs and Trade, Washington, D. C. 1950.

Bütow, Hans Carl: Das gegenwärtige innerstaatlich geregelte Außenhandelsrecht der UdSSR mit Berücksichtigung der geschlossenen Verträge, Bd. I: Darstellung, Bd. II: Anhang (Texte), Frankfurt - Göttingen 1956 (hektographiert; Veröffentlichungen des Instituts für Völkerrecht der Universität Göttingen, Bd. 3).

Condoide, Mikhail V.: Russian - American Trade, A Study of the Soviet Foreign Trade Monopoly, 2. Aufl., Columbus (Ohio) 1947.

Corrêa, F.: Os tratados de comercio e a clausula da naçâo mais favorecida, Lisboa 1933.

Curzon, Gerard: Multilateral Commercial Diplomacy, An Examination of the Impact of the General Agreement on Tariffs and Trade on National Commercial Policies and Techniques, Thèse Genève 1964, London 1965.

Dahm, Georg: Völkerrecht Bd. 1, Stuttgart 1958.

Dell, Sidney: Trade Blocs and Common Markets, London 1963.

Ebner, Josef: La clause de la nation la plus favorisée en droit international public, Paris 1931.

Eckert, Lutz: Das Dumping in der nationalen Gesetzgebung und in internationalen Verträgen, Diss. Tübingen 1960.

Eichhorn, Louis: Die Handelsbeziehungen Deutschlands zu Sowjetrußland, Ein Beitrag zum Problem des deutsch-sowjetrussischen Handelsverkehrs, Rostock 1930.

Engel, B.: Die Meistbegünstigungsklausel auf den internationalen Konferenzen der Nachkriegszeit, Diss. Würzburg 1935.

Erler, Georg: Grundprobleme des internationalen Wirtschaftsrechts, Göttingen 1956.

Faddejew, Nikolai: Sozialistische Partnerschaft, Über die Zusammenarbeit im Rat für Gegenseitige Wirtschaftshilfe, Wien, Köln 1965.

— Le conseil d'assistance mutuelle économique, Genève 1964.

Flory, Thiébaut: Le G.A.T.T., Droit international et commerce mondial, Paris 1968.

Friedmann, Wolfgang: The Changing Structure of International Law, London 1964.

de Gara, J.: Trade Relations between the Common Market and the Eastern Bloc, Bruges 1964.

Gegenwartsprobleme der internationalen Wirtschaftsbeziehungen, Berlin (Ost) 1964, mit folgenden Beiträgen:

Domdey, Karl Heinz: Aktuelle Probleme der friedlichen Koexistenz und der gleichberechtigten ökonomischen Zusammenarbeit zwischen der DDR und den Ländern des kapitalistischen Wirtschaftsgebietes, S. 7 - 73.

Klockmann, Ruth: Die Rolle des GATT im internationalen Handel, S. 125 bis 135.

Czaya, Eberhard: Die Behinderung des Welthandels durch die EWG, S. 143 bis 153.

Genkin, D. M.: Der Außenhandel und seine rechtliche Regelung in der UdSSR, Berlin (Ost) 1963.

Gentzke, Klaus: Ausweich- und Katastrophenklauseln im internationalen Wirtschaftsrecht, Göttingen 1959 (Studien zum internationalen Wirtschaftsrecht und Atomenergierecht, hrsg. v. Georg Erler, Bd. 3).

Gerschenkron, Alexander: Economic Relations with the URSS, New York 1945 (Committee on International Economic Policy).

Giuliano, Mario: La Cooperazione internazionale in materia economica nei suoi aspetti giuridici, Bd. I: Il Commercio internazionale, Varese 1965.

Glier, L.: Die Meistbegünstigungsklausel, Berlin 1905.

Graf, Willi: Der Außenhandel zwischen marktwirtschaftlich organisierten und zentralgeleiteten Volkswirtschaften, Zürich und St. Gallen 1951.

von der Groeben, Hans und Hans *von Boeckh:* Handbuch für Europäische Wirtschaft, Baden-Baden (fortlaufend).

Grzybowski, Kazimierz: The Socialist Commonwealth of Nations, New Haven 1964.

Gupta, K. R.: A Study of General Agreement on Tariffs and Trade, Delhi, New Delhi etc. 1967.

Haberler, Gottfried und Stephan *Verosta:* Liberale und planwirtschaftliche Handelspolitik, Berlin 1934.

Hawkins, Harry C.: Commercial Treaties and Agreements, Principles and Practice, New York 1951.

Heilperin, Michael Angelo: The Trade of Nations, 2. Aufl., New York 1952.

Heuss, Ernst: Wirtschaftssysteme und internationaler Handel, Zürich und St. Gallen 1955.

Hock, H.: Was hat man mit der Meistbegünstigung gewollt?, Diss. Berlin 1931.

Hollenweger, Peter: Die Assoziation von Staaten mit internationalen Organisationen, Zürich 1967.

Hyder, Khursid (Hasan): Equality of Treatment and Trade Discrimination in International Law, The Hague/Den Haag 1968.

Imhoff, L. P.: GATT, Allgemeines Zoll- und Handelsabkommen, München und Berlin 1952.

Ito, N.: La clause de la nation la plus favorisée, Paris 1930.

Jaeger, Franz: GATT, EWG und EFTA, Die Vereinbarkeit von EWG- und EFTA-Recht mit dem GATT-Statut, Bern 1970.

Jaenicke, Günther: Der Begriff der Diskriminierung im modernen Völkerrecht, Berlin 1940.

Jastrow, Ignaz: Die mitteleuropäische Zollannäherung und die Meistbegünstigung, Leipzig 1915.

John, F.: Die ungeklärte Meistbegünstigung, Geschichte, Formen und Bedeutung der Meistbegünstigungsklausel, Diss. Hamburg 1929.

Kapp, Karl W.: Planwirtschaft und Außenhandel, Diss. Genf 1936.

von Kaulbars, Georg: Das Außenhandelssystem Sowjetrußlands, Diss. Königsberg 1926.

Kawan, L.: La nouvelle orientation du commerce extérieur soviétique, Bruxelles 1958 (Centre National pour l'étude des pays à régime communiste).

Kellner, G.: Die Meistbegünstigungsklausel und ihre Stellung in der Handelspolitik der Gegenwart, Diss. Erlangen 1932.

Keltsch, K. A.: Völkerrechtliche Schranken der Einfuhrkontingentierung, Göttingen 1965 (Studien zum internationalen Wirtschaftsrecht und Atomenergierecht, hrsg. v. Georg Erler, Bd. 21).

Knapp, Blaise: Le système préférentiel et les Etats tiers, Genève, Paris 1959.

Kock, Karin: International Trade Policy and the GATT 1947 - 67, Stockholm 1969 (Stockholm Economic Studies, New Series XI).

Kruse, A.: Außenwirtschaft, Die internationalen Wirtschaftsbeziehungen, 2. Aufl., Berlin 1965.

Küng, Emil: Das Allgemeine Abkommen über Zölle und Handel (Gatt), Zürich und St. Gallen 1952.

Kunz, Willi: Grundfragen der internationalen Wirtschaftszusammenarbeit der Länder des Rates für gegenseitige Wirtschaftshilfe, Berlin 1964.

Langen Eugen: Studien zum internationalen Wirtschaftsrecht, München und Berlin 1963.

Liebich, Ferdinand K.: Grundriß des Allgemeinen Zoll- und Handelsabkommens (GATT), 2. neubearb. Aufl., Baden-Baden 1967 (Schriftenreihe zum Handbuch für Europäische Wirtschaft). Textlich übereinstimmend die Einführung zu: *Groeben/Boeckh*, Handbuch für Europäische Wirtschaft, V, GATT (Bd. 12).

— Die Kennedy Runde, Eine Analyse des weltweiten Genfer Zollsenkungsabkommens, Freudenstadt 1968.

L'Huillier, Jacques A.: Théorie et pratique de la coopération économique internationale, Paris 1957.

— La Coopération économique internationale, 1957 - 1959, Paris 1959.

— La Coopération économique internationale, 1960 - 1961, Genève, Paris 1961.

Loher, Arnold: Die Meistbegünstigungsklausel, Diss. Neuchâtel 1949.

Lüdicke, L.: Die Entwicklung des Meistbegünstigungsprinzips, Diss. Berlin 1925.

MacDonald, D. S.: Legal Controls of Foreign Trade and International Law: With special reference to G.A.T.T., Thesis Cambridge 1958 (maschinengeschr.).

Mainz, Karl: Die Auswirkungen des Außenhandelsmonopols der UdSSR auf die deutsch-sowjetischen Wirtschaftsbeziehungen, Berlin 1930.

Martens/Triepel: Nouveau Recueil général de traités et d'autres actes relatifs aux rapports de droit international, Textsammlung, Bd. 1 ff.: Leipzig 1909 ff., Bd. 13 ff.: Publications de l'Institut de droit public comparé et de droit des gens.

Mastropasqua, A.: Le Marché commun et la défense contre le dumping, Roma 1965.

Meine, H.: Die Beschränkungen in den Meistbegünstigungsklauseln, Diss. Berlin 1928.

Mersmann-Soest, O. und Paul *Wohl:* Die deutsch-russischen Verträge vom 12. Oktober 1925, Auf Grund amtlichen Materials bearbeitet, Berlin 1926.

Möller, Hans: Internationale Wirtschaftsorganisationen, Wiesbaden 1960.

Muhammad, V. A. Seyid: The Legal Framework of World Trade, London 1958.

Niboyet, Jean Paulin: Recueil de textes usuels de droit international, Paris 1929.

Nove, Alec und Desmond *Donnelly:* Trade with Communist Countries, London 1960.

Nykryn, Jaroslav, Karel *Herman*, Karel *Stepán* und Franz *Heiduschat:* Organisation und Technik des Außenhandels, Berlin (Ost) 1956.

Offermann, W.: Die Meistbegünstigung, ihr Wesen und ihre Entwicklung in der Handelspolitik der letzten 50 Jahre, Diss. München 1928.

Oppenheim, H. F.: La clause de la nation la plus favorisée dans la pratique internationale de la Suisse, Zürich 1948.

Patterson, Gardner: Discrimination in International Trade, the Policy Issues 1945 - 1965, Princeton 1966.

Prack, H.: Die Meistbegünstigungsklausel, Diss. Greifswald 1936.

Pryor, Frederic L.: The Communist Foreign Trade System, London 1963.

Quack, Walter: Probleme der Meistbegünstigung, Hamburg 1936.

Rahr, J.: Meistbegünstigung und zweiseitige Handelsverträge, unter besonderer Berücksichtigung Deutschlands, Diss. Basel 1935.

Riedl, Richard: Ausnahmen von der Meistbegünstigung, Wien 1931 (Internationale Handelskammer, Österreichische Gruppe).

— Bericht über die Meistbegünstigungsklausel zum Amsterdamer Kongreß (1929) der Internationalen Handelskammer, Paris 1929.

— Die Meistbegünstigung in den europäischen Handelsverträgen, Denkschrift der europäischen Gruppe der Internationalen Handelskammer, Wien 1928.

Riehm, Gustav Adolf: Rechtsformen der internationalen Handelsfreiheit an der Wende zur Neuzeit, Göttingen 1962 (Studien zum internationalen Wirtschaftsrecht und Atomenergierecht, hrsg. v. Georg Erler, Bd. 10).

Roesner, Peter: Die Meistbegünstigungsklausel in den bilateralen Handelsverträgen der Bundesrepublik Deutschland, Diss. Heidelberg 1964.

Schaumann, Wilfried: Die Gleichheit der Staaten, Ein Beitrag zu den Grundprinzipien des Völkerrechts, Wien 1957.

Schiavone, Giuseppe: Il principio di non-discriminazione nei rapporti commerciali internazionali, Milano 1966.

Schilder, Siegmund: Mitteleuropa und die Meistbegünstigungsfrage, Stuttgart 1917.

Schindler, Dietrich: Gleichbehandlung von Individuen als Problem des Völkerrechts, Zürich 1957 (Zürcher Studien zum Internationalen Recht, hrsg. v. H. Fritzsche, W. Kägi und W. Niederer).

Schumacher, H.: Meistbegünstigung und Zollunterscheidung, München und Leipzig 1915.

Schwartz, Harry S.: Russia's Soviet Economy, New York 1951.

Schwarzenberger, Georg: The Frontiers of International Economie Law, London 1962.

Schweinfurth, H.: Die Meistbegünstigungsklausel, Eine völkerrechtliche Studie, Diss. Heidelberg 1911.

Schweinfurth, Nadeschda: Das Außenhandelsmonopol der Union der Sozialistischen Sowjet-Republiken, Diss. Berlin 1936, Berlin 1937.

Sharpe, Myron E. (Hrsg.): Planning, Profit and Incentives in the USSR, Bd. I: The Liberman Discussion: A New Phase in Soviet Economic Thought, Bd. II: Reform of Soviet Economic Management, Übersetzung von Original-Dokumenten und Artikeln aus der UdSSR, White Plains, N. Y., 1966.

Snyder, Richard Carlton: The Most Favored Nation Clause: An Analysis with Particular Reference to Recent Treaty Practice and Tariffs, New York 1948.

Sonthofen, Wolfgang: Völkerrechtliche Grundlagen des internationalen Warenhandels, Diss. Freiburg i. Br. 1936.

Standke, Klaus Heinrich: Der Handel mit dem Osten, Baden-Baden 1968.

Steck, Joachim: Das Gatt und seine Stellung zu Antidumping- und Ausgleichszöllen, Diss. Würzburg 1964.

Steinberger, Helmut: GATT und regionale Wirtschaftszusammenschlüsse, Berlin 1963.

Stokke, Baard Richard: Soviet and Eastern European Trade and Aid in Africa, New York 1967.

Stoupnitzky, A.: Statut International de l'URSS Etat Commerçant, Paris 1936.

Strupp/Schlochauer: Wörterbuch des Völkerrechts, Bd. 1 - 3, Berlin 1960 - 1962, mit folgenden Beiträgen:

Jaenicke, Günther: Allgemeines Zoll- und Handelsabkommen, Bd. 1, S. 29 ff.

— Diskriminierung, Bd. 1, S. 387 ff.

— Gleichbehandlung, Bd. 1, S. 690 ff.

Leibholz, Gerhard: Gleichheit der Staaten, Bd. 1, S. 694 ff.

Scupin, Hans Ulrich: Grundrechte und Grundpflichten der Staaten, Bd. 1, S. 723 ff.

Jaenicke, Günther: Havana Charter, Bd. 1, S. 773 ff.

— Meistbegünstigungsklausel, Bd. 2, S. 497 ff.

Guggenheim, Paul und Krystyna *Marek*: Verträge, Völkerrechtliche, Bd. 3, S. 528 ff.

Taracouzio, Timothy A.: The Soviet Union and International Law, New York 1935.

von Teubern, E.: Die Meistbegünstigung in den internationalen Handelsverträgen, Breslau 1913.

von Verdross, Alfred: Völkerrecht, 5. Aufl., Wien 1964.

Viner, Jacob: Dumping: A Problem in International Trade, Chicago 1923.

Widmer, Max: Dumping und dumpingähnliche Tatbestände im Außenhandel, Zürich und St. Gallen 1961.

Wilcox, Clair: A Charter for World Trade, New York 1949.

Wilson, Robert R.: The international Law Standard in Treaties of the United States, Cambridge (Mass., USA) 1954.

Zimmer, Reinhard: Zollpräferenzen im GATT, Göttingen 1967 (Studien zum internationalen Wirtschaftsrecht und Atomenergierecht, hrsg. v. Georg Erler, Bd. 32).

Zinser, Robert: Das GATT und die Meistbegünstigung, Bonn 1962.

II. Aufsätze

Adler-Karlsson, Gunnar: Problems of East-West Trade — A General Survey, Economics of Planning (Oslo) Bd. 7 (1967), S. 119 - 182.

Allen, Robert Loring: State Trading and Economic Warfare, L.C.P. Bd. 24, No. 2 (1959), S. 256 - 275.

Anderson, Chandler B.: The Recent Trade Agreement with Russia, AJIL Bd. 29 (1935), S. 653 f.

Ausch, Sandor und Ferenc *Bartha*: Theoretical Problems relating to Prices in Trade between the Comecon Countries, SEEFT Bd. IV (1968), No. 2, S. 35 - 71 (Übersetzung aus: Közgazdasági Szemle — Ungarn — 1967, No. 3).

Baran, Paul A.: The USSR in the World Economy, in: Seymour *Harris* (Hrsg.), Foreign Economic Policy for the United States, Cambridge (Mass.) 1948.

Bednarik, Mojmir K.: The Moscow Bank: The International Bank for Economic Cooperation, SEEFT Bd. II (1966), S. 3 - 8.

Behrmann, Jack N.: State Trading by Undeveloped Countries, L.C.P. Bd. 24, No. 3 (1959), S. 454 ff.

Beneš, Otto: L'organisation du commerce extérieur et le régime douanier de la République socialiste tchécoslovaque, in: La Chambre de Commerce de Tchécoslovaquie, hrsg. von der Tschechoslowakischen Handelskammer, Prag 1966, S. 70 - 72.

Berman, Harold J.: The Legal Framework of Trade between Planned and Market Economies: The Soviet-American Example, L.C.P. Bd. 24 (1959), S. 482 - 528.

Gekürzte Fassung desselben Aufsatzes, in: Proceedings of the American Society of International Law 1959, S. 274 - 281.
Siehe auch: *Internationale Gesellschaft für Rechtswissenschaft.*

Bidwell, Percy W. und William *Diebold* jr.: The United States and the International Trade Organisation, Int. Conc. No. 449 (1949), S. 185 - 239.

Cairncross, Alexander Kirkland: Trade between countries with different economic and social systems, International Social Science Journal (UNESCO, Paris) Bd. XII (1960), No. 2, S. 251 - 261.

Černiansky, Viliam und Jan *Pleva:* On Theoretical Questions of Foreign Trade Management, SEEFT Bd. II (1966), No. 1, S. 37 - 55 (Übersetzung aus Hospodářské noviny 1965, No. 9).

Chevalier, P.-A.: Le GATT et les pays de l'Est, Journal de Genève vom 20. 7. 1964.

Csikós-Nagy, Béla: Preise im Außenhandel der RGW-Länder, Osteuropa-Wirtschaft Bd. 11 (1966), S. 1 - 10.

Diatchenko, V. P.: International Trade and Peaceful Co-Operation, International Social Science Journal (UNESCO, Paris) Bd. 12 (1960), S. 237 - 250.

Domke, Martin und John N. *Hazard:* State Trading and the Most-Favored-Nation Clause, AJIL Bd. 52 (1958), S. 55 - 68. Siehe auch unter: *Internationale Gesellschaft für Rechtswissenschaft.*

Drobnig, Ulrich und Jan Peter *Waehler:* Legal Aspects of Foreign Trade in East Germany, J.W.T.L. Bd. 2 (1968), S. 28 - 46.

Eichler, Helmut: Probleme des europäischen Antidumpingrechts, Deutsche Außenwirtschafts-Rundschau Bd. XIX (1969), S. 2 - 5.

Emmerich, W.: Die Welthandelscharta, Jahrbuch für internationales und ausländisches öffentliches Recht Bd. 1/2 (1948/49), S. 690 - 735.

Erdös, Kálmán: Some Experience of the First Year of an Experiment in Material Incentive, SEEFT Bd. III (1967), No. 4, S. 33 - 40 (Übersetzung aus Külkereskedelem — Ungarn — 1966, No. 6).

Fawcett, J. E. S.: State Trading and International Organisation, L.C.P. Bd. 24, No. 2 (1959), S. 341 - 349.

Feller, Peter Buck: The Antidumping Act and the Future of East-West Trade, Michigan Law Review Bd. 66, No. 1 (Nov. 1967), S. 115 - 140.

Fitz, M.: Möglichkeiten und Grenzen des Ost-West-Handels, Europa-Archiv Bd. 21 (1966), S. 509 - 518.

Genkin, D. M.: Pravovoe Položenie Vsesojuznych Vnešnetorgovych Ob'edinenij (Der rechtliche Status der Außenhandelsvereinigungen der Sowjetunion), in: Genkin (Hrsg.), Pravovye Voprosy Gosudarstvennoj Monopolii Vnešnej Torgovli SSSR Evropejskimi Stranami Narodnoj Demokratii (Rechtsfragen des staatlichen Monopols des Außenhandels der UdSSR mit den europäischen volksdemokratischen Ländern), Moskau 1955.

— Princip naibol'šego blagoprijatstvovanija v torgovych dogovorach gosudarstv (Das Meistbegünstigungsprinzip in zwischenstaatlichen Handelsverträgen), Sovetskoe gosudarstvo i pravo (Sowjetstaat und Sowjetrecht), 1958, No. 9.

Gerschenkron, Alexander: Russia and the International Trade Organisation, American Economic Review, Bd. 37 I (May 1947), S. 620 ff.

Grossart, Hansgeorg: Das deutsch-sowjetische Handels- und Schiffahrtsabkommen, JZ 1959, S. 233 - 239.

Gupta, K. R.: GATT and state trading, Economia Internazionale (Genova), Bd. XX, No. 1 (Febr. 1967), S. 59 - 67.

Hazard, John N.: Commercial Discrimination in International Law, AJIL Bd. 52 (1958), S. 495 - 498.

— State Trading in History and Theory, L.C.P. Bd. 24, No. 2 (1959), S. 243 - 255.

Hoffmann, Michael L.: Problems of East-West trade, Int. Conc. No. 511 (Jan. 1957), S. 259 - 308.

Hornbeck, Stanley K.: Most Favored Nation Clause, AJIL Bd. III (1909), S. 395 bis 422, 619 - 647.

Horský, Josef: Foreign Trade Policy, SEEFT Bd. III (1967), No. 5, S. 24 - 30 (Übersetzung aus Hospodářské noviny — CSSR — 1966, No. 35).

Humphrey, Don D.: The Economic Consequences of State Trading, L.C.P. Bd. 24, No. 2 (1959), S. 276 - 290.

Jacobi, Klaus: Die bevorstehenden Zollverhandlungen des GATT, NZZ vom 28. und 29. 8. 1960.

Jaenicke, Günther: Das allgemeine Zoll- und Handelsabkommen, ArchVR Bd. 7, (1958/1959), S. 371 ff.

Joetze, Günter: Völkerrechtliche Probleme des Ost-West-Handels, Recht in Ost und West, Jg. 6 (1962), S. 141 - 147.

de Jong, H. W.: The Significance of Dumping in International Trade, J.W.T.L. Bd. 2 (1968), S. 162 - 188.

Junckerstorff, Kurt: Dumping: Das EWG-Recht, Der Antidumping-Kodex des GATT, Wettbewerb in Recht und Praxis 1968, S. 419 - 424.

Kaser, Michael: The East European Economic Reforms and Foreign Trade, The World today Bd. 23 (1967), S. 512 - 522.

Kipp, Heinrich: Das Verbot der Diskriminierung im modernen Friedensvölkerrecht, ArchVR Bd. 9 (1961/1962), S. 137 - 161.

Knapp, Viktor: The Function, Organization and Activities of Foreign Trade Corporations in the European Socialist Countries, in: *International Association of Legal Science*, The Sources of the Law of International Trade, with special reference to East-West Trade, hrsg. v. Clive M. *Schmitthoff*, London 1964.

Korovin, Eugene A.: Soviet Treaties and International Law, AJIL Bd. 22 (1928), S. 753 - 763.

Kozinski, Stanislaw: Economic Relations between the Socialist and Capitalist Countries, World Marxist Review Bd. 8, No. 7 (Juli 1965), S. 10 - 14.

Kulischer, Josef: Die Meistbegünstigung in den Handelsverträgen im Wandel der Zeiten, ZStW Bd. 89 (1930), S. 540 ff.

de Lacharrière, Guy: Aspects récents de la Clause de la nation la plus favorisée, Annuaire Français de Droit International Bd. VII (1961), S. 107.

Leckzyck, M.: Meistbegünstigungs- und Kontingentsklauseln in russischen Handelsverträgen, Wirtschaftsdienst 1927, S. 2035.

Leibholz, Gerhard: Das Verbot der Willkür und des Ermessensmißbrauchs im völkerrechtlichen Verkehr der Staaten, ZaöRV Bd. 1 (1929 I), S. 77 ff.

Loridan, W.: La clause de la nation la plus favorisée, Les griefs des libreéchangistes et ceux des protectionnistes, Revue Economique Internationale (Bruxelles), Mai 1935.

Maly, Václav: Preisreform mit Hindernissen, Wirtschaftsdienst (Hamburg), Bd. 49 (1969), S. 219 - 224.

Mertens, Heinrich: Handelsmethodische Spielregeln zwischen Ost und West, Der Volkswirt Bd. 13 (1959), S. 317 - 318.

Metzger, Stanley D.: Regional Markets and International Law, Proceed. Bd. 54 (1960), S. 169 - 177.

Mikesell, Raymond F. und Donald A. *Wells*: State Trading in the Sino-Soviet Bloc, L.C.P. Bd. 24, No. 3 (1959), S. 435 - 453.

Nolde, Baron Boris: La clause de la nation la plus favorisée et les tarifs préférentiels, Recueil des Cours Bd. 39 (1932 I), S. 1 ff.

— Les effets de la clause de la nation la plus favorisée en matière de commerce et de navigation, Annuaire de l'Institut de Droit International Bd. 38 (1934), S. 414 ff.

Nötel, Rudolf: The Role of the United Nations in the Sphere of East-West-Trade, Economia Internazionale (Genova) Bd. XVIII (1965), S. 643 - 662.

Nowak, Zdzislaw: Economic and Political Premisses of East West Trade, Polish Western affairs (Poznań) Bd. 8, No. 1 (1967), S. 3 - 32.

Nyerges, János: Effective Tariff Policy in the New Economic Mechanism, SEEFT Bd. III (1967), No. 4, S. 41 - 47 (Übersetzung aus: Külkereskedelem — Ungarn — 1966, No. 7).

Papanicolaou, Efstathios E.: Essai sur la multilatéralisation des échanges commerciaux entre pays à systèmes économiques différents, Cahiers de l'ISEA, Economie planifiée, Dezember 1965.

Pfuhl, Eberhardt: Rechtsformen der Außenwirtschaftsbeziehungen der UdSSR zu den Volksdemokratien, Osteuropa-Recht Bd. 1 (1955), S. 9 - 27.

von Platen, C. H.: Problems and Possibilities in East-West European Trade, Skandinaviska banken, Quarterly review (Stockholm) Bd. 39 (1958), S. 79 bis 84.

Pleva, Jan: Monopoly and Central Management (A Consideration of the State Monopoly in Foreign Trade), SEEFT Bd. IV (1968), No. 2, S. 72 - 82 (Übersetzung aus: Hospodářské noviny — CSSR — 1966, No. 50).

— Some Economic and Legal Aspects of Foreign Trade in Czechoslovakia (4th International Symposium of Jurists and Economists, Zagreb, September 1966), SEEFT Bd. III (1967), No. 3, S. 3 - 18.

Podzniakov, V. S.: The State Monopoly of Foreign Trade in the USSR, Soviet law and government Bd. 6, No. 3 (Winter 1967/68), S. 33 - 40 (Übersetzung aus: Sovetskoe gosudarstvo i pravo 1967, No. 10).

Rachmuth, I.: Trade Problems Between Countries with Different Socio-Economic Systems, SEEFT Bd. IV (1968), No. 1 (Übersetzung aus: Probleme economice — Rumänien — 1966, No. 8).

Redei, Jenö: Die Reform der Wirtschaftslenkung in Ungarn und der Außenhandel, Osteuropa-Wirtschaft Bd. 12 (No. 1) (1967), S. 1 - 15.

Royer, Jean: The Case for GATT, in: New Directions for World Trade Proceedings of a Chatham House Conference, Bellagio, 16 - 24 September 1963, Issued under the auspices of the Royal Institute of International Affairs, London, New York, Toronto 1964.

— Trade between Planned Economies and the Developing World, J.W.T.L. Bd. 1 (1967), S. 489 - 510.

Ryska, Jiří: Towards a New Concept of International Economic Relations, in: Czechoslovakia and the United Nations Conference on Trade and Development, hrsg. v. Rapid, Foreign Trade Publicity Corporation, Praha/Prag 1964, S. 112 - 142.

Sannwald, Rolf: Die Handelsbeziehungen zwischen der EWG und dem Ostblock, Osteuropa-Wirtschaft Bd. 11 (1966), No. 2, S. 97 - 114.

Scheuner, Ulrich: Die Rolle der Handelsverträge im internationalen Wirtschaftsrecht der Gegenwart, in: Festschrift für Elias G. Kyriacopoulos Thessaloniki 1966, S. 873 - 901.

— Die völkerrechtlichen Grundlagen der Weltwirtschaft in der Gegenwart, Verhandlungen des 40. DJT 1954, Bd. 2.

— Zweiseitige Handelsverträge und multilaterale Handelsvereinbarungen, Friedenswarte Bd. 52 (1953/55), S. 97 - 115.

Schiller, Karl: Meistbegünstigung, Multilateralität und Gegenseitigkeit in der zukünftigen Handelspolitik, Weltwirtschaftliches Archiv (Kiel) Bd. 53 (1941), Heft 2, S. 370 ff.

Schmelz, Robert: Foreign Trade is on the Agenda, SEEFT Bd. III (1967), No. 6, S. 32 - 60 (Übersetzung aus: Hospodářské noviny — CSSR — 1966, No. 45, 46, 47).

Schwarzenberger, Georg: The Most-Favoured-Nation Standard in British State Practice, BYIL Bd. 22 (1945), S. 96 - 113.

— The Province and Standards of International Economic Law, International Law Quarterly Bd. 2 (1948), S. 402 - 420.

Seidl-Hohenveldern, Ignaz: The Impact of state-trading on classical international law, The Yearbook of World Affairs 1962, S. 159 ff.

Selucký, R.: The Impact of the Economic Reforms on the Foreign Economic Relations of the Socialist Countries, SEEFT Bd. IV (1968), No. 3, S. 72 - 86 (Übersetzung aus: Mezizárodní vztahi — CSSR — 1968, No. 1).

Spulber, Nicolas: The Soviet-Bloc Foreign Trade System, L.C.P. Bd. 24, No. 3 (1959), S. 420 - 434.

Svoboda, Mirko: On Problems of the Foreign Exchange Monopoly in the CSSR, SEEFT Bd. III (1967), No. 5, S. 31 - 38 (Übersetzung aus: Zahraniční obchod — CSSR — 1966, No. 9).

Vernon, Raymond: Organizing for World Trade, Int. Conc. No. 505 (1955), S. 163 - 222.

Visser, L.: La clause de la nation la plus favorisée dans les traités de commerce, Revue de droit international et de législation comparée, Bd. IV (1902), S. 66 - 87, 159 - 177, 270 - 280.

Westenberger, H.: Russische Handelsverträge, Magazin der Wirtschaft 1927, S. 1599.

Wieckowski, Henryk: Doctrine and Trade, SEEFT Bd. II (1966), No. 6, S. 23 - 39 (Übersetzung aus: Handel zagraniczny — Polen — 1966, No. 3 - 4).

Wilczynski, J.: Dumping and Central Planning, Journal of Political Economy Bd. 74 (1966), S. 251 ff.

— Dumping in trade between market and centrally planned economies, Economics of planning (Oslo) Bd. 6 (1966), S. 211 - 227.

— Multilateralization of East-West Trade, Economia Internazionale (Genova) Bd. XXI (1968), S. 301 - 320.

Wyndham White, Eric: 1966 — Significant year for Yougoslavia-GATT relations, Export Journal (Belgrad), Dezember 1965.

Ycenko, E.: Princip nediskriminacii i princip naibol'šego blagoprijatstvovanija v meždunarodnych ėkonomičeskych otnošenijach (Das Nichtdiskriminierungs- und das Meistbegünstigungsprinzip in den internationalen Wirtschaftsbeziehungen), Vnešnjaja Torgovlja (Außenhandel) 1960, No. 7.

Zajíc, Bohumil und Ladislav *Tokan:* Production Enterprises and Foreign Trade, SEEFT Bd. II (1966), No. 4, S. 52 - 65 (Übersetzung aus: Plánované hospodářství — CSSR — 1965, No. 6).

Zieger, Gottfried: Die rechtliche Bedeutung der Meistbegünstigungsklausel im Ost-West-Handel, Europa-Archiv Bd. 13 (1958), S. 10463 - 10470.

Zukal, R.: Currency Convertibility and External Economic Relations, SEEFT Bd. IV (1968), No. 3, S. 58 - 71 (Übersetzung aus: Plánované hospodářství — CSSR — 1968, No. 6).

III. Dokumente internationaler Organisationen

1. Völkerbund

Report of Sub-Committee on the Most-Favoured-Nation Clause, adopted by the Committee of Experts for the Progressive Codification of International Law, LoN Publ. 1927.V.10 (C.205.M.79).

Recommendations of the Economic Committee relating to Commercial Policy, LoN Publ. 1929.II.15 (C.138.M.53).

Report to the Council on the work of the twenty-seventh session, LoN Publ. 1929.II.43 (C.20.M.14), Appendix: The Most-Favoured-Nation Clause in Customs Matters.

Recommandations concernant la politique tarifaire et la clause de la nation la plus favorisée, LoN Publ. 1933.II.B.1 (E. 805).

L'éclipse partielle de la clause de la nation la plus favorisée, Note du secrétariat préparée pour la session du comité économique, convoqué pour le 7 septembre 1936, Genève, 13. 8. 1936 (Doc. E. 956).

L'égalité de traitement dans l'état actuel des relations économiques internationales, Clause de la nation la plus favorisée, LoN Publ. 1936.II.B.9 (C.379.M.250).

Remarques sur les perspectives actuelles de la politique commerciale, LoN Publ. 1939.II.B.3 (C.179.M.108).

Relations commerciales entre les économies à marché libre et les économies contrôlées, LoN Publ. 1943.II.A.4 (Verfasser: Jacob *Viner)*

2. Vereinte Nationen

Havana Charter for an International Trade Organization of March 24, 1948, United Nations Conference on Trade and Employment, Final Act and Related Documents (1948), UN Doc. ICITO/1/4 oder E/CONF.2/78.

EPCT/-Serie: Vorbereitende Sitzungen der UN Konferenz für Handel und Arbeit.

Havana Reports, Reports of Committees and Principal Sub-Committees, United Nations Conference on Trade and Employment, held at Havana, Cuba. Doc. ICITO 1/8 (September 1948).

Ways and Means of Promoting Wider Trade Co-operation among States, UN Economic and Social Council, Doc. E/3389 (13. 6. 1960).

Economic Bulletin for Europe. Prepared by the Research and Planning Division, Economic Commission for Europe.

(ECE)

E/ECE/264/Rev.1, Twelfth Session, Provisional Agenda (1957).

E/ECE/270, Etude d'un accord paneuropéen de coopération économique, Partie I, II, III (März 1957).

E/ECE/280, Proposals of the Soviet Union for further development of co-operation between European States, contained in the Statement of the Ministry of Foreign Affairs of the USSR dated 16 March 1957 concerning plans for the establishment of Euratom and the "Common Market" (29. 3. 1957).

TRADE/70, The problem of reciprocity in trade obligations with particular reference to the most-favoured-nation clause (10. 9. 1958).

TRADE/84, Report on the Special Meeting on the Organization and Techniques of Foreign Trade (24. 8. 1959).

TRADE/140 = TRADE/Ad Hoc Group 1/2, Rapport préliminaire du Groupe spécial à la douzième session du Comité pour le développement du Commerce (2. 10. 1963).

TRADE/162 = TRADE/Ad Hoc Group 2/2, Rapport du Groupe spécial à la vingtième session de la Commission économique pour l'Europe (14. 12. 1964).

TRADE/184/Rev.1, Development in East-West Trade Policies and Techniques 1965 - 66, Note by the Secretariat (6. 1. 1967).

TRADE/188, Etude des moyens mis en oeuvre pour accroître la stabilité économique et l'assouplissement des échanges commerciaux entre les pays de la CEE ayant des systèmes économiques différents: synthèse des réponses gouvernementales, Note du Secrétariat (23. 5. 1967).

TRADE/197, Rapport de la réunion d'experts gouvernementaux du commerce (22. 9. 1967).

TRADE/202/Add.1, Action pursuant to Commission Resolution 1 (XXIII) — the Work of the Committee on the Development of Trade, Note by the Secretariat, Addendum: Long-Term Agreements and Contracts in East-West European Trade (9. 9. 1968).

TRADE/SM/5, The organization and techniques of Yugoslavia's foreign trade.

TRADE/SM/7, Structure and techniques of Hungarian foreign trade.

TRADE/SM/13, Organization and techniques of foreign trade in Poland.

TRADE/SM/14, Basic questions relating to the organization and techniques of foreign trade in USSR.

TRADE/SM/18, Organization of Foreign trade in the People's Republic of Bulgaria.

TRADE/SM/21, Organization and techniques of foreign trade in the Rumanian People's Republic.

TRADE/SM/7/Add.2, Note by the Secretariat: "The most-favoured-nation clause" (19. 6. 1959).

TRADE/Working paper 8, Analysis of some current East-West trade problems (9. 9. 1959).

TRADE/Working paper 13, Draft declaration on international economic co-operation proposed by the USSR at the 31st session of ECOSOC (17. 5. 1961).

(UNCTAD)

Proceedings of the United Nations Conference on Trade and Development, Geneva, 23 March - 16 June 1964, Bd. I - VIII, United Nations, New York, 1964.

E/CONF. 46/17 (= Proceed. Bd. VII, S. 328 - 335) Information on Economic Co-operation between the Countries of the Council of Mutual Economic Assistance.

E/CONF. 46/17/Add.1 (= Proceed. Bd. VII, S. 336 - 343), Basic Principles of International Socialist Division of Labour.

E/CONF. 46/32 (= Proceed. Bd. VII, S. 1 - 32), State Trading in Countries of ECAFE.

E/CONF. 46/34 (= Proceed. Bd. VI, S. 113 ff.), Trade problems between countries having different economic and social systems.

E/CONF. 46/36, The Developing Countries in GATT.

E/CONF. 46/38, The Role of Gatt in Relation to Trade and Development.

E/CONF. 46/PC/47

E/CONF. 46/PC/47 = E/CONF. 46/46 (= Proceed. Bd. VI, S. 404 - 415), The Work of the Economic Commission for Europe on Trade and Development (Annex A = TRADE/140, TRADE/Ad Hoc Group 1/2).

E/CONF. 46/49 (= Proceed. Bd. VI, S. 12 f.), Principles of International Trade Relations and Trade Policy (Letter from the Delegations of Czechoslovakia, Poland and the Union of Socialist Soviet Republics).

E/CONF. 46/PC/15, Trade between Developing Countries and Centrally Planned Economies.

E/CONF. 46/NGO/2 (= Proceed. Bd. VII, S. 423 - 428), Statement submitted by the International Chamber of Commerce.

TD/18, Review of trade relations among countries having different economic and social systems including problems of East-West trade, Report by the UNCTAD secretariat (3. 11. 1967).

TD/18/Supp.2, Review of . . . , The use of long-term agreements as an instrument for promoting trade between socialist and developing countries, Study prepared by the Hungarian Institute for Economic and Market Research (29. 12. 1967).

TD/B/128/Add.1, Etude sur les relations commerciales entre pays à systèmes économiques et sociaux différents, Rapport du secrétariat de la CNUCED, Première partie: La croissance économique et le commerce extérieur des pays socialistes (21. 7. 1967).

TD/B/128/Add.2, Deuxième partie: Commerce entre pays socialistes et pays en voie de développement (21. 7. 1967).

TD/B/128/Add.3, Troisième partie: Les échanges entre les pays socialistes et les pays développés à économie de marché (21. 7. 1967).

TD/B/129, Case study prepared by the UNCTAD Secretariat on trade and economic relations between India and the socialist countries of Eastern Europe (21. 7. 1967).

TD/B/130, Case study prepared by the UNCTAD Secretariat on trade and economic relations between the United Arab Republic and the socialist countries (28. 7. 1967).

TD/II/RES/15, Trade relations among countries having different economic and social systems including problems of East-West trade, paying attention particularly to the trade interests of developing countries (28. 3. 1968).

3. Organisation der Vereinten Nationen für Erziehung, Wissenschaft und Kultur (UNESCO)

UNESCO/SS/Coop/Inter 1 + Annex 1 - 6, davon: Annex 3: Final report by H. J. *Berman* on Conference of Jurists, Rome 1958 (auch wiedergegeben in: Aspects juridiques . . . , S. 1 ff.)
Annex 6: Report by E. A. G. *Robinson* on Conference of Economists at Bursa, Turkey, 24 March - 2 April 1959 (29. 8. 1959).

4. Allgemeines Zoll- und Handelsabkommen (GATT)

Basic Instruments and Selected Documents (BISD), Bd. I - IV und 1st - 17th suppl.

The Activities of GATT.

Analytical Index (Third Revision), Notes on the drafting, interpretation and application of the Articles of the General Agreement (1970).

Anti-Dumping and Countervailing Duties (Juli 1958).

Anti-Dumping and Countervailing Duties (März 1961).

International Trade (jährlich).

Trends in International Trade (The Haberler Report) (Oktober 1958).

L/334 = BISD 3rd suppl., S. 222.

L/336, Waiver granted to Czechoslovakia of the Provisions of article XV:6, Working party report.

L/778 = BISD 6th suppl., S. 70 - 109.

L/870, Relations between Contracting Parties and Yugoslavia, Communication from the government of Yugoslavia (10. 10. 1958).

L/879, Relations between Contracting Parties and Yugoslavia, Statement of Mr. Nenad Popovic, Assistant Secretary of State in the Committee for Foreign Trade of Yugoslavia (31. 10. 1958).

L/961, Status of Yugoslav economic organizations, Memorandum submitted by the Yugoslav Government for the information of the Working Party (11. 3. 1959).

L/962, Foreign Trade and Exchange System in Yugoslavia (12. 3. 1959).

L/965+Add., Relations with Yugoslavia, Report by Working Party (März/April 1959).

L/970 = BISD 8th suppl., S. 142.

L/986 = BISD 8th suppl., S. 17 f., 64.

L/1014+Add., Notifications of State-Trading Enterprises.

L/1037/Rev.1 = BISD 8th suppl., S. 61.

L/1120 = BISD 8th suppl., S. 11 f.

L/1337, Description of recent developments in Yugoslavia (4. 11. 1960)

L/1338, Basic document for the First Annual Review, Memorandum submitted by Yugoslavia on the Development of Foreign Trade and Exchange Systems (7. 11. 1960).

L/1378 = BISD 9th suppl., S. 56.

L/1594, Trade Relations between Yugoslavia and Contracting Parties Signatories to the Declaration of 25 May 1959, Basic Document for the Second Review (1. 11. 1961).

L/1664 = BISD 10th suppl., S. 61.

L/1736, Review of the Implementation of the Declaration on Trade Relations with Poland, Preparation for the Review (5. 3. 1962).

L/1785 = BISD 11th suppl., S. 72.

L/1876 = BISD 11th suppl., S. 46, 48, 75.

L/1877, Trade Relations with Yugoslavia, Basic Document for the Third Review (24. 10. 1962).

L/1901 = BISD 11th suppl., S. 79.

L/1923, Complaint of Uruguay: nullification of impairment.

L/1949+Add., State Trading Enterprises, Notification pursuant to Article XVII: 4 (a).

L/2058 = BISD 12th suppl., S. 62.

L/2196/Rev.1, Report of the Working Party on Preferences (2. 4. 1964).

L/2216+Add.1, Article XV:6 — Cuba (Mai 1964).

L/2254, Article XV:6, Waiver granted to Cuba, Decision of 7. 8. 1964 (14. 8. 1964).

L/2276 = BISD 13th suppl., S. 33.

L/2282, Report of the Working Party on Preferences (26. 10. 1964).

L/2410, Report of the Working Party on Preferences in favour of developing countries and Expansion of trade between less-developed countries (25. 3. 1965).

L/2484, Communication of 18 October 1965 from the Government of Yugoslavia requesting full accession.

L/2488, Main Features of the Yugoslav Economy and Foreign Trade System, Memorandum submitted by the Yugoslav Government (2. 11. 1965).

L/2499, Opening Statement made by the Yugoslav Representative at the Working Party on 3 November 1965 (5. 11. 1965).

L/2562 = BISD 14th suppl., S. 49 ff.

L/2593+Add., State Trading Enterprises, Notifications pursuant to Article XVII:4 (a) (April 1966).

L/2766, Le commerce entre les pays à économie collectiviste et le reste du monde, Déclaration adoptée par le Comité exécutif de la Chambre de commerce internationale (13. 3. 1967).

L/2806 = BISD 15th suppl., S. 110.

L/3050, Accession of Rumania, Formal Application for accession of 22 July 1968 (2. 8. 1968).

L/3093 = BISD 16th suppl., S. 67 - 82.

L/3211, Accession of Rumania, Replies to Questionnaire (28. 5. 1969).

L/3228, Accession of Hungary, Application Received from the Hungarian Government (11. 7. 1969).

L/3238, Accession of Hungary, Statement by Mr. János Nyerges, Secial Representative of the Hungarian Government ... (1. 8. 1969).

L/3315, Consultation with Poland, Second Review under the Protocol of Accession, Report of the Working Party on Trade with Poland (19. 1. 1970) = BISD 17th suppl., S. 96.

INT(67)240, GATT: Relations with Bulgaria, Cuba, Czechoslovakia, Hungary, Poland, Rumania, Yugoslavia (2. 11. 1967).

GATT/46, Statement by William L. Thorp, Chairman of the United States Delegation at the Sixth Session of the Contracting Parties (Press Release, 27. 9. 1951).

GATT/967, Yugoslavia becomes a full contracting party to GATT (Press Release, 27. 7. 1966).

GATT/1001, Poland becomes a Contracting Party to GATT (Press Release, 18. 9. 1967).

GATT/1061, GATT Membership: Present Status (Press Release, 20. 5. 1970) = BISD 17th suppl., S. VII.

5. Internationale Gesellschaft für Rechtswissenschaft

Aspects juridiques du commerce avec les pays d'économie planifiée, hrsg. von der AISJ in Zusammenarbeit mit der UNESCO, Paris 1961, mit folgenden Beiträgen:

Berman, Harold J.: Les aspects juridiques du commerce entre pays d'économie planifiée et pays d'économie libre, S. 1 ff. Rapport final der AISJ/UNESCO-Tagung, auch wiedergegeben in Doc. UNESCO/SS/Coop/Inter 1, Annex III.

— Le cadre juridique des relations commerciales entre pays d'économie planifiée et pays d'économie libre: l'exemple américano-soviétique, S. 13 - 73, Rapport général der AISJ/UNESCO-Tagung. Übersetzung einer Neufassung des Artikels in L.C.P. Bd. 24 (1959), S. 482 ff.

Domke, Martin und John N. *Hazard:* La clause de la nation la plus favorisée, S. 75 - 102. Überarbeitete Fassung des Artikels in AJIL 1958, S. 55 ff.

Kopelmanas, Lazare und André *Tunc:* Technique des traités de commerce entre les pays à prédominance d'économie privée et les pays à économie planifiée, S. 133 - 141.

Metelius, Bengt: Le contrôle des changes et les accords commerciaux, S. 151 - 162.

Pisar, Samuel: Le traitement de l'arbitrage communiste du commerce extérieur devant les Cours occidentales, S. 163 - 173.

van Reepinghen, Paul: L'arbitrage dans les différends commerciaux entre organisations de pays à économie planifiée et contractants de pays à économie libre, S. 215 - 232.

Schmitthoff, Clive M.: L'Immunité de juridiction des Etats souverains et le commerce international, S. 175 - 195.

Trammer, H.: L'organisation juridique du commerce extérieur polonais en général et l'organisation de ses institutions exécutives en particulier, S. 197 - 214.

Vassilev, L.: Régime juridique des paiements internationaux par clearing dans le commerce international entre pays à structure économique différente, S. 233 - 276.

6. Internationale Handelskammer

Problems relating to the Expansion of Trade between Free-Enterprise Economies and Collectivist Economies. Report to the International Chamber of Commerce, Doc. No. 102/1, Paris, 25. 1. 1960 (Verfasser: Jacques A. *L'Huillier*).

IV. Sonstige Veröffentlichungen

The Association of the British Chambers of Commerce: Report of the Committee on the Most-Favoured-Nation Clause in Treaties and Trade Agreements, London, 29. 8. 1934.

Außenhandelsdienst der Industrie- und Handelskammern und Wirtschaftsverbände (Frankfurt a. M., VWD Vereinigte Wirtschaftsdienste GmbH):
Vertretung ausländischer Unternehmen in der CSSR, Neuregelung durch Verordnung Nr. 136 vom 24. 9. 1968, AHD Jg. 23, No. 14 (3. 4. 1969), S. 325.
Neue Bestimmungen für Vertretungen ausländischer Firmen, AHD Jg. 24, No. 6 (5. 2. 1970), S. 146; dto. No. 13 (26. 3. 1970), S. 313.
Deutsch-sowjetisches Gespräch in Hannover, AHD Jg. 23, No. 18 (1. 5. 1969), S. 425.
Deutsch-sowjetisches Erdgas-Röhren-Geschäft, AHD Jg. 24, No. 6 (5. 2. 1970), S. 125.
Neues Zollsystem für Bulgarien, AHD Jg. 23, No. 21 (22. 5. 1969), S. 506.
Der ungarische Zolltarif für Handelswaren, AHD Jg. 23, No. 22 (29. 5. 1969), S. 529.

CED, Committee for Economic Development (USA): East-West Trade, A Common Policy for the West, New York, May 1965.

CEPES, Comité Européen pour le progrès économique et social: Die Befreiung des Welthandels von nichttarifären Handelshemmnissen, Frankfurt/M. (CEPES) 1967.

Frankfurter Allgemeine Zeitung: Belgrads Mitgift für das GATT, FAZ vom 8. 12. 1965.

Le Monde (Paris): Commerce international: Le GATT examine les "obstacles non tarifaires", 21. 10. 1969.

Neue Zürcher Zeitung:
Die östliche Dumpingpolitik, NZZ vom 22. 8. 1961.
Die östlichen Praktiken im Handel mit dem Westen, NZZ vom 19. 11. 1961.
Die Wirtschaftsreform in Ungarn, Lockerungsübungen im Rahmen eines zentralen Konzepts, NZZ vom 20. 2. 1968, S. 5 f.
Das GATT und der Abbau der nichttarifarischen Handelshindernisse, NZZ vom 18. 5. 1969, S. 35.
GATT-Verhandlungen über den Beitritt Rumäniens, NZZ (Fernausgabe) vom 28. 6. 1969, S. 13.
Das Gesuch Ungarns um Aufnahme ins GATT, NZZ (Fernausgabe) vom 25. 7. 1969, S. 14.
Die Erosion der Meistbegünstigung, NZZ vom 26. 10. 1969.
Das GATT und die nichttarifarischen Handelshindernisse, NZZ (Fernausgabe) vom 31. 10. 1969.

PEP siehe unter: *Royal Institute of International Affairs.*

Royal Institute of International Affairs:

(Information Department), Memorandum on the Most-Favoured-Nation Clause as an Instrument of National Policy, London 1933.

(PEP, Political and Economic Planning), The GATT, ECE and East-West Trade, Veröffentlichungen Bd. XXXI, No. 488, London 1965.

(PEP, Political and Economic Planning), Non-Tariff Distortions of Trade, No. 514, London 1969.

Süddeutsche Zeitung: Prag reformiert das tschechische Bankwesen, Realistischer Wechselkurs der Krone als Voraussetzung für spätere Konvertierbarkeit, SZ vom 15. 4. 1969, S. 16.

United States Department of State: Battle Act Report 1965, Mutual Assistance Control Act of 1951, Eighteenth Report to Congress, Washington 1966.

United States Tariff Commission:

Charter for an international trade organization, Washington 1947.

Report on the Havana Charter for an international trade organization, Washington 1949.

FSC
www.fsc.org
MIX
Papier | Fördert
gute Waldnutzung
FSC® C083411

Kolibri 360 GmbH
Ferdinand-Jühlke-Straße 7
99095 Erfurt, Deutschland
produktsicherheit@kolibri360.de

Druck:
CPI Druckdienstleistungen GmbH
im Auftrag der
Kolibri 360 GmbH
Ferdinand-Jühlke-Str. 7
99095 Erfurt